La guida incredibilmente facile all'iPhone 14 e all'iPhone 14 Pro

Come iniziare con l'iPhone 2022 e iOS 16

Scott La Counte

ANAHEIM, CALIFORNIA
www.RidiculouslySimpleBooks.com

Indice dei contenuti

Caricatore MagSafe
Portafoglio MagSafe
Pacchetto batteria MagSafe

Indice
Sull'autore

Disclaimer: *si prega di notare che, sebbene sia stato fatto ogni sforzo per garantire l'accuratezza, questo libro non è approvato da Apple, Inc. e deve essere considerato non ufficiale.*

Introduzione

Siete pronti a scoprire un'isola? Un'isola dinamica! Allora sedetevi e preparatevi a conoscere l'ultima e più grande linea di iPhone!

Se state aggiornando a iOS 16 o sbloccando un nuovo iPhone 14 o iPhone 14 Pro, c'è molto da scoprire! Dall'Isola Dinamica dell'iPhone 14 Pro al Photonic Engine e al Crash Detection, ora presenti su entrambi i telefoni, questa guida vi illustrerà tutto.

Verranno inoltre approfondite tutte le novità introdotte in iOS 16, come l'utilizzo della nuova e migliorata schermata di blocco, l'impostazione di un Focus, la condivisione di foto, l'annullamento dell'invio di messaggi di testo e molto altro ancora!

- Le novità di iOS 16
- Le differenze tra l'iPhone 14 e l'iPhone 14 Pro
- Utilizzo di un iPhone privo del tasto Home
- Utilizzo di Face ID
- Modalità cinematografica
- Utilizzo dell'isola dinamica (solo iPhone 14 Pro)
- Utilizzo di una messa a fuoco
- Come utilizzare il Picture-in-Picture per film e programmi TV
- Come aggiungere widget alla schermata iniziale
- Organizzare le app con la Libreria delle app
- Acquistare, rimuovere, riordinare, aggiornare le app
- MagSafe
- Annullamento e modifica dei messaggi di testo
- Utilizzo del rilevamento degli incidenti
- Scattare, modificare, organizzare e condividere le foto
- Servizi Apple (Apple Music, Apple TV+, Apple Card, iCloud e Fitness+)

- Utilizzo di Siri
- Utilizzo di app preinstallate come Note, Calendario, Promemoria e altro ancora.
- Effettuare telefonate e inviare messaggi
- E molto altro ancora!

Siete pronti a godervi il vostro nuovo iPhone? Allora iniziamo!

Nota: questo libro non è approvato da Apple, Inc. e deve essere considerato non ufficiale.

[1]

Panoramica del telefono

Qual è la grande differenza?

Con tutti questi nuovi telefoni, molte persone vogliono sapere qual è la differenza. Diamo un'occhiata.

Prezzo

I prezzi dei telefoni sono i seguenti: iPhone 14 mini: 699 dollari; iPhone 14: 799 dollari; iPhone 14 Pro: 999 dollari; iPhone 14 Pro Max: 1099 dollari. Il prezzo aumenta a seconda delle dimensioni del disco rigido interno. Ma va notato che molti operatori wireless offrono sconti sul nuovo modello. Apple offre anche un piano di pagamento rateale.

Telefono a confronto

Settembre è arrivato. Questo significa due cose: è il momento del latte alla zucca ed è il momento di chiedersi se sia il caso di aggiornare il proprio iPhone. Quindi non perdiamo tempo ed entriamo nel merito: qual è la grande differenza tra tutti i telefoni e se è arrivato il momento di fare l'upgrade?

La linea di quest'anno è leggermente diversa da quella dell'anno precedente. Per cominciare, l'iPhone Mini è sparito. L'iPhone è ora disponibile in due sole dimensioni, non più in tre.

Il Pro Max ha ricevuto anche molti aggiornamenti delle prestazioni e delle funzioni che non vengono forniti con l'iPhone normale. L'iPhone 14 ha la stessa fotocamera da 12MP che è stata presente negli iPhone per diversi anni; il Pro Max invece ha ricevuto un grosso incremento, ora ha una fotocamera da 48MP. Un altro grande miglioramento, esclusivo del Pro Max, è Dynamic Island. Ne parlerò più avanti nel libro, ma è un nuovo modo di interagire con il telefono.

Infine, il Pro Max è ora dotato di un display Always On.

Questo non vuol dire che l'iPhone 14 non presenti miglioramenti rispetto all'iPhone 13; per quanto riguarda la fotocamera, sono stati apportati miglioramenti all'autofocus della fotocamera frontale. C'è anche quello che Apple chiama Photonic Engine, che aiuta a catturare scatti ancora più belli.

Entrambi i modelli di telefono sono dotati della nuova funzione Crash Detection che segnala ai primi soccorritori la presenza di un incidente stradale e la necessità di aiuto.

Per quanto riguarda i video, entrambi i telefoni dispongono di una modalità d'azione che offre una migliore stabilizzazione quando c'è molto movimento.

Tutti i telefoni hanno anche un'ora di autonomia supplementare (fino a 29 ore per il Pro Max e 20 per l'iPhone).

Compatibilità

Per coloro che stanno ancora valutando se effettuare l'aggiornamento, ricordate che la maggior parte degli iPhone riceverà un aggiornamento software *gratuito* che aggiunge molte delle funzioni che gli iPhone più recenti stanno ottenendo.

iOS 16 è l'ultimo sistema operativo disponibile per l'iPhone di Apple (e l'ultimo iPod Touch). Sebbene iOS sia gratuito, non è disponibile per tutti i dispositivi; se avete un iPhone più vecchio, potrebbe essere il momento di effettuare l'aggiornamento per ottenere tutte le nuove funzioni migliori. Al momento in cui scriviamo sono compatibili i seguenti dispositivi:

- iPhone 14
- iPhone 14 Plus

- iPhone 14 Pro
- iPhone 14 Pro Max
- iPhone 13
- iPhone 13 mini
- iPhone 13 Pro
- iPhone 13 Pro Max
- iPhone 12
- iPhone 12 mini
- iPhone 12 Pro
- iPhone 12 Pro Max
- iPhone 11
- iPhone 11 Pro
- iPhone 11 Pro Max
- iPhone Xs
- iPhone Xs Max
- iPhone Xr
- iPhone X
- iPhone 8
- iPhone 8 Plus
- iPhone SE (seconda generazione)

Va inoltre notato che non tutte le funzioni sono disponibili sui modelli più vecchi. Quindi, se sentite qualcuno parlare di una nuova fantastica funzione del suo telefono e non la vedete, probabilmente è perché avete un iPhone più vecchio.

Se non siete sicuri del numero di modello, accedete all'applicazione Impostazioni, quindi toccate l'opzione Generali e toccate Informazioni. In questo modo si ottiene il nome del modello (ad esempio, iPhone 14 Pro Max), il numero di modello e il numero di serie. Il numero di modello indica, ad esempio, quanto è grande il disco rigido; il numero di serie è probabilmente necessario solo se il telefono viene riparato.

Come aggiornare Il telefono?

Se gli aggiornamenti automatici sono attivi, non c'è nulla da fare. Il download avverrà da solo (di solito mentre si dorme). Se volete farlo manualmente o verificare se gli aggiornamenti automatici sono attivi, andate in Impostazioni > Generali > Aggiornamenti software..

L'aggiornamento è piuttosto grande, quindi assicuratevi di scaricarlo tramite Wi-Fi e non tramite dati. Una volta scaricato, l'installazione richiederà diversi minuti e per un po' di tempo non sarà possibile utilizzare il telefono, quindi assicuratevi di non essere in attesa di chiamate.

Benvenuti a casa

Questo capitolo tratta di:

- I pulsanti dell'iPhone
- Cos'è il Face ID
- Come utilizzare l'iPhone quando non ha il tasto Home fisico

Facciamo un po' di cosmesi?

Il tasto Home fisico è stato a lungo una caratteristica dell'iPhone, e lo è ancora sui telefoni SE. Ma nel 2018 Apple ha cambiato le cose con l'uscita dell'iPhone X.

Ormai molti si sono abituati all'assenza del tasto Home, ma ci sono ancora molte persone che non hanno mai usato un iPhone senza tasto Home.

Nel prossimo capitolo parlerò della configurazione, quindi so che tutto questo sembra un po' arretrato, ma poiché molte persone passano al nuovo iPhone da un modello precedente, vale la pena di parlare delle cose principali che saranno diverse.

Se avete già utilizzato l'iPhone con il pulsante Home, scommetto che passerete una buona giornata a mettere continuamente il pollice al posto del pulsante! Non preoccupatevi! Riuscirete a superarlo. Anzi, dopo esservi abituati a non averlo più, inizierete a capire che è più efficace senza.

Prima di immergerci nei gesti, analizziamo alcuni altri aspetti diversi di questo telefono.

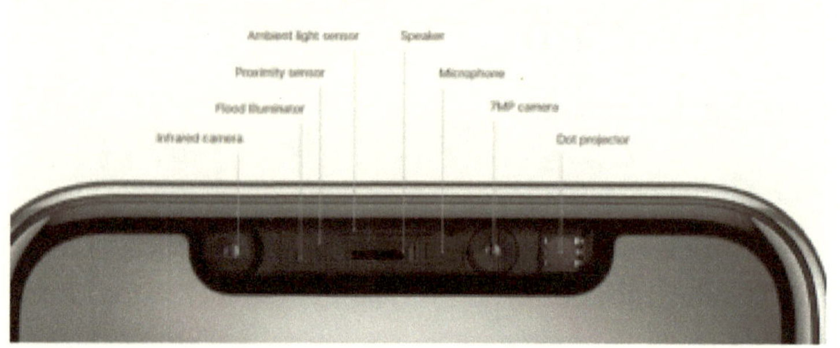

La parte superiore del telefono (la cosiddetta tacca superiore) è costituita da una striscia nera. Tutto questo aiuta il telefono a funzionare meglio. All'estrema destra (guardando il telefono) si trova un proiettore di punti. Sembra qualcosa che proietta l'iPhone sulla parete, vero? Magari! In realtà si tratta della fotocamera che esegue la scansione del volto per il Face ID (ne parlerò tra un secondo). Accanto a questa c'è la fotocamera da 12MP. All'estrema sinistra si trovano altri sensori e fotocamere. Sembrano tutti sofisticati, vero? Sensore di prossimità. Illuminatore a diluvio. La fantasia è... beh, la fantasia! Ma cosa significa in termini semplici? Significa che la fotocamera frontale può scattare selfie davvero notevoli! Se avete usato l'iPhone 8 o 8 Plus, probabilmente conoscete la modalità Ritratto? modalità Ritratto? In caso contrario, in poche parole, conferisce un aspetto sfocato e professionale alla foto. Per farlo, sono necessari alcuni sensori aggiuntivi; a partire dall'iPhone X (e da tutti gli iPhone successivi), queste funzioni sono presenti sia sul fronte che sul retro del telefono. Ciò significa che è possibile ottenere lo stesso tipo di foto indipendentemente dalla fotocamera utilizzata (anteriore o posteriore).

Quanto detto vale per la maggior parte dei telefoni. Ma nel 2022, Apple ha rilasciato un nuovo telefono che ha osato essere diverso: l'iPhone Pro 14. Questo telefono ha sostituito il sensore superiore anteriore con un "Dynamic Island". Questo telefono ha sostituito il sensore frontale superiore con una "Dynamic Island". Ne parlerò tra poco. Ecco cosa dovete sapere se avete questo modello: è interattivo. A differenza degli altri iPhone, questo oggetto a forma di pillola può essere toccato e interattivo.

Ok, tutto questo è interessante, giusto? Ma in realtà non si fa nulla con la tacca. E i pulsanti sul telefono stesso? Bella domanda! Grazie per l'interessamento!

La disposizione dei pulsanti non si discosta molto dai precedenti iPhone.

Sul lato destro del telefono sono presenti i tasti volume su e giù, che cosa fanno? Avete indovinato! Alza e abbassa il volume! Sopra c'è anche un interruttore che silenzia il suono.

Sul lato sinistro si trova il "Pulsante laterale".." La leggenda vuole che sia stato chiamato "pulsante laterale" perché si trova sul lato del telefono! Questo pulsante è presente anche su altri telefoni, anche se un po' più corto, ma qui funziona in modo leggermente diverso.

Il pulsante laterale è e non è il sostituto del pulsante Home. Sembra un'affermazione vaga, vero? Ecco cosa intendo: non si usa questo pulsante per tornare alla schermata iniziale, ma si può usare per attivare Siri (o semplicemente per dire "Ehi Siri"). (o semplicemente per dire "Ehi Siri"). Questo pulsante si usa anche per accendere e spegnere il telefono o per metterlo in standby (che è la modalità in cui lo si mette dopo aver finito di giocare ad Angry Birds in bagno e aver bisogno di mettere giù il telefono per un minuto per lavarsi le mani).

L'uso più comune del pulsante laterale è quello di svegliare il telefono. Anche prendere il telefono e fissarlo con un'espressione infastidita o confusa può servire a questo scopo. Ma se vi trovate bloccati e non riuscite a svegliare il telefono, premete il pulsante laterale e sarete a posto.

Il pulsante laterale sarà utile anche quando vorrete usare Apple Pay.-Premete due volte il pulsante e poi guardate il vostro telefono con tristezza mentre i soldi vengono magicamente prelevati.

Parliamo del viso

Le cose andavano bene con te e il pulsante Home. Potevi strofinarci sopra il pollice e, come un genio in una bottiglia, il dispositivo leggeva magicamente il tuo DNA e si accendeva. Perché Apple ha dovuto rovinare una cosa buona?

Certo, eliminando il pulsante si ottiene una maggiore superficie dello schermo, ma molti altri telefoni hanno aggiunto un pulsante sul retro del telefono in modo da poter avere il meglio di entrambi i mondi. È come se Apple cercasse di costringervi ad amarlo, non è vero? Non so perché Apple faccia tutto questo, ma se la storia passata ci insegna qualcosa, abbiamo imparato che Apple ci fa adattare a cose migliori togliendoci le cose che amiamo. Amavamo le nostre unità CD... e Apple le ha tolte per sostituirle con unità USB; ma l'abbiamo superato, non è vero?! Lo hanno fatto di nuovo con il jack per le cuffie. E sui nuovi MacBook, l'USB non c'è più e al suo posto c'è il più veloce USB-C..

Il cambiamento non è mai divertente, ma non è necessariamente una cosa negativa. Se vi piacciono i numeri, questo vi piacerà. Il piccolo scanner per le dita del vostro vecchio telefono ha un rapporto di 50.000:1: è il rapporto di quanto sarebbe difficile per qualcuno entrare nel vostro telefono. L'iPhone con Face ID? 1,000,000:1. Se siete amanti della sicurezza, Face ID è una scelta obbligata.

Se siete una persona che si pone sempre il problema del "e se" (siete la stessa persona che si chiedeva morbosamente: "E se qualcuno mi rubasse il telefono e mi tagliasse il dito per sbloccarlo? Il lettore di impronte digitali funzionerebbe lo stesso?"), allora sono sicuro che avete alcune domande. Ad esempio:

- Cosa succede se porto gli occhiali e poi li tolgo o metto le lenti a contatto?
- Cosa succede se ho la barba e la rado?
- E se penso di assomigliare a Brad Pitt, ma il telefono dice che sono più un Lyle Lovett?

Mi dispiace, Lyle, non tutti possono essere Brad, ma non devi preoccuparti dei primi due punti. Face ID è dotato di riconoscimento adattivo, quindi non ci saranno problemi se deciderete di farvi crescere i capelli per Movember.

Se ci si trova in una stanza buia, il Face ID funzionerà comunque, anche se con un po' di aiuto da parte del sensore di luminosità, il che è un po' fastidioso se si è sdraiati a letto e l'unico modo per sbloccare il telefono è accendere una luce per scansionare il viso. Se ci si trova in una stanza buia, si può anche premere il pulsante laterale per aprirlo manualmente ed evitare Face ID.

Raggiungere il cielo

Diversi anni fa, Apple ha apportato un grande cambiamento all'iPhone rendendo le cose... beh, grandi! Introdusse quello che sarebbe stato conosciuto come il modello "plus". Era meraviglioso... e grande! Se avevate le mani di Shaq, non avreste avuto problemi a muovervi all'interno del dispositivo. Se invece avevate mani umane normali, le applicazioni sulla riga superiore del telefono erano un po' complicate.

Questo non era un grosso problema per l'iPhone X, perché era un po' più piccolo del Plus. I telefoni di nuova generazione, tuttavia, hanno introdotto un modello "max". Sui vecchi telefoni, l'operazione era semplice: bastava toccare due volte (non premere, toccare) il pulsante Home. Sui nuovi telefoni? Scusate, ma torniamo a imparare cose nuove... Ho finito le ossa per questo capitolo.

Per raggiungere la parte superiore, scorrere il dito verso il basso sul bordo inferiore dello schermo.

Riavvio forzato

Idealmente, non si dovrebbe mai dover eseguire un reset forzato del telefono (il che significa che il telefono è bloccato e non si può fare nulla). Se ciò dovesse accadere, cosa farete senza il tasto Home?! Non c'è da preoccuparsi! È piuttosto semplice:

1. Premere e rilasciare rapidamente il tasto Volume su.
2. Premere e rilasciare rapidamente il tasto Volume giù.
3. Tenere premuto il pulsante laterale fino a visualizzare il logo della mela.

Queste sono le opzioni per forzare lo spegnimento del telefono. E se non è congelato e si vuole solo spegnerlo? Tenete premuti contemporaneamente il pulsante laterale e il tasto Volume su. In questo modo vengono visualizzate diverse opzioni: scorrimento verso lo spegnimento, ID medico e SOS di emergenza.. Quella desiderata è ovviamente la prima. SOS chiamerà i servizi di emergenza locali, quindi non fatelo scorrere per errore!

Il primo capitolo, ridicolmente semplice

Ok, avete solo un minuto di tempo per iniziare a lavorare e avete bisogno di un riassunto di 1 minuto di tutto ciò che è importante?

Parliamo dei gesti. Il lato sinistro sarà il modo in cui i gesti funzionavano prima, mentre il lato destro sarà il modo in cui funzionano sui nuovi iPhone.

iPhone 8 e giù

Andare alla schermata iniziale - Premere il tasto Home.

Multitask - Premere due volte il tasto Home.

Centro di controllo - Passare il dito verso l'alto dalla parte inferiore dello schermo.

Notifiche - Scorrere il dito verso il basso dalla parte superiore dello schermo.

Ricerca - Dalla schermata principale, scorrere il dito verso il basso dal centro dello schermo.

Accesso ai widget - Dalla schermata iniziale o di blocco, scorrere il dito verso destra.

Raggiungere la cima - Toccare due volte (non premere) il tasto Home.

iPhone X e successivi

Andare alla schermata iniziale - Scorrere il dito verso l'alto dalla parte inferiore dello schermo.

Multitasking - Passare il dito verso l'alto dalla parte inferiore dello schermo, ma non sollevarlo finché non raggiunge il centro dello schermo.

Centro di controllo - Passare il dito verso il basso dall'angolo superiore destro dello schermo.

Notifiche - Scorrere il dito verso il basso dal centro in alto dello schermo.

Ricerca - Dalla schermata principale, scorrere il dito verso il basso dal centro dello schermo.

Accesso ai widget - Dalla schermata iniziale o di blocco, scorrere il dito verso destra.

Raggiungere la cima - Passare il dito verso il basso sul bordo inferiore dello schermo.

Ciao, mondo

Questo capitolo tratta di:

- Configurazione dell'iPhone per la prima volta
- Configurazione dell'iPhone con le impostazioni del telefono precedente
- Impostazione di Face ID
- Ricarica
- Navigare nel telefono utilizzando i gesti
- Utilizzo della tastiera su schermo

Impostazione delle cose

Ora che conoscete le principali differenze tra la natura fisica del telefono, facciamo un passo indietro e parliamo dell'impostazione. Se siete già arrivati alla schermata iniziale, potete ovviamente saltare questa sezione.

L'unboxing dell'iPhone non dovrebbe riservare sorprese. Non ha un manuale, ma questo è normale per Apple. È possibile trovare il manuale sul sito web di Apple (https://support.apple.com/manuals/iphone) se si desidera vederlo. Ciò che vale la pena sottolineare sono le cuffie. Qualche anno fa, Apple ha deciso per noi che non avevamo più bisogno di un normale jack per le cuffie. Che bello, vero? Ma per essere gentili, hanno sempre inserito un adattatore Lightning da 3,5 m, in modo da poter utilizzare qualsiasi cuffia quando il dispositivo era collegato. I nuovi modelli lo hanno eliminato. Se volete usarlo, potete acquistarne uno per meno di 10 dollari.

Una volta acceso il telefono con il pulsante lateralesi aprirà una schermata di configurazione. La configurazione può intimorire molte persone, ma quella di Apple è probabilmente la più semplice che si possa fare: persino mia madre, che odia l'elettronica, non ha avuto problemi a farla da sola.

È piuttosto semplice. Potrei scrivere tutto quello che vedrete sullo schermo, ma mi sembra un po' ridondante visto che lo vedete sullo schermo. In breve, vi chiederà la lingua e il paese che preferite, la vostra rete wireless (assicuratevi di connettervi alla vostra rete wireless, altrimenti inizierà a scaricare un sacco di app sulla vostra rete LTE, consumando i dati).che consumerà i vostri dati) e dovrete attivare il dispositivo con il vostro operatore wireless.

Queste sono le basi. Dopo ci sono alcune opzioni che potrebbero essere un po' meno semplici. La prima è una domanda che chiede se si desidera attivare i servizi di localizzazione. Vi consiglio di rispondere affermativamente. In questo modo la mappa saprà automaticamente dove vi trovate. Quando si scatta una foto a Boring Town, USA, e diversi anni dopo si chiede "Dove diavolo è stata scattata questa foto?", se i Servizi di localizzazione sono attivati si saprà esattamente dove è stata scattata. Ricordate: tutto ciò che non attivate qui (o che attivate) può essere modificato in seguito. Quindi, se cambiate idea, non c'è problema.

Da sapere: Ogni volta che i servizi di localizzazione vengono utilizzati in un'applicazione, viene visualizzata una piccola icona a forma di freccia nell'angolo superiore destro dello schermo.

Face ID

Face ID è probabilmente una delle funzioni di cui si sente parlare di più. Consente al telefono di eseguire la scansione del volto per sbloccarlo: è più sicuro dell'impronta digitale. Per iniziare, basta toccare il pulsante Inizia.

Successivamente, vi verrà chiesto di posizionare il vostro viso al centro della telecamera; quindi muovete la testa in modo che la telecamera possa vedere tutti i vostri lineamenti. È un po' come girare il collo. Ci vogliono circa 20 secondi per completare l'operazione.

Una volta terminato, verrà visualizzato un messaggio. Ecco fatto. Il vostro telefono è ora pronto a sbloccarsi alla vista del vostro splendido viso!

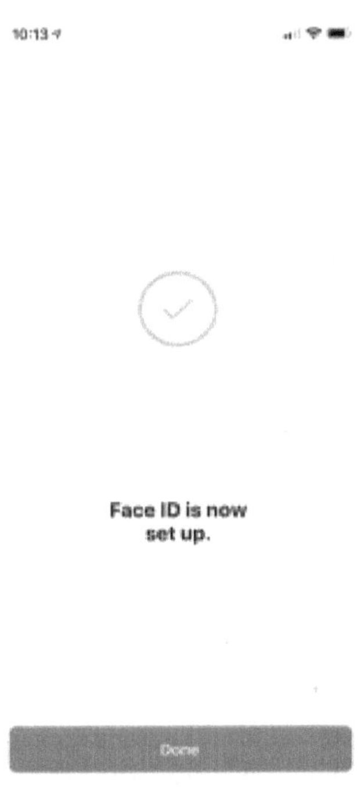

Dopo aver impostato Face IDverrà richiesto di inserire un codice di accesso. Perché è necessario un codice di accesso quando si dispone di Face ID? Il motivo principale è che in alcuni casi non si vuole usare Face ID: ad esempio, se è buio e non si vuole che il telefono sia illuminato, oppure se un amico deve entrare nel telefono.

Per impostazione predefinita, il codice di accesso è di sei cifre. Se non volete aggiungerne uno, toccate "Non aggiungere codice"; in questa stessa area, potete anche cambiarlo con un codice di quattro cifre. L'unico consiglio è di essere creativi: non usate le stesse quattro cifre del pin della vostra banca o le ultime quattro del vostro numero di previdenza sociale. E ricordate: potete cambiarlo in seguito.

Una volta impostate le opzioni di sicurezza, avrete la possibilità di ripristinare da un backup. Se avete un iPhone precedente, vi consiglio di farlo: risparmierete tempo per regolare alcune impostazioni in seguito.

Se avete deciso di ripristinare da un backup, assicuratevi che il vostro backup sia aggiornato. Sul vecchio iPhone, andate su Impostazioni, quindi toccate il vostro nome in alto (probabilmente ci sarà una vostra foto), poi toccate "iCloud" e infine "Backup iCloud".e infine "Backup iCloud". Potrebbe essere impostato su automatico. Tuttavia, per essere sicuri di ottenere tutto, io toccherei "Esegui backup adesso". Sotto l'opzione Esegui backup adesso, è possibile vedere quando è stato eseguito l'ultimo backup.

Avete quasi finito! Ma prima Apple deve capire come prendere i vostri soldi! La schermata successiva consiste nella creazione di un ID Apple. Se ne avete già uno, accedete; se non ne avete uno, createne uno gratuito. Non volete dare ad Apple i vostri sudati soldi? Non vi biasimo! Dopotutto, vi hanno appena preso più di 1.000 dollari per il vostro telefono! Ma avete comunque bisogno di un ID Apple. Non preoccupatevi, non dovrete dare loro altri soldi se non volete, ma sono sicuro che vorrete scaricare applicazioni gratuite (come Facebook) e avrete bisogno di un ID Apple.), e anche in questo caso avrete bisogno di un ID Apple.

Una volta che il vostro telefono ha finito di pensare a come prenderà i vostri soldi, sarà il momento di impostare iCloud.. Anche in questo caso, vi consiglio di configurarlo. iCloud esegue il backup di tutto in remoto; quindi, se volete condividere le cose su più dispositivi (Apple Watch, iPad, MacBook, Apple TV, ecc.) è un gioco da ragazzi.) è un gioco da ragazzi.

Dopo iCloud è Apple Pay. "Aspetta", direte voi! "Credevo che Apple avesse già chiesto come avrebbero fatto a ottenere più soldi!". L'hanno fatto! Si tratta di come gli altri prenderanno i vostri soldi! Una volta che hai un telefono costoso, tutti vogliono un pezzo di te! Apple Pay creerà in pratica una carta di credito virtuale, così quando sarete al supermercato potrete pagare toccando il telefono invece di tirare fuori il portafoglio.

Apple ha anche una propria carta (Apple Card) che tratterò più avanti.

Apple Pay è davvero sicuro? In una parola: sì. È più sicuro della carta che si porta nel portafoglio. A differenza della carta, nessuno può vedere i numeri che contiene. E se qualcuno rubasse il vostro telefono, non potrebbe usare Apple Pay se non conoscesse la vostra password. La crittografia di Apple Pay è anche molto più sofisticata: è molto più probabile che il vostro numero venga violato online che sul telefono.

La maggior parte delle banche è presente in Apple Payma purtroppo alcune non lo sono. Se non vedete la vostra, dovrete aspettare. Non è possibile aggiungerla manualmente.

Il prossimo è iCloud Portachiavi. Come la maggior parte delle cose nella configurazione, dipende tutto da ciò che vi fa sentire a vostro agio. Portachiavi memorizza tutte le password in un unico posto. Così, se si fanno acquisti online, non è necessario aggiungerle o ricordarle. È tutto sicuro, nessuno può vederlo tranne voi. E, naturalmente, è possibile attivarlo o disattivarlo in un secondo momento.

Ancora pochi passi! Finora indolore, vero?

Il prossimo è Siri. Siri è il vostro assistente personale. Potete dire cose come "Ehi, Siri: che tempo fa?" e come per magia ve lo dirà. Ne parlerò più avanti nel libro, ma per ora lo attiverei.

Dopo aver abilitato Siri, decidete se segnalare o meno ad Apple i dati di diagnostica e di utilizzo. Se siete preoccupati per la privacy, toccate "Informazioni su diagnostica e privacy" per sapere quali informazioni Apple riceverà e come verranno utilizzate.

Infine, decidere se si desidera utilizzare una visualizzazione ingrandita o meno. Se si preferiscono icone più grandi, si può scegliere la visualizzazione ingrandita. La scelta è libera e questa impostazione può essere modificata in seguito.

E finalmente la configurazione è terminata! L'ultima schermata dice "Benvenuto nell'iPhone - Inizia". Toccando questa scritta si accede alla schermata iniziale e qui inizia il divertimento.

Mi sento carico!

Prima di approfondire l'uso del telefono, vorrei parlare molto rapidamente della ricarica. Probabilmente sapete come collegare il caricabatterie al telefono. Se non riuscite a capire come si inserisce una spina in un connettore, chiamate quel nipote che non risponde mai alle vostre telefonate e chiedeteglielo. Sono sicuro che gli farà piacere sentirti.

Ciò che potrebbe non essere così ovvio è che l'iPhone non ha bisogno di essere collegato a nulla per essere ricaricato. I nuovi iPhone possono essere ricaricati in modalità wireless. Per farlo è necessario un cosiddetto "caricabatterie Qi". Non sono molto costosi (intorno ai 20 dollari). I caricabatterie Qi sono compatibili con altri telefoni, quindi molti caffè e hotel li hanno già pronti all'uso. Per utilizzarlo, basta posizionare il telefono sopra il tappetino di ricarica wireless e assicurarsi che la luce di ricarica (⚡) si accenda. È davvero semplice.

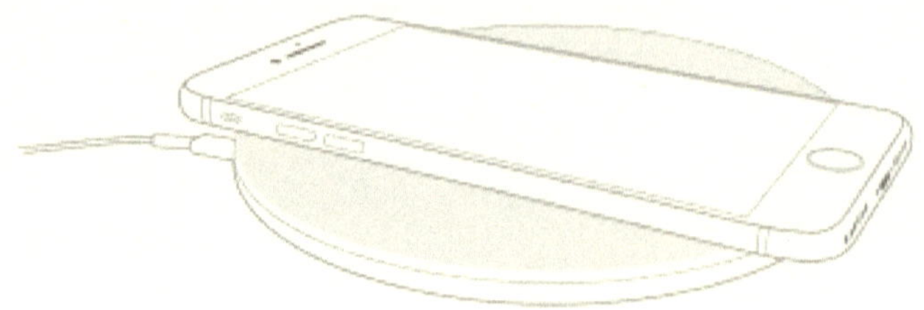

Nel 2020 Apple ha introdotto MagSafe e il proprio caricabatterie wireless. La cattiva notizia è che costerà di più. Apple *non* include un caricabatterie wireless nella confezione. Un caricatore wireless MagSafe costa 39 dollari. Ma c'è di più! È necessario anche un adattatore: un adattatore di alimentazione USB-C da 20 W. USB-C da 20 W, per essere precisi. Il motivo per cui è necessario un adattatore speciale è per assicurarsi di ottenere la carica più rapida. Se ne usate di meno, il telefono si caricherà più lentamente.

A proposito di MagSafe, se si desidera sfruttarlo, è necessaria una custodia MagSafe. Queste custodie sono dotate di uno speciale magnete all'interno. Questi anelli magnetici aiutano ad agganciare il caricabatterie all'iPhone e ad assicurarsi che sia posizionato in modo appropriato per la ricarica wireless.

Il caricatore MagSafe è in grado di ricaricare anche gli iPhone più vecchi e persino i dispositivi Android. È *possibile* caricare gli AirPods con esso, *non è possibile* caricare l'Apple Watch. Esistono tuttavia degli accessori per ricaricare in modalità wireless l'iPhone e l'Apple Watch allo stesso tempo.

Basta con le impostazioni! Come faccio a usare questa cosa?!

L'iPhone è un dispositivo touchscreen, quindi per utilizzarlo si pensa di doversi preoccupare di una sola cosa: toccarlo!

È vero. Ma ci sono diversi modi per toccarlo. Fortunatamente, a differenza dei gesti, non è cambiato nulla; quindi, se sapete come usare i gesti, non avrete problemi. Di seguito è riportato un breve riepilogo:

Rubinetto

Questo è il "clic" del mondo iPhone. Un tap è solo un breve tocco. Non è necessario che sia forte o che duri a lungo. Si toccano icone, collegamenti ipertestuali, scelte di moduli e altro ancora. Si toccano anche i numeri su una tastiera a sfioramento per effettuare chiamate. Non è esattamente scienza missilistica, no?

Toccare e tenere premuto

Questo significa semplicemente toccare lo schermo e lasciare il dito a contatto con il vetro. È utile per visualizzare i menu contestuali o altre opzioni in alcune applicazioni.

Doppio rubinetto

Si tratta di due tocchi rapidi, come un doppio clic con il dito. Il doppio tocco svolge diverse funzioni in diverse applicazioni. Inoltre, consente di ingrandire le immagini o le pagine Web.

Gesto nascosto!
Il microfono è una sorta di gesto sul telefono. È possibile configurare il telefono in modo che riconosca i gesti. In questo modo, se si tocca due (o tre) volte il retro del telefono, si attiva qualcosa, ad esempio si visualizzano le notifiche. Sembra un po' problematico, come se scambiasse la digitazione per un tocco o qualcosa del genere, ma funziona sorprendentemente bene.
Per aggiungere il tocco all'indietro, accedere all'app Impostazioni, quindi selezionare Accessibilità > Tocco > Tocca indietro. Quindi, selezionare dall'elenco delle opzioni disponibili.

Scorrimento

Scorrere significa appoggiare il dito sulla superficie dello schermo, trascinarlo fino a un certo punto e poi rimuoverlo dalla superficie. Questo movimento viene utilizzato per navigare tra i livelli di menu delle applicazioni, tra le pagine di Safari e altro ancora.e altro ancora. Diventerà una seconda natura da un giorno all'altro, ve lo assicuro.

Trascinamento

Si tratta di un'operazione meccanicamente identica a quella del passaggio del mouse, ma con uno scopo diverso. Si tocca un oggetto per selezionarlo, quindi lo si trascina dove deve andare e lo si rilascia. È come trascinare e rilasciare con il mouse, ma senza l'intermediario.

Pizzico

Prendete due dita, posizionatele sullo schermo dell'iPhone e muovetele verso l'altro o lontano l'uno dall'altro con un movimento di pizzicamento o inverso. Muovendo le dita insieme si ottiene lo zoom in molte applicazioni, compresi i browser web e i visualizzatori di foto; muovendole separatamente si ottiene lo zoom in avanti.

Rotazione e inclinazione

Molte applicazioni su iPhone sfruttano la rotazione e l'inclinazione del dispositivo stesso. Ad esempio, nell'app a pagamento Star Walkè possibile inclinare lo schermo in modo che sia puntato verso la sezione del cielo notturno che interessa - Star Walk rivelerà le costellazioni in base alla direzione in cui è puntato l'iPhone.

Come si fa a inviare a tutti delle simpatiche emoji?

Il motivo per cui avete un iPhone è inviare adorabili emoji con i vostri messaggi di testo, ovviamente! Ma come si fa? Tutto sta nella tastiera, quindi la tratterò qui di seguito!

Ogni volta che si digita un messaggio, la tastiera appare automaticamente. Non ci sono passaggi aggiuntivi. Ma ci sono alcune cose che si possono fare con la tastiera per renderla più personale.

Ci sono alcune cose da notare sulla tastiera: il tasto Canc è contrassegnato da una piccola "x" (è proprio accanto alla lettera M) e il tasto shift è il tasto con la freccia verso l'alto (accanto alla lettera Z).

Per impostazione predefinita, la prima lettera digitata sarà maiuscola. È possibile capire in quale caso si trovano le lettere con una rapida occhiata.

Per utilizzare il tasto shift, è sufficiente toccarlo e poi toccare la lettera che si desidera scrivere in maiuscolo o la punteggiatura alternativa che si desidera utilizzare. In alternativa, è possibile toccare il tasto shift e trascinare il dito sulla lettera che si desidera scrivere in maiuscolo. Toccando due volte il tasto Maiuscole si accede al Blocco Maiuscole (cioè tutto è maiuscolo) e toccando una volta si esce dal Blocco Maiuscole.

Caratteri speciali

Per digitare i caratteri speciali, è sufficiente tenere premuto il tasto della lettera associata fino alla comparsa delle opzioni. Trascinare il dito sul carattere che si desidera utilizzare e procedere. A cosa serve esattamente? Supponiamo che stiate scrivendo qualcosa in spagnolo e che abbiate bisogno dell'accento sulla "e"; toccando e tenendo premuto la "e" apparirà l'opzione.

Utilizzo della dettatura

Ammettiamolo: a volte scrivere sulla tastiera fa schifo! Non sarebbe più facile dire quello che si vuole scrivere? Se questo è il vostro caso, allora Dettatura può aiutarvi! Basta toccare il microfono accanto alla barra spaziatrice e iniziare a parlare. Funziona abbastanza bene.

Tastiere con numeri e simboli

Naturalmente, non esistono solo lettere e punti esclamativi. Se avete bisogno di usare i numeri, toccate il tasto 123 nell'angolo in basso a sinistra. Verrà visualizzata una tastiera diversa con numeri e punteggiatura.

Da questa tastiera è possibile tornare all'alfabeto toccando il tasto ABC nell'angolo in basso a sinistra. È inoltre possibile accedere a una tastiera aggiuntiva che include i restanti simboli standard toccando il tasto #+-, appena sopra il tasto ABC.

Emoji Tastiera

E finalmente, il momento che stavate aspettando! Le emoji!

La tastiera emoji è accessibile tramite il tasto faccina tra il tasto 123 e il tasto dettatura. Le emoji sono piccole immagini di cartoni animati che possono essere utilizzate per vivacizzare i messaggi di testo o altri documenti scritti. Questo va ben oltre le emoticon basate sui due punti di una volta: ci sono abbastanza emoji sul vostro iPhone per creare un intero vocabolario visivo.

Per usare la tastiera emoji, notate che ci sono delle categorie lungo la parte inferiore (e che l'icona del mappamondo all'estrema sinistra vi riporterà al mondo della lingua). All'interno di queste categorie, ci sono diverse schermate di pittogrammi tra cui scegliere.

Molte delle emoji umane includono varianti multiculturali. È sufficiente tenerle premute per visualizzare altre opzioni.

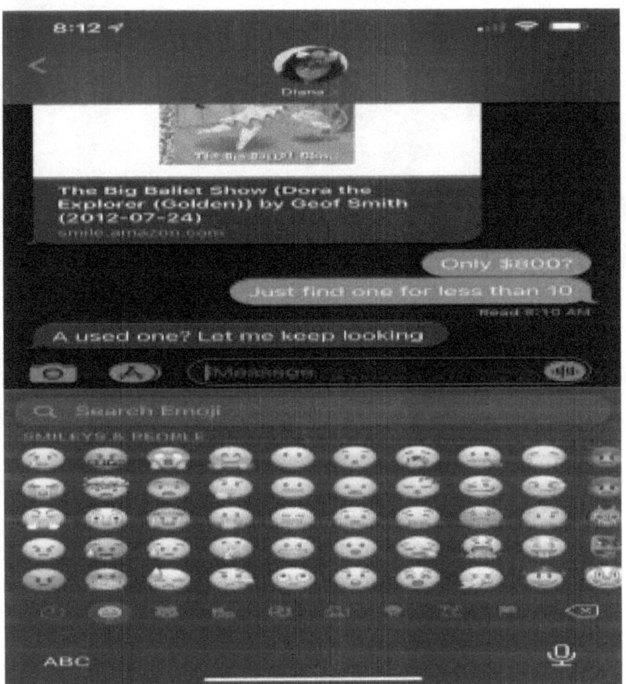

Emoji Ricerca

Se amate le emoji, probabilmente odiate cercare le emoji. I tempi di una o due emoji sono finiti: le tastiere emoji ora hanno decine e decine e decine di espressioni tra cui scegliere! Questo è ottimo per le opzioni! Ma pessimo per la scoperta!

È possibile cercare nella tastiera emoji digitando un'espressione nella barra di ricerca.

Ad esempio, cerco "Happy". Vengono visualizzate le espressioni emoji che corrispondono a quel termine.

È possibile tornare alla tastiera normale toccando le varie emoji accanto alla barra spaziatrice.

Dattilografia multilingue

La maggior parte delle persone è probabilmente pronta. Sanno tutto quello che c'è da sapere sulla digitazione sull'iPhone e sono pronti a lanciare emoji ai loro amici. Ci sono alcune altre funzioni che si applicano ad alcuni (non a tutti).

Una di queste caratteristiche è la digitazione multilingue. Questa funzione è dedicata a chi digita in più lingue contemporaneamente. Così, se si digita tra lo spagnolo e l'inglese, non si continuerà a vedere un messaggio che dice che l'ortografia è sbagliata.

Se questo è il vostro caso, allora dovete solo abilitare un altro dizionario, il che è semplice. Andate in Impostazioni > Generali > Dizionario.

Configurazione delle tastiere internazionali

Se ci si trova spesso a digitare in una lingua diversa, si consiglia di impostare le tastiere internazionali. Per impostare le tastiere internazionali, visitare Impostazioni > Generali > Tastiera > Tastiere. È quindi possibile aggiungere una tastiera internazionale appropriata toccando "Aggiungi nuova tastiera". Ad esempio, l'iPhone offre un ottimo supporto per l'immissione di testo in cinese: si può scegliere tra pinyin, tratto, zhuyin e scrittura a mano, in cui si abbozza il carattere.

Quando si attiva un'altra tastiera, il tasto della faccina sorridente si trasforma nell'icona di un mappamondo. Per utilizzare le tastiere internazionali, toccare il tasto del mappamondo per scorrere le scelte della tastiera.

Il vostro iPhone è ricco di funzioni che aiutano a prevenire gli errori, tra cui la collaudata funzione di correzione automatica di Apple che protegge dagli errori di battitura più comuni. In iOS 8, Apple ha introdotto una funzione di testo predittivo che prevede quali parole è più probabile digitare, e la sua precisione è ancora migliore nel nuovo iOS.

Tre scelte appaiono appena sopra la tastiera: la voce digitata, più le due migliori ipotesi. Il testo predittivo è anche un po' specifico per il contesto. Impara i vostri modelli di pronuncia mentre inviate un'e-mail al vostro capo o un messaggio al vostro migliore amico e vi proporrà suggerimenti appropriati in base a chi state messaggiando o inviando un'e-mail. Naturalmente, se vi dà fastidio, potete visitare Impostazioni > Generali > Tastiere e disattivare il testo predittivo facendo scorrere il cursore verde verso sinistra.

Tastiere di terze parti

Infine, è possibile aggiungere al telefono tastiere di terze parti. Quindi, se si odia la tastiera dell'iPhone e si desidera qualcosa di simile a quella di Android, si può andare sull'App Store e procurarsela (per saperne di più, più avanti).

Solo le basi... e mantenete le cose semplici!

Questo capitolo tratta di:

- Schermata iniziale
- Effettuare chiamate
- Aggiunta e rimozione di app
- Applicazioni per l'organizzazione
- Aggiunta di widget
- Invio di messaggi
- Appuntare i messaggi
- iMessage applicazioni
- Notifiche
- AirDrop

Benvenuti a casa

C'è una cosa che è rimasta praticamente invariata dall'uscita del primo iPhone: la schermata iniziale. L'aspetto si è evoluto, ma non il layout. Tutto quello che dovete sapere è che si tratta della schermata principale. Quindi, quando leggete "vai alla schermata principale", è a questa schermata che mi riferisco. Ha senso?

Display sempre attivo

L'iPhone 14 Pro ha un Always On Display (purtroppo non è presente sugli altri telefoni). È fantastico... finché non lo è! Se non si desidera che lo schermo sia sempre acceso (nota: il display sempre acceso non contribuisce alla durata della batteria), accedere all'applicazione Impostazioni, quindi selezionare Display e luminosità e infine disattivare la funzione Always On.

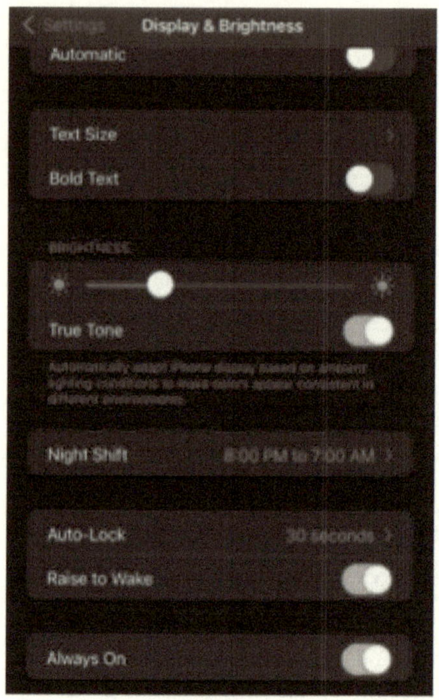

Centro di controllo

Anche se non conoscete il termine, probabilmente avete usato il Centro di controllo.è il luogo in cui si trovano le scorciatoie per controllare le funzioni più comuni del telefono, come il volume e la fotocamera.

Centro di controllo è più potente di prima. iOS 13 ha introdotto due nuove funzioni nel Centro di controllo: Modalità notturna e l'unione delle reti Wi-Fi (descritte di seguito). Tuttavia, ci sono funzioni più vecchie di cui forse non siete a conoscenza.

Passare il dito nell'angolo superiore destro per visualizzare il Centro di controllo..

Utilizzo del Centro di controllo

Diamo un'occhiata a ogni sezione del Centro di controllo. Il primo gruppo è quello che controlla l'attività wireless del telefono. A partire dall'angolo in alto a sinistra, l'icona dell'aeroplano rappresenta la Modalità aereo. Modalità aereo, che disattiva rapidamente tutte le funzioni cellulari, Wi-Fi e Bluetooth.e Bluetoothaccanto c'è l'icona Dati cellulare; sotto l'aereo c'è l'icona Dati cellulare; sotto l'aereo si trova la levetta del Wi-Fi e infine quella del Bluetooth.

Se si preme a lungo uno di questi pulsanti, si ottiene un elenco esteso di opzioni.

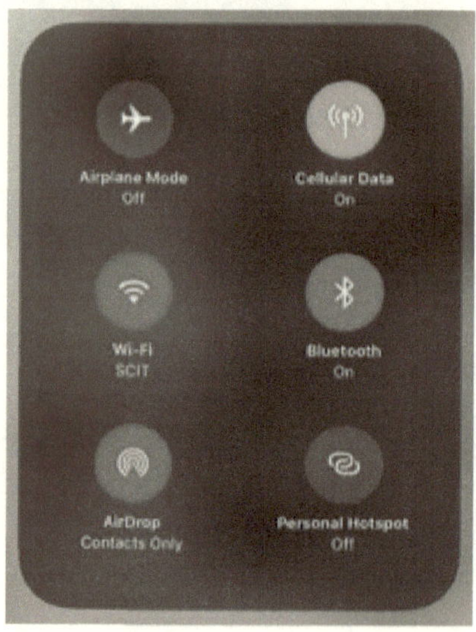

Se si preme a lungo il pulsante Wi-Fi nella schermata precedente, si ottengono tutte le reti Wi-Fi nel raggio d'azione e ci si può unire a una di esse: non è più necessario andare nell'app Impostazioni per unirsi a una rete Wi-Fi.

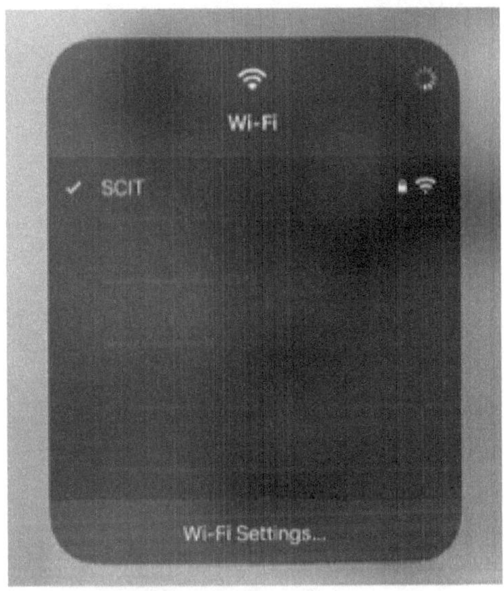

Sotto le impostazioni wireless si trovano: il blocco della rotazione dello schermo (premendolo, lo schermo non si autorota quando si inclina il telefono lateralmente), la modalità Non disturbare e lo Screen Mirroring. e Screen Mirroring (se avete una Apple TVquesto pulsante consente di specchiare il telefono sul televisore).

Sul lato destro si trova il controllo Musica (toccando l'angolo in alto a destra è possibile selezionare la posizione in cui si desidera ascoltare la musica se si dispone di un dispositivo AirPlay, come ad esempio gli

AirPods). come AirPods o HomePod). o HomePod). Sotto di esso si trovano la luminosità e il volume del telefono.

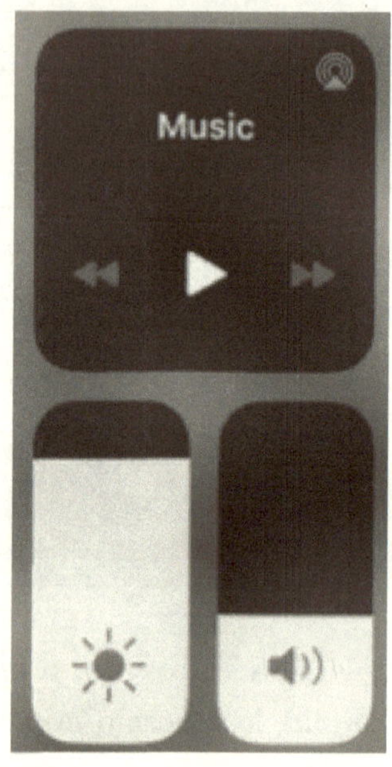

Premendo a lungo il pulsante della luminosità è possibile selezionare se si desidera attivare la modalità notturna. La modalità notturna trasforma in nero le aree del telefono che sono bianche, ad esempio quando si legge un libro in iBooks.le pagine sono scure. È inoltre possibile utilizzare Night Shift, che riduce la quantità di luce blu emessa dal telefono: l'esposizione a questo tipo di luce durante la notte può influire sulle abitudini del sonno.

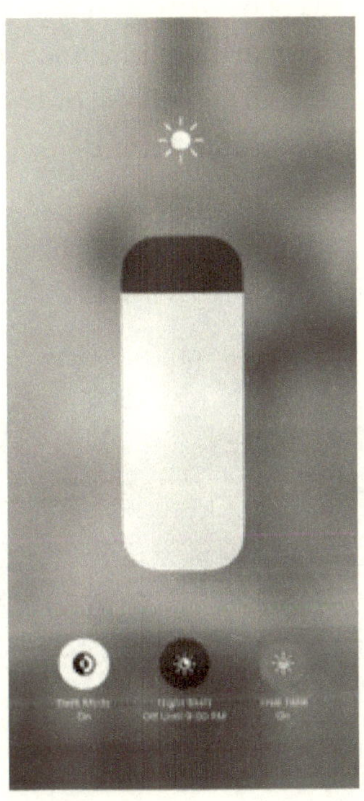

Nella parte inferiore del Centro di controllo si trovano la torcia, Timer, Calcolatricefotocamera fotocamera, scorciatoia, registrazione schermo (di seguito spiegherò perché potreste non averla) e telecomando Apple TV (anche in questo caso, potreste non averla). (anche in questo caso, è possibile che non lo abbiate).

Premendo a lungo la maggior parte di questi pulsanti si ottengono scorciatoie per le opzioni dell'applicazione. Premendo a lungo il pulsante della fotocamera, ad esempio, si ottengono scorciatoie per i diversi tipi di foto che si possono scattare.

Personalizzazione del Centro di controllo

È possibile aggiungere e rimuovere alcune delle opzioni del Pannello di controllo andando su **Impostazioni > Centro di controllo**e selezionando Personalizza controlli.

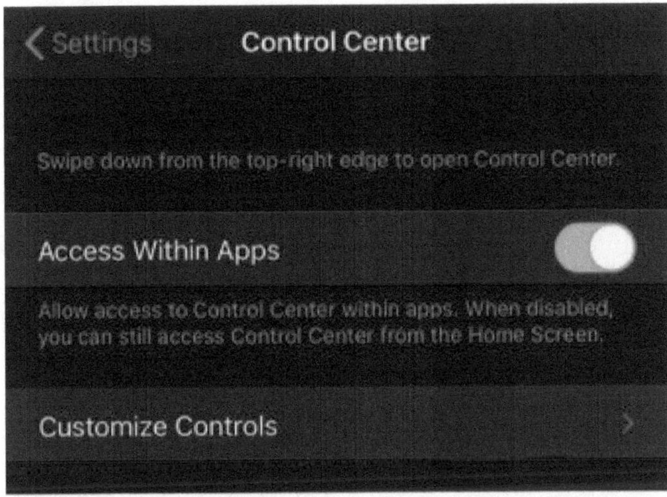

La parte superiore contiene i controlli attualmente inclusi (quelli che è possibile rimuovere). Premete il segno meno rosso per rimuoverli.

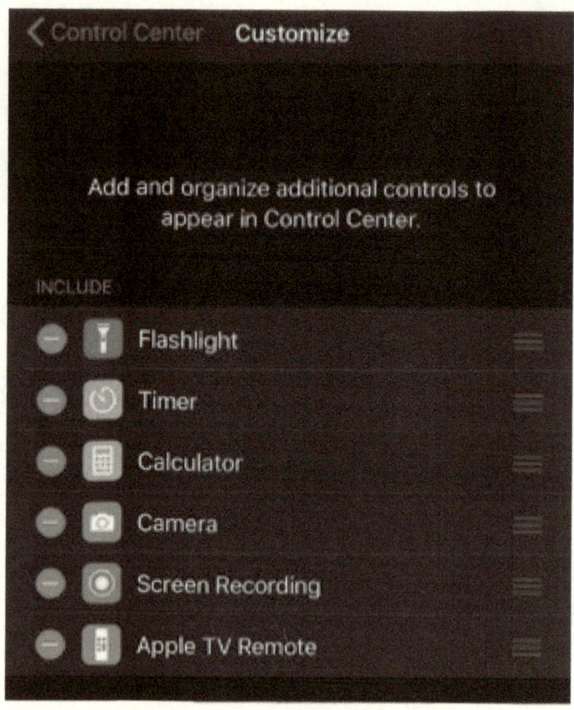

Ricordate che ho detto che c'erano alcuni controlli che io avevo e che voi potreste non avere? Ecco dove potete aggiungerli. Qui di seguito sono elencati i controlli che è possibile aggiungere al Centro di controllo. Toccare il segno più per aggiungerli.

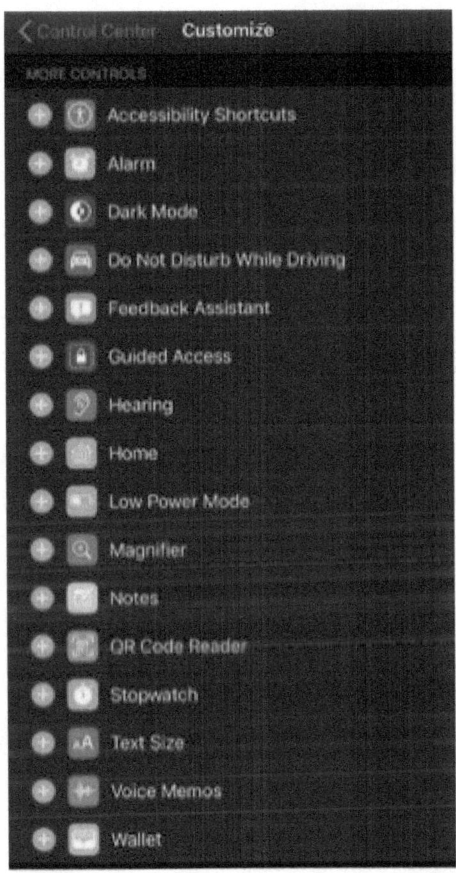

Effettuare chiamate

Sapete cosa mi stupisce sempre quando vedo le pubblicità dell'iPhone? È un telefono, ma sembra che la gente non ci parli mai! Ma in realtà è in grado di fare telefonate!

Se avete bisogno di chiamare qualcuno, toccate l'icona verde del telefono nell'angolo in basso a sinistra della schermata iniziale. Verrà visualizzata la tastiera dell'iPhone. Inserite il vostro numero e premete il pulsante verde Chiama. Per riagganciare, basta toccare il pulsante rosso Fine nella parte inferiore dello schermo. Nella schermata di chiamata sono presenti anche altre opzioni. Se si desidera utilizzare la tastiera durante una chiamata, è sufficiente toccare il cerchio della tastiera per visualizzarla. Allo stesso modo, è possibile disattivare l'audio di una chiamata o metterla in vivavoce.

Ricevere una chiamata è abbastanza intuitivo. Quando il telefono squilla, l'iPhone vi dirà chi sta chiamando. Se il nome dell'interlocutore è memorizzato tra i contatti (per saperne di più), viene visualizzato. Tutto ciò che si deve fare è scorrere il dito per rispondere alla chiamata. Ci sono anche altre opzioni: potete chiedere all'iPhone di ricordarvi della chiamata in un secondo momento toccando "Ricordami", oppure potete rispondere con un messaggio di testo. iOS include alcune pratiche risposte predefinite, tra cui "Non posso parlare ora...", "Ti chiamo più tardi", "Sto arrivando" e "Cosa c'è?". Se necessario, è anche possibile inviare un messaggio personalizzato. Se perdete una chiamata, l'iPhone vi avviserà al successivo risveglio del telefono. Per impostazione predefinita, è possibile rispondere a una chiamata persa direttamente dalla schermata di blocco.

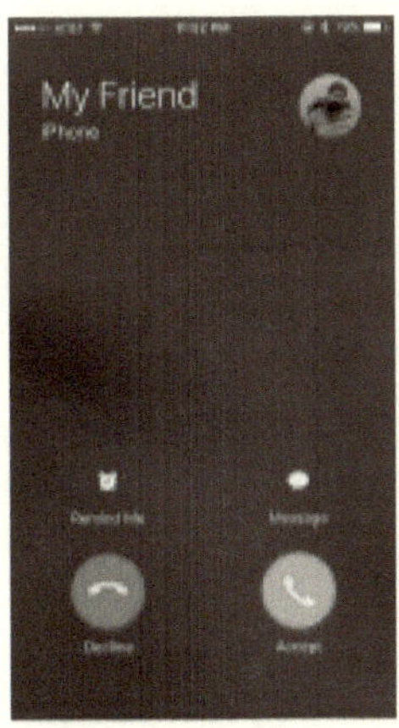

Quando arriva una chiamata da un numero sconosciuto, l'iPhone controlla le altre applicazioni, come Mail, dove si trovano i numeri di telefono. Utilizzando queste informazioni, l'iPhone fa un'ipotesi per voi e vi fa sapere chi potrebbe chiamarvi. Un po' inquietante, vero? Ma anche molto utile.

Se volete sentirvi ancora più speciali, potete far sì che Siri annunci la chiamata. Per attivare questa funzione, andare su Impostazioni > Telefono > Annuncio chiamate. Selezionare Sempre, Cuffie e auto, Solo cuffie o Mai per scegliere il modo preferito di annunciare le chiamate.

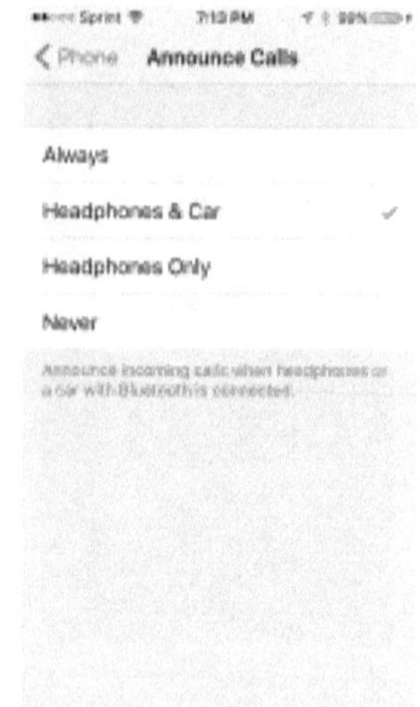

Messaggistica

Sempre più utenti di smartphone si tengono in contatto con i messaggi di testo invece che con le telefonate, e l'iPhone permette di restare facilmente in contatto con tutti. Oltre all'invio dei normali SMS e dei messaggi multimediali (immagini, link, videoclip e note vocali), è possibile utilizzare iMessage per interagire con gli altri utenti Apple. per interagire con altri utenti Apple. Questa funzione consente di inviare messaggi istantanei a chiunque abbia accesso a un Mac con OS X Mountain Lion o versione successiva, o a qualsiasi dispositivo iOS con iOS 5 o versione successiva.

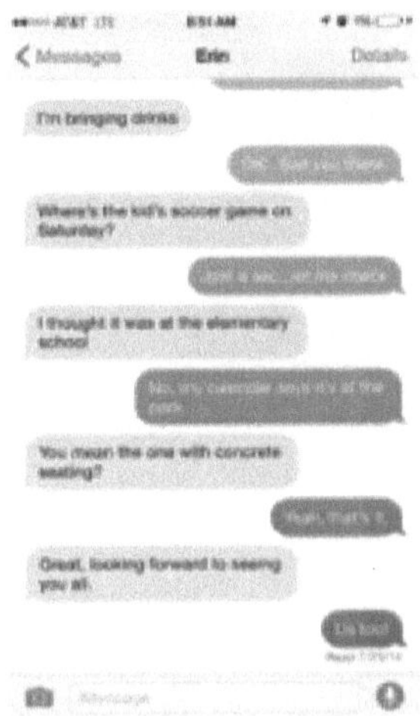

Nella schermata principale di Messaggi è possibile vedere le diverse conversazioni in corso. È anche possibile eliminare le conversazioni scorrendo da destra a sinistra sulla conversazione desiderata e toccando il pulsante rosso Elimina. Le nuove conversazioni o le conversazioni esistenti con nuovi messaggi saranno evidenziate da un grande punto blu accanto ad esse e l'icona Messaggi avrà un badge che mostra il numero di messaggi non letti, simile alle icone di Posta e Telefono.

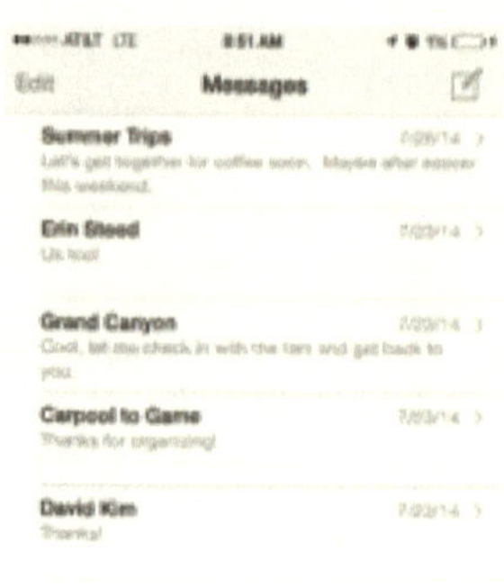

Per creare un messaggio, fare clic sull'icona Messaggi e poi sul pulsante Componi nell'angolo in alto a destra.

Una volta visualizzata la finestra di dialogo del nuovo messaggio, fare clic sul pulsante più (+) per scegliere dall'elenco dei contatti, oppure digitare il numero di telefono della persona a cui si desidera inviare il messaggio. Per i messaggi di gruppo, è sufficiente continuare ad aggiungere tutte le persone desiderate. Infine, fare clic sul campo inferiore per iniziare a digitare il messaggio.

iMessage ha aggiunto molte nuove funzioni negli ultimi anni. Se si vuole solo inviare un messaggio, basta toccare la freccia blu verso l'alto.

Ma potete fare molto di più che inviare un messaggio! (Attenzione: se state inviando un messaggio con funzioni più recenti a qualcuno con un sistema operativo più vecchio o con un dispositivo non Apple, il messaggio non apparirà come sul vostro schermo).

Per iniziare, premere (senza rilasciare il pulsante blu o, se si utilizza un telefono con 3D Touch o Haptic Touch, premere un po' più forte). o Haptic Touch, premere un po' più forte). Verranno visualizzate diverse animazioni per il messaggio.

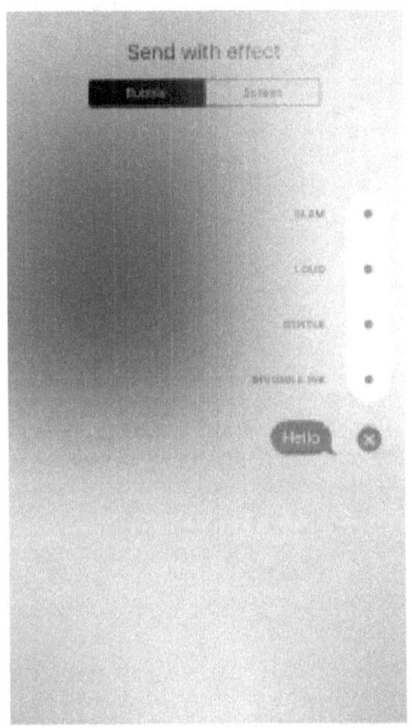

Nella parte superiore di questa schermata, si notano anche due schede, una con la dicitura "Bolla" e l'altra con la dicitura "Schermo"; toccando "Schermo" è possibile aggiungere animazioni all'intero schermo. Scorrere a destra e a sinistra per vedere ogni nuova animazione.

Quando ricevete un messaggio che vi piace e volete rispondere, potete toccare e tenere premuto il dito sul messaggio o sull'immagine; in questo modo appariranno diversi modi di reagire.

Una volta fatta la scelta, la persona che la riceve vedrà come avete risposto.

Se volete aggiungere un'animazione, una foto, un video o molte altre cose, guardate le opzioni accanto al messaggio.

Sono disponibili tre opzioni, che offrono ancora più possibilità di scelta! La prima è la fotocamera, che consente di inviare foto con il messaggio (o di scattare nuove foto, che non verranno salvate sul telefono), la successiva consente di utilizzare le app di iMessage (di cui parleremo tra poco) e l'ultima consente di registrare un messaggio con la voce. (di cui parleremo tra poco) e l'ultima consente di registrare un messaggio con la voce.

Vediamo innanzitutto l'opzione fotocamera.

Se si vuole solo allegare una foto al messaggio, dopo aver toccato la fotocamera, andare nell'angolo in alto a sinistra e toccare l'icona Foto; in questo modo vengono visualizzate tutte le foto che si possono allegare.

Se si desidera scattare una foto originale, toccare il pulsante rotondo in basso. Per aggiungere effetti, toccare la stella nell'angolo in basso a sinistra.

Toccando gli effetti vengono visualizzati tutti i diversi effetti disponibili. Parlerò più diffusamente delle Animoji ma, a titolo di esempio, questa app vi permette di applicare un Animoji sul vostro volto (vedi l'esempio qui sotto: non male per una foto d'autore, eh?).

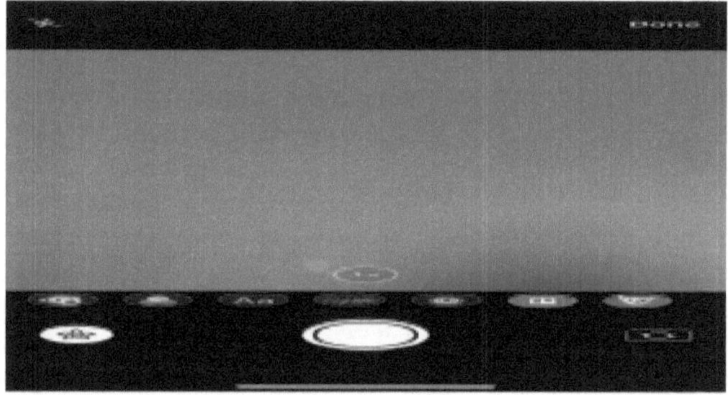

Infine, l'ultima opzione è quella delle app. Ormai dovreste sapere tutto sulle app del telefono, ma ora c'è un nuovo gruppo di app chiamato "app iMessage". app. Queste app consentono di essere sia sciocchi (inviare adesivi digitali) che seri (inviare denaro a qualcuno via SMS). Per iniziare, toccare il pulsante "+" per aprire l'app iMessage. Negozio.

È possibile sfogliare tutte le app proprio come se si trattasse del normale App Store.. L'installazione è la stessa cosa.

Quando si è pronti a usare l'app, basta toccare le applicazioni, toccare l'app che si desidera caricare e toccare ciò che si desidera inviare. È anche possibile trascinare gli adesivi sui messaggi. Basta toccare, tenere premuto e trascinare.

Nella sezione delle app c'è anche un pulsante chiamato "#immagini".

Toccando questo pulsante è possibile cercare migliaia di meme umoristici e GIF animate. Basta toccarlo e cercare un termine che si desidera trovare, ad esempio "Money" o "Fight".

Un'ultima funzione di iMessage che vale la pena provare è la nota personale scritta a mano. Toccate un nuovo messaggio come se steste per iniziare a scriverne uno; ora ruotate il telefono in orizzontale. In questo modo viene visualizzata un'opzione che consente di utilizzare il dito per creare una nota scritta a mano. Firmate e poi premete il tasto Fine quando avete finito.

Etichettatura dei messaggi

Se avete usato programmi di messaggistica come Slack, probabilmente conoscete bene l'idea di taggare qualcuno in una conversazione. Il tag viene utilizzato per attirare l'attenzione dell'interlocutore e avviare un nuovo thread all'interno della conversazione.

Quindi, se si è in uno scambio di messaggi di testo di grandi dimensioni, quando si tagga qualcuno, tutti possono leggerlo, ma non tutti vengono avvisati. In questo modo è un po' meno invadente.

Per taggare qualcuno in una conversazione, basta mettere una @ davanti al suo nome quando si risponde.

Se si desidera rispondere in linea a un messaggio, premere a lungo sul messaggio. Per "in linea" si intende questo: se c'è un messaggio più in alto, è possibile premere a lungo per rispondere, in modo da sapere a quale messaggio ci si sta riferendo.

Una volta toccato Rispondi, si risponde come si farebbe normalmente.

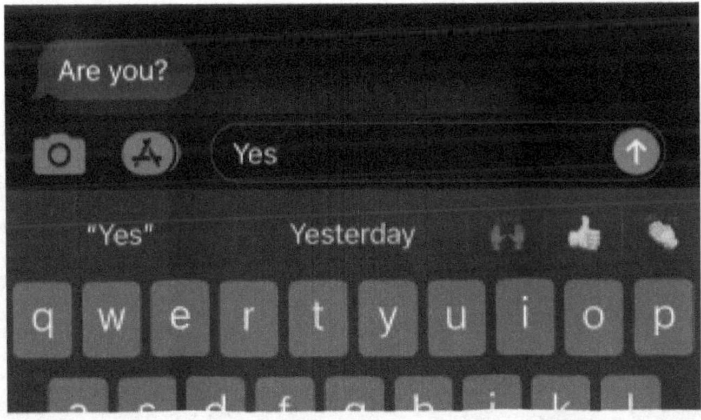

In questo modo la persona verrà avvisata e vedrà il messaggio con una notifica di risposta sotto il messaggio.

Se si tratta di più testi in alto, vedranno anche il messaggio seguente.

Appuntare i messaggi

Se scrivete molti messaggi, potrebbe essere un po' complicato rispondere. Il funzionamento di Messaggi funziona in modo che le conversazioni più recenti siano in cima. In genere funziona bene, ma si possono anche mettere in cima i preferiti.

Nell'esempio che segue, mia moglie è appuntata in cima alle conversazioni. Anche se altre persone mi hanno scritto più di recente, lei sarà sempre in cima (a meno che non la rimuova). In questo modo è facile rispondere.

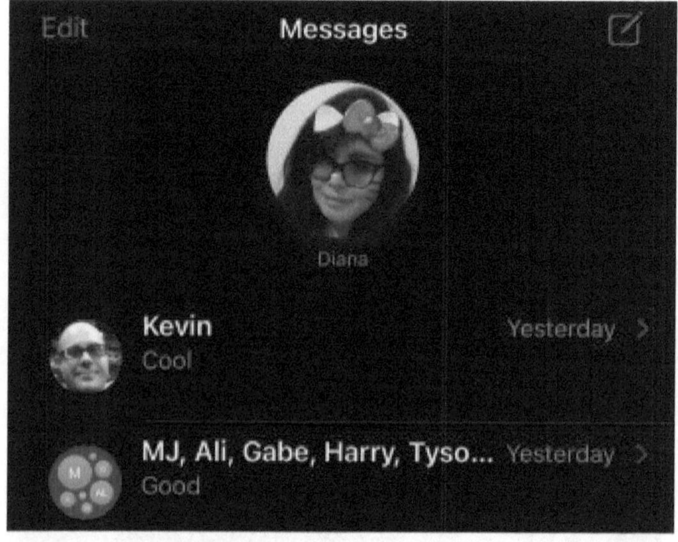

Per aggiungere o rimuovere qualcuno dall'alto, toccare il pulsante Modifica nell'angolo in alto a sinistra, quindi selezionare Modifica pin.

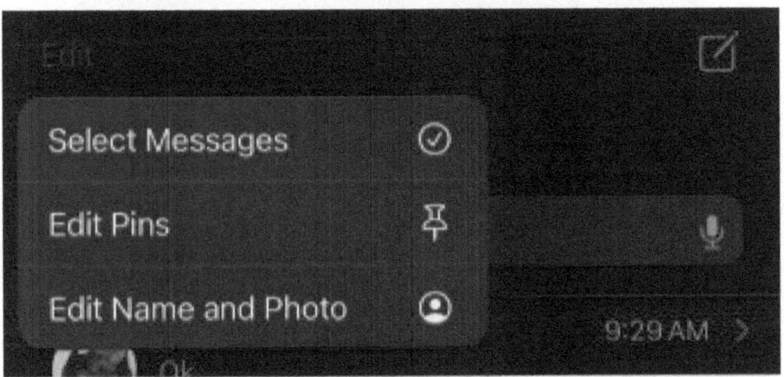

Per rimuoverli, toccare l'icona con il segno meno sopra la loro foto (nell'angolo in alto a sinistra); per aggiungerli, toccare l'icona gialla della spilla.

È possibile avere diverse persone appuntate in alto. Personalmente, trovo che tre siano sufficienti, ma è possibile aggiungerne altre.

Invio di foto nei messaggi

Quando si inviano gruppi di foto, Messaggi dispone le foto inferiori a tre in verticale. Toccatele per ingrandirle.

Se si inviano più di tre foto, queste si impileranno l'una sull'altra e si potranno scorrere.

Annullamento dei messaggi

Siamo onesti: tutti abbiamo inviato messaggi di cui ci siamo pentiti. È possibile annullare o modificare tali messaggi. Basta toccare e tenere premuto il messaggio (bisogna farlo in tempi relativamente brevi: se passa troppo tempo, l'opzione scompare), quindi selezionare Annulla invio o Modifica.

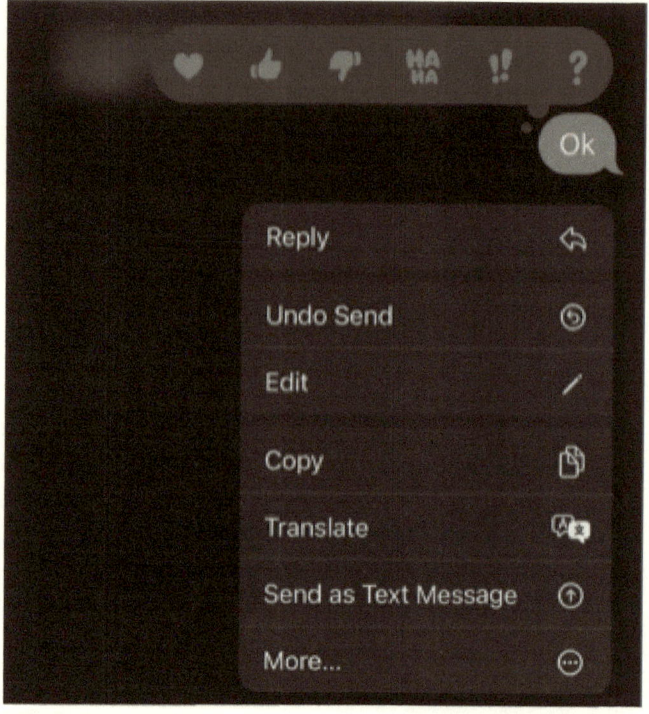

Se pensate che questo vi farà uscire dalla gabbia dei cani e potrete dire: "Non l'ho mai detto!". Ripensateci! La persona dall'altra parte del testo vedrà che il messaggio è stato annullato o modificato.

C'è un'app per questo

App è l'abbreviazione di applicazione. Quindi, quando sentite dire "C'è un'applicazione per questo", significa che c'è un programma che fa quello che volete fare. Se siete utenti di Windows, tutte quelle cose che aprite sempre (come Word ed Excel) sono applicazioni. Apple ha letteralmente milioni di app. Per aprire un'app è sufficiente toccarla.

A differenza delle app sul computer, sul telefono non è necessario chiudere le app. È tutto automatico. Per la maggior parte delle app, ricorda anche il punto in cui ci si trovava, in modo che quando la si riapre è già stata salvata.

Applicazioni per l'organizzazione

Se siete come me, e più o meno la maggior parte delle persone, amate le vostre app e ne avete molte! Quindi, dovrete sapere come spostarle, metterle in cartelle ed eliminarle. È facile da fare.

La schermata Home può essere la prima schermata che si vede, ma se si passa il dito verso destra, si vedrà che ce ne sono altre; se ne possono avere 11. Personalmente, tengo le app più utilizzate nella prima schermata e quelle meno utilizzate in cartelle nella seconda. Il dock inferiore è quello in cui metto le app che uso sempre (come Mail e Safari).).

Per riordinare le app, prendete il dito e toccatene una. Invece di toccare, tenete il dito premuto per qualche secondo; vedrete apparire un'opzione per le app, ma continuate a tenere premuto finché le app non si muovono. Quando le app si muovono in questo modo, è possibile toccarle senza aprirle e trascinarle sullo schermo. Provate! Basta toccare un'app e trascinare il dito per spostarla. Quando avete trovato il punto perfetto, sollevate il dito e l'app si posiziona. Dopo aver scaricato altre app, è possibile trascinarle anche sulle schermate Home.

È possibile eliminare un'app utilizzando lo stesso metodo per spostarla. L'unica differenza è che invece di spostarle, si tocca la "x" nell'angolo superiore sinistro dell'icona. Non preoccupatevi di cancellare qualcosa per sbaglio. Le app sono archiviate nel cloud. È possibile cancellarle e installarle tutte le volte che si vuole; non è necessario pagare di nuovo, basta scaricarle di nuovo.

Collocare le app su schermi diversi è utile, ma per essere veramente organizzati è necessario utilizzare le cartelle. Ad esempio, è possibile avere una cartella per tutte le app di gioco, le app finanziarie, le app sociali e tutto ciò che si desidera. Scegliete voi il nome da dare alla cartella. Se volete una cartella "App che uso in bagno", potete assolutamente averla!

Per creare una cartella, basta trascinare un'applicazione sopra un'altra che si desidera aggiungere alla cartella.

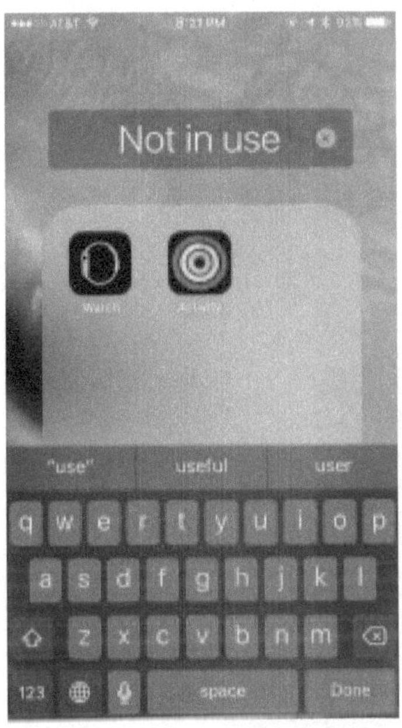

Una volta riunite, è possibile assegnare un nome alla cartella. Per eliminare la cartella, basta mettere le app della cartella in modalità "jiggle" e trascinarle fuori dalla cartella. L'iPhone non ammette cartelle vuote: quando una cartella è vuota, l'iPhone la elimina automaticamente.

Una volta terminata l'organizzazione delle app, toccare il pulsante Fatto nell'angolo superiore destro.

Addio disordine, ciao libreria di app

L'App Store di Apple è enorme! Migliaia e migliaia di applicazioni! C'è così tanta scelta che sembra esserci un'app per ogni cosa. È meraviglioso! È fantastico! È incredibile! Occupa così tanto spazio sulla schermata iniziale!

Il problema di tutte queste app è che, dopo aver usato il telefono per un po', iniziano ad accumularsi. Il telefono diventa ingombro di app. Alcune si usano sempre, ma si passano diversi minuti a cercarle.

È qui che App Library vi aiuterà. È possibile avere le app più importanti nella schermata iniziale, dove sono facili da trovare, ma le altre possono essere organizzate nella libreria delle app, dove sono raccolte in un unico elenco.

Invia alla biblioteca

Vi è mai capitato di scaricare un'applicazione e di iniziare a installarla nella schermata iniziale? Personalmente, lo trovo fastidioso! La schermata iniziale è un privilegio sul mio telefono! È riservata solo alle app che si sono dimostrate in grado di cambiarmi la vita, come Candy Crush e Words With Friends! Come si permettono di installare un'app non provata su quella schermata?

È possibile modificarlo accedendo all'applicazione Impostazioni, quindi Schermata iniziale; quindi selezionare la levetta per Libreria app. Solo sotto Applicazioni appena scaricate. La prossima volta che scaricherete un'applicazione, questa verrà inviata direttamente alla Libreria delle app.

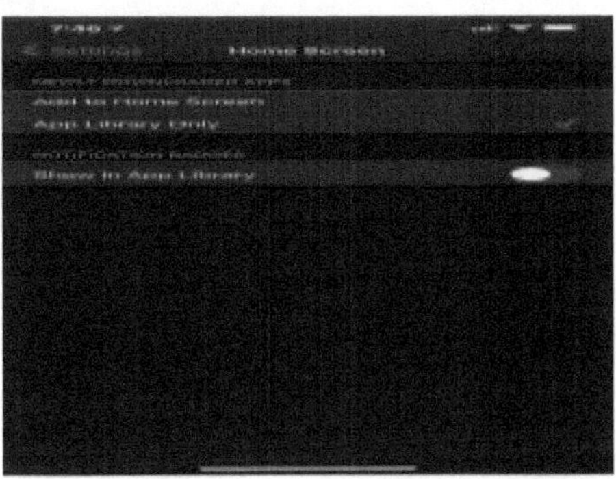

Se l'app è un'innovazione che si usa sempre, è possibile spostarla in un'altra schermata: basta toccare e tenere premuto il dito su di essa, quindi trascinarla fuori (proprio come si fa per riorganizzare altre app).

È anche possibile spostare le app dalla schermata Home alla Libreria delle app.. È sufficiente toccare e tenere premuto, quindi toccare il pulsante meno nell'angolo superiore sinistro dell'app. Verrà chiesto se si desidera eliminare l'app o spostarla nella Libreria delle app.

C'è un widget per questo!

Gli utenti Android hanno probabilmente mostrato i widget per anni. L'iPhone ha avuto i widget per un po' di tempo, ma non sono mai stati una cosa che si poteva avere sulla schermata iniziale. Le cose sono cambiate con iOS 15.

L'operazione è semplice. Toccate e tenete premuta la schermata iniziale. Nell'esempio qui sotto ho già un widget fotografico sul mio telefono. Per aggiungerne un altro, toccare l'icona + nell'angolo superiore sinistro.

È possibile cercare i widget o scorrerli.

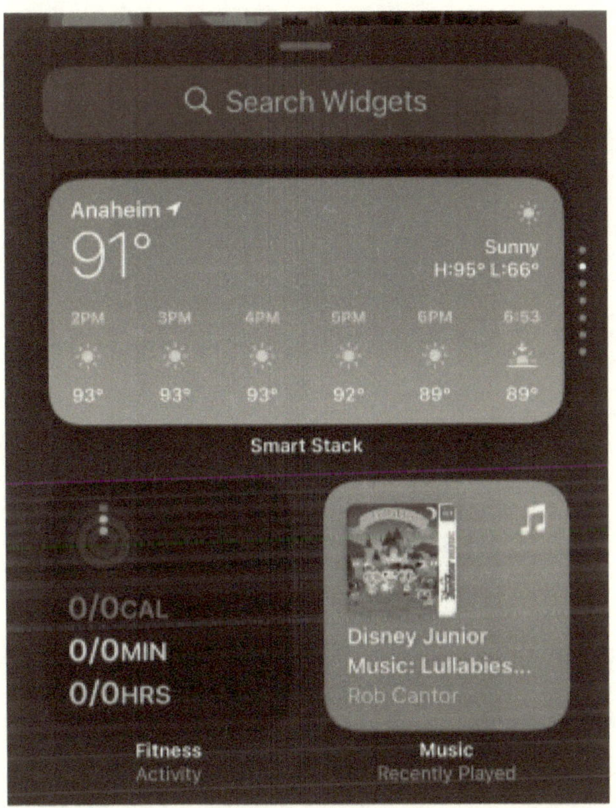

Quando si trova quello desiderato, toccarlo; alcuni widget avranno diverse varianti e dimensioni tra cui scegliere.

Una volta aggiunto, è possibile trascinarlo sullo schermo come se fosse un collegamento all'icona di un'applicazione. Se si decide di non volerlo, basta toccare l'icona - nell'angolo superiore sinistro del widget.

Pile intelligenti

È inoltre possibile aggiungere il cosiddetto Smart Stack, che cambia in base alle previsioni di utilizzo in un determinato momento della giornata.

Se il widget ha le stesse dimensioni, è possibile trascinarlo in un'altra casella di widget per creare il proprio Smart Stack.

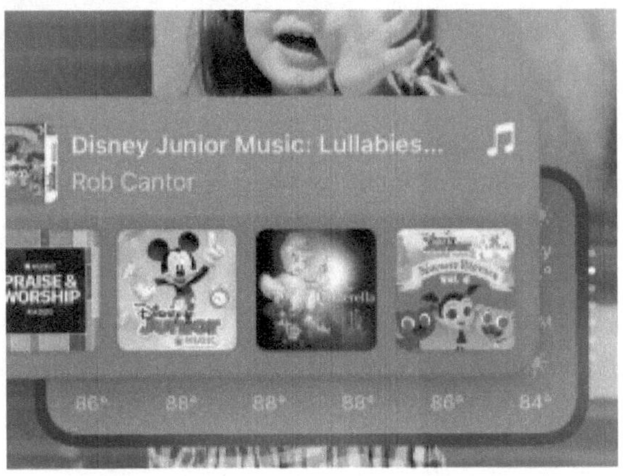

Una volta aggiunto, è possibile scorrere verso l'alto e verso il basso all'interno del widget per passare da un'app all'altra.

Se si preme a lungo su di esso, è possibile modificare la pila.

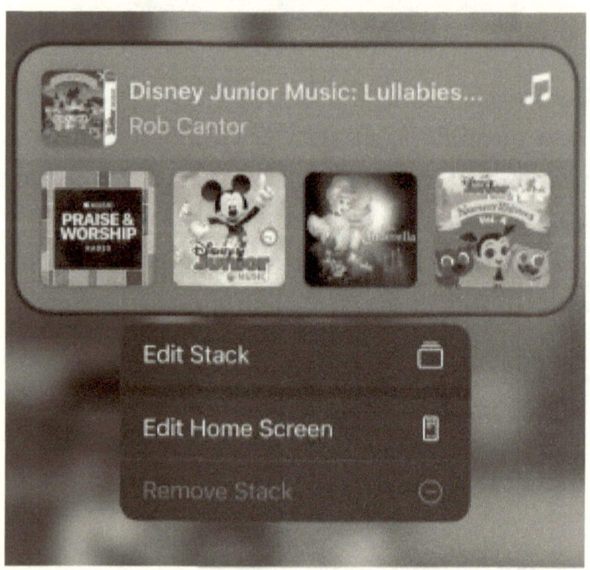

Quando lo si modifica, si può spostare ciò che si trova nella pila e disattivare la rotazione intelligente, in modo che non ruoti nel corso della giornata.

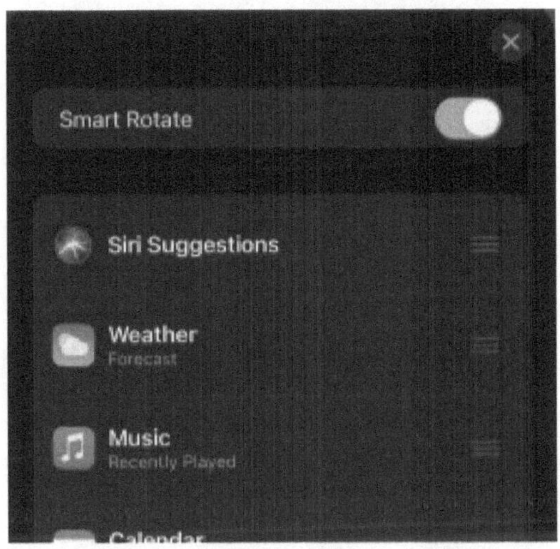

Ricerca testo in App

Passando il dito verso il basso dal centro dello schermo, è possibile cercare rapidamente le app, il che è utile se ne avete molte. È anche possibile cercare il testo all'interno delle app scorrendo verso il basso fino alla sezione intitolata "Cerca nelle app".

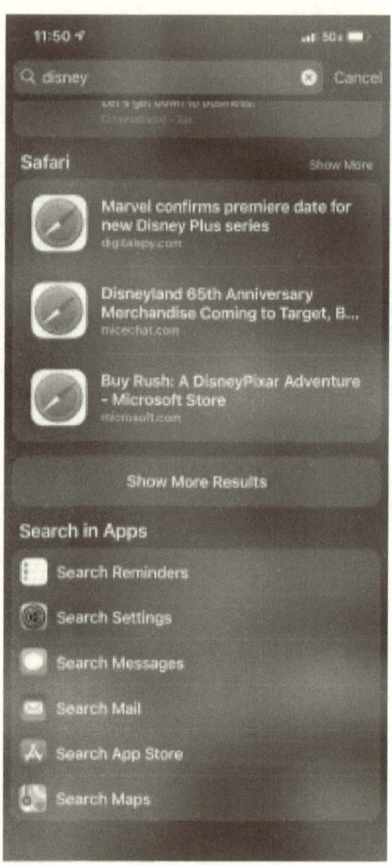

Notifiche

Quando il telefono è bloccato, a un certo punto si iniziano a vedere le notifiche, che indicano cose come "Hai una nuova e-mail", "Non dimenticare di impostare la sveglia", ecc.

Così, quando vedrete tutte le vostre notifiche sulla schermata di blocco, saranno organizzate per categoria. Per vedere tutte le notifiche di una categoria, basta toccarla.

Non siete amanti dei raggruppamenti? Nessun problema. È possibile disattivarlo per qualsiasi app. Andate su Impostazioni, poi su Notifichequindi toccare l'app per la quale si desidera disattivare il raggruppamento. Alla voce Raggruppamenti di notifiche, disattivare la funzione automatica.

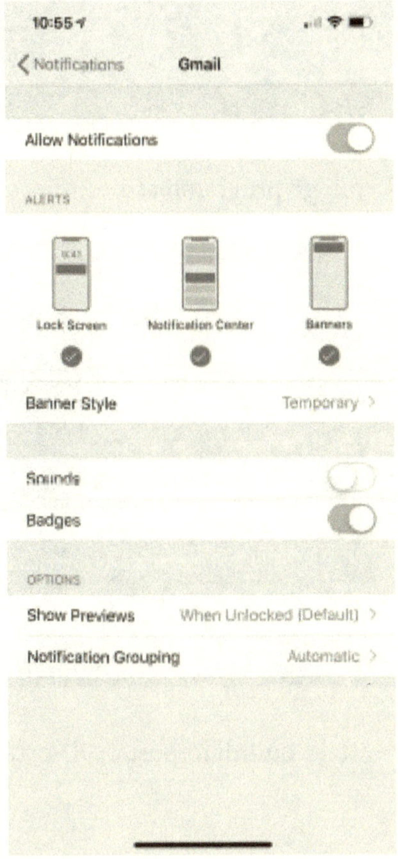

Riepilogo delle notifiche

Le notifiche possono diventare un po'... eccessive. Se avete dispositivi connessi come Nest, e-mail e messaggi, il vostro telefono inizierà a suonare troppo spesso. Il riepilogo delle notifiche aiuta a non farsi sopraffare, consentendo di impostare un programma per l'arrivo delle diverse notifiche.

Per iniziare, accedere all'app Impostazioni, quindi Notifiche.

Passare quindi a Riepilogo programmato.

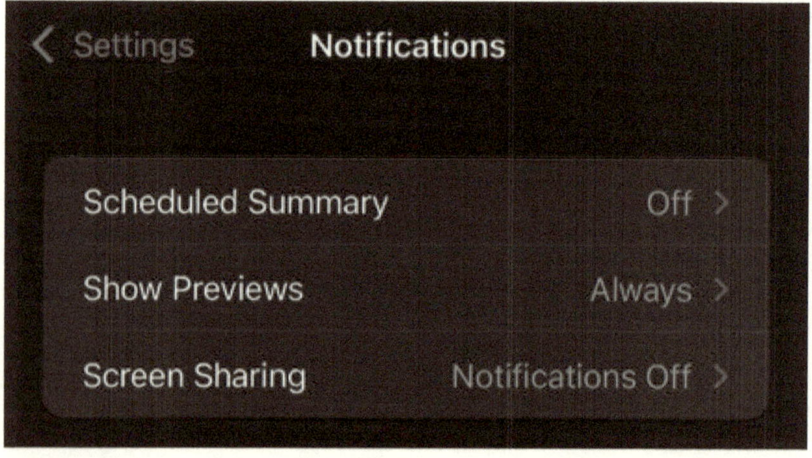

Se è disattivata, attivatela, quindi impostate il vostro programma.

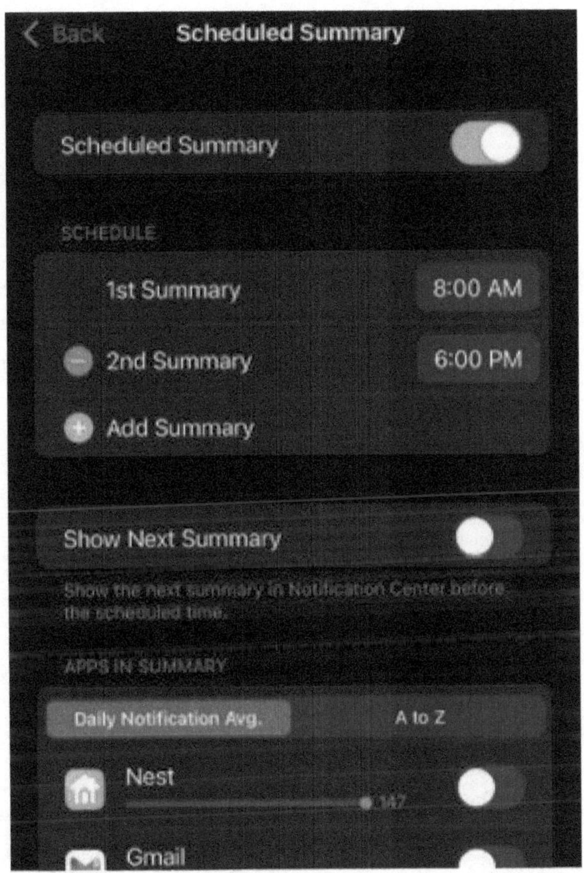

Utilizzo di AirDrop

AirDrop è stato introdotto in iOS 7, anche se i fan di Apple hanno probabilmente utilizzato la versione per Mac OS su MacBook e iMac. Con Mac OSX Sierra e Yosemite, sarà finalmente possibile condividere tra iOS e Mac utilizzando AirDrop.

AirDrop è il servizio di condivisione di file di Apple e viene fornito di serie sui dispositivi iOS. È possibile attivare AirDrop dall'icona Condividi in qualsiasi punto di iOS. Se altri utenti AirDrop sono nelle vicinanze, vedrete tutto ciò che condividono in AirDrop e loro potranno vedere tutto ciò che voi condividete.

Focus

I telefoni possono distrarci dalle cose che dovremmo fare. Certo, sono ottimi per giocare mentre si è in bagno, ma è necessario tornare al lavoro. Per aiutarvi, c'è la modalità Focus. Per accedervi, scorrere il dito verso il basso dall'angolo superiore destro, quindi toccare il pulsante Focus.

Esistono diverse modalità di messa a fuoco, ognuna con impostazioni diverse. Alcune inviano le notifiche, ma non le chiamate, ad esempio.

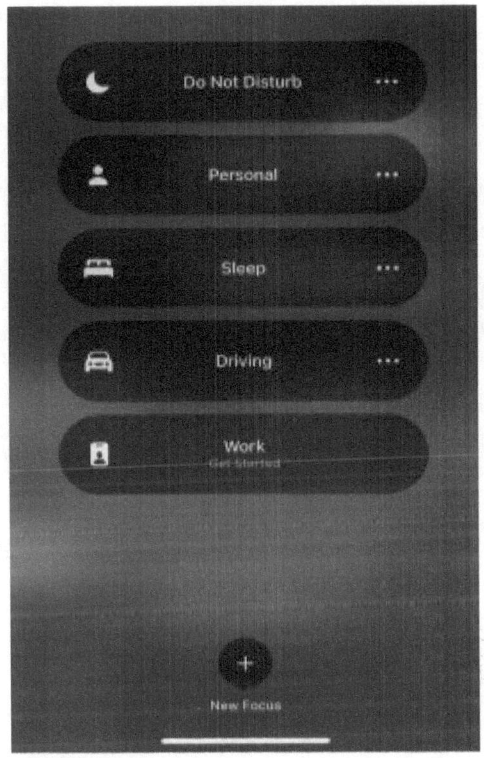

Facendo clic sui tre punti nell'angolo della modalità è possibile selezionare il tempo di permanenza (se non si fa questa operazione, la modalità rimarrà attiva fino a quando non la si disattiverà).

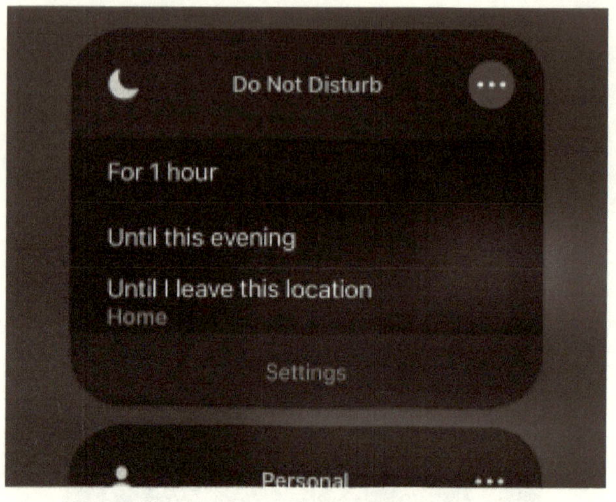

È anche possibile aggiungere una modalità. Esistono modalità predefinite che possono essere aggiunte.

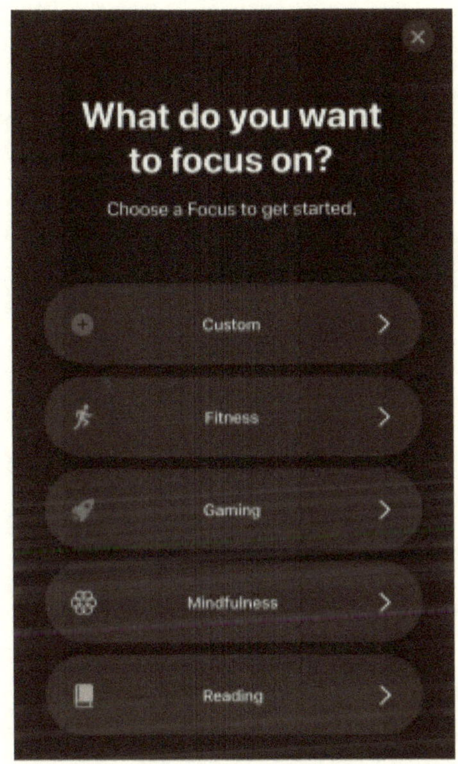

Toccando ogni modalità, si può capire a cosa serve.

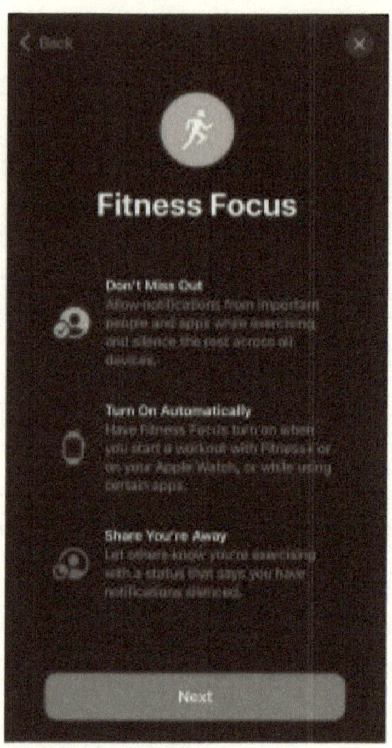

È anche possibile creare una modalità personalizzata.

La creazione di una modalità personalizzata consente di definire i limiti.

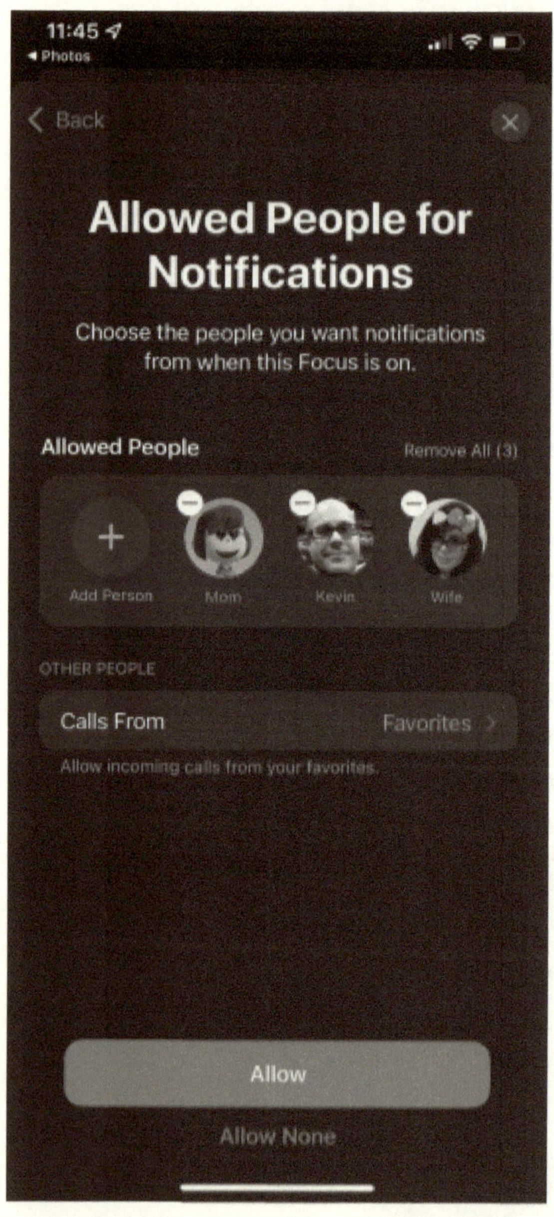

È inoltre possibile scegliere le app che possono ricevere le notifiche. Così si può dire che si possono ricevere i tweet, ma non i messaggi di Facebook.

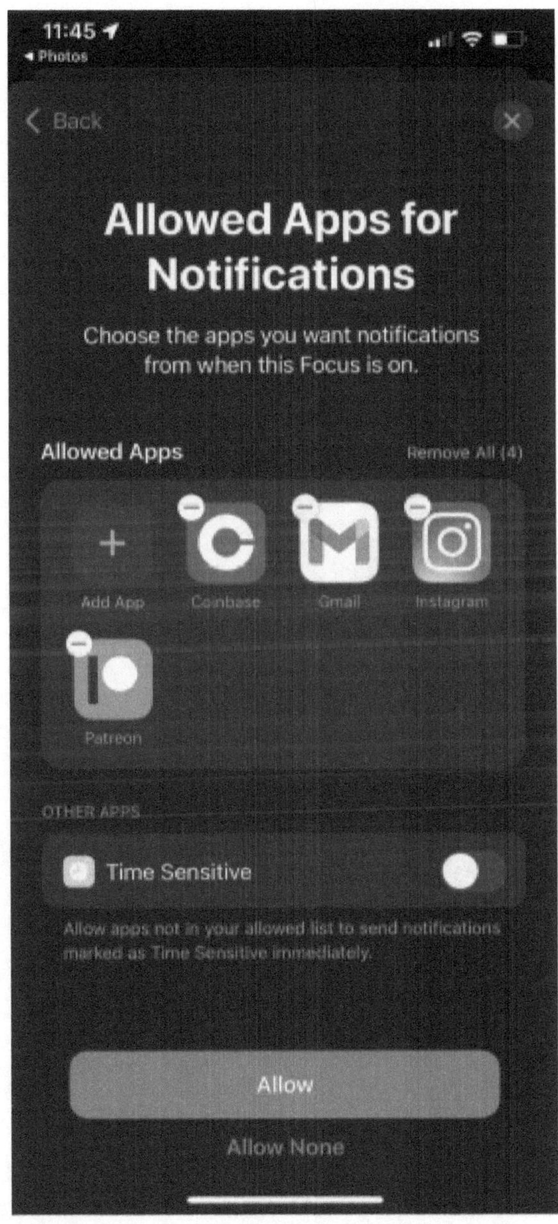

Basta premere su Fine per aggiungerlo.

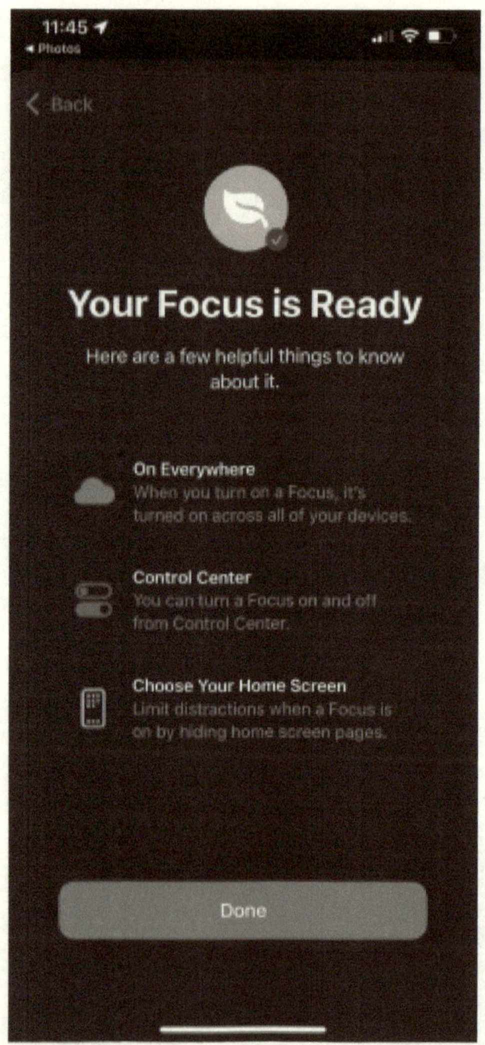

Portafoglio

Apple Wallet è il luogo in cui è possibile memorizzare le versioni digitali di carte di credito, tessere assicurative e persino documenti d'identità e chiavi. Ogni anno diventa sempre più grande, ma purtroppo spetta alle aziende aggiungerlo al sistema di Apple. Quindi, se non vedete la vostra carta di credito o non potete aggiungere qualcosa come un documento d'identità, è perché non è ancora supportato.

La sezione Servizi Apple di questa guida parlerà più diffusamente di queste funzioni.

Per aggiungere qualcosa al portafoglio, aprire l'applicazione Wallet, quindi toccare l'icona + nell'angolo superiore destro.

Wallet +

Quindi, selezionare ciò che si desidera aggiungere. Potete anche richiedere una Apple Card. Apple Card è la carta di credito di Apple.

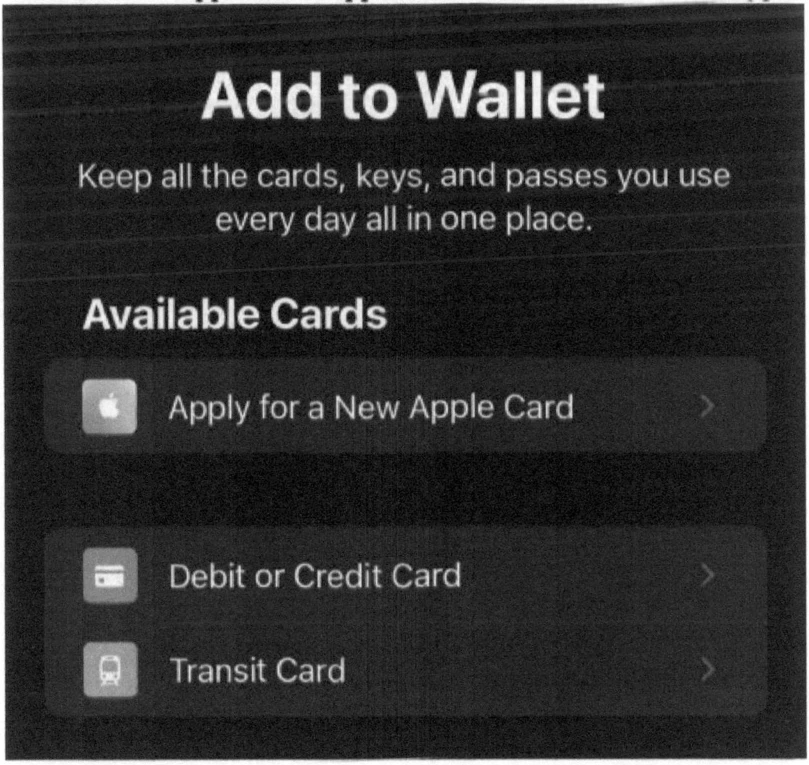

Add to Wallet

Keep all the cards, keys, and passes you use every day all in one place.

Available Cards

Apply for a New Apple Card >

Debit or Credit Card >

Transit Card >

Solo perché state leggendo questo articolo negli Stati Uniti, non date per scontato che non vedrete cose di altri Paesi. Se viaggiate in un posto come la Cina, vedrete anche le carte di transito di quel Paese.

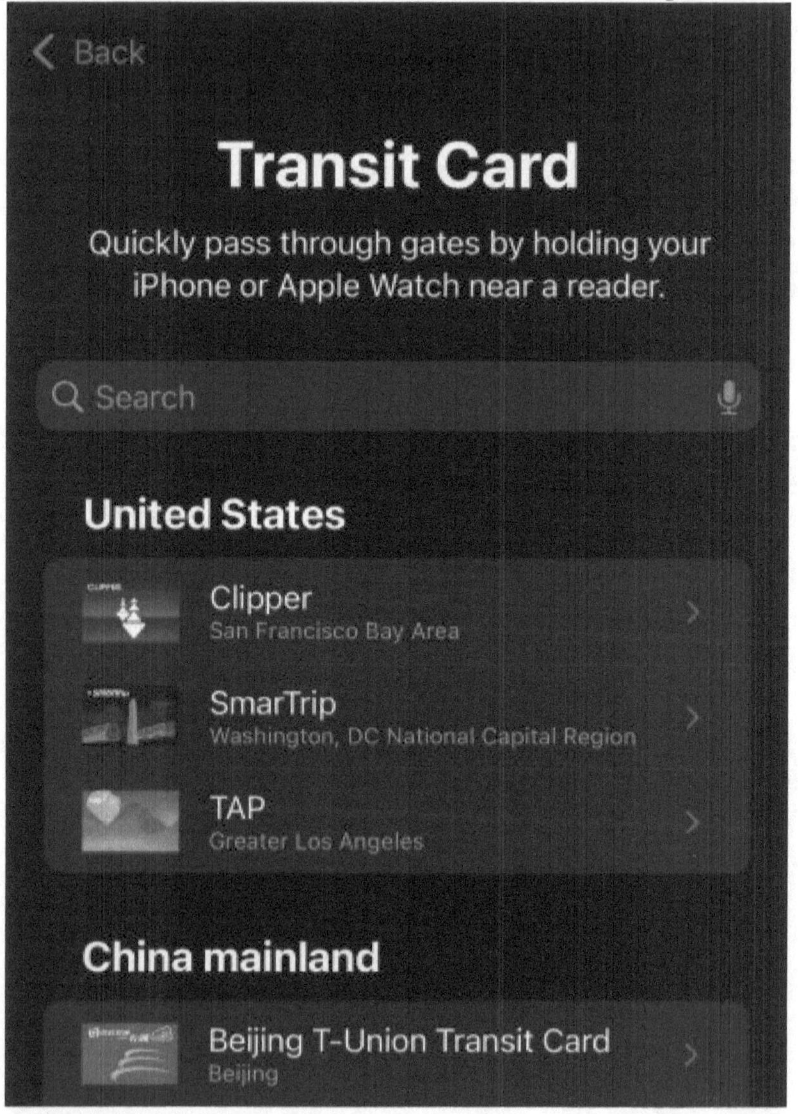

Riflettore

Spotlight è il luogo in cui si trovano le cose sul telefono. Ci sono due modi per arrivarci: scorrere il dito verso l'alto dalla schermata Home o scorrere il dito verso sinistra dalla schermata Home principale.

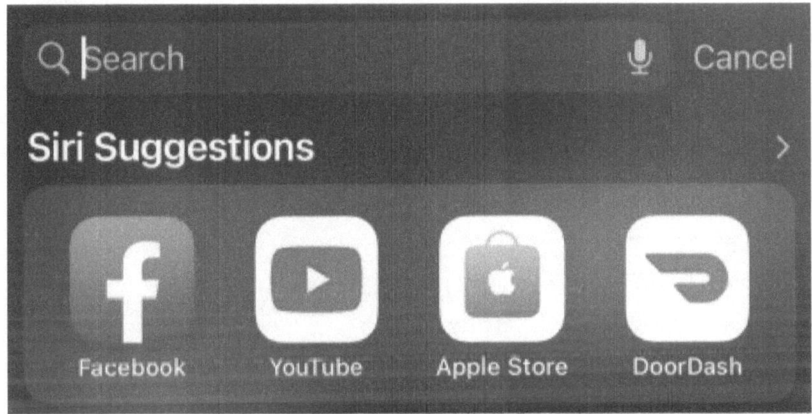

Cosa si può cercare? In una parola: tutto! Beh, praticamente tutto. È possibile cercare programmi televisivi, film, persone, ma con i recenti aggiornamenti è possibile cercare ancora di più, compreso il Live Text all'interno delle foto. È incredibilmente intelligente e lo sta diventando sempre di più, quindi se non riuscite a trovare qualcosa sul vostro telefono, provate a cercarlo.

Andare avanti

Questo capitolo tratta di:

- Ulteriori informazioni sull'applicazione Telefono
- Invio di e-mail
- Navigare sul web
- Utilizzo di iTunes
- Trovare le app sull'App Store
- Aggiunta di elementi del calendario
- Trovare il tempo
- Utilizzo delle mappe
- Salute
- Trova i miei Gli amici
- Trova il mio Telefono
- HomeKit
- ARKit

Ci sono milioni di app che si possono scaricare, ma Apple investe molto tempo per assicurarsi che alcune delle migliori app siano di sua proprietà. Quando si riceve un nuovo iPhone, ci sono decine di app già installate. Siete liberi di eliminarle (per poi scaricarle di nuovo), ma prima di farlo assicuratevi di sapere quali sono.

Telefono

Nei capitoli precedenti è stato dato uno sguardo di alto livello all'esecuzione delle chiamate. Ora andiamo un po' più a fondo.

Aprire l'applicazione Telefono. Notate le schede nella parte inferiore dello schermo. Esaminiamo le funzioni di ciascuna di esse.

Preferiti: Sono le persone che si chiamano più frequentemente. Sono anche tra i contatti. È una sorta di chiamata rapida.

Recenti: Ogni chiamata (in uscita o in entrata) viene visualizzata qui. Le chiamate in arrivo sono in nero e quelle in uscita in rosso.

Contatti: Qui si trovano tutti i contatti. Notate le lettere sul lato? Toccare la lettera corrispondente alla persona che si desidera chiamare per passare a quella lettera.

Tastiera: Si usa se si vuole chiamare la persona utilizzando una vera e propria tastiera.

Voicemail: tutti i messaggi vocali vengono memorizzati qui finché non vengono cancellati.

Personalmente, mi piace aggiungere i contatti andando su iCloud.com e accedendo con il mio account iTunes e accedendo con il mio account iTunes. Si sincronizza automaticamente con il telefono ed è basato sul Web, il che significa che non importa se si utilizza un Mac o un PC. Preferisco questo metodo perché posso digitare con una vera tastiera.

Per questo libro, tuttavia, utilizzerò il metodo del telefono, che è quasi identico a quello di iCloud..

Per aggiungere un contatto, toccare "Contattie poi toccare il pulsante '+' nell'angolo in alto a destra. Inoltre, è possibile rimuovere i contatti toccando il pulsante Modifica, quindi toccare la persona che si desidera eliminare e premere "Elimina".

Per inserire le informazioni è sufficiente toccare ogni campo. Se si tocca "aggiungi foto", si potrà scegliere se prendere la foto di qualcuno o utilizzarne una già esistente. Se si desidera assegnare una suoneria o una vibrazione, in modo che venga riprodotta una determinata canzone solo quando questa persona chiama, è possibile aggiungerla alla voce suonerie. Al termine, toccare "Fatto". A questo punto è possibile aggiungere la persona ai preferiti se si tratta di una persona che si chiama spesso.

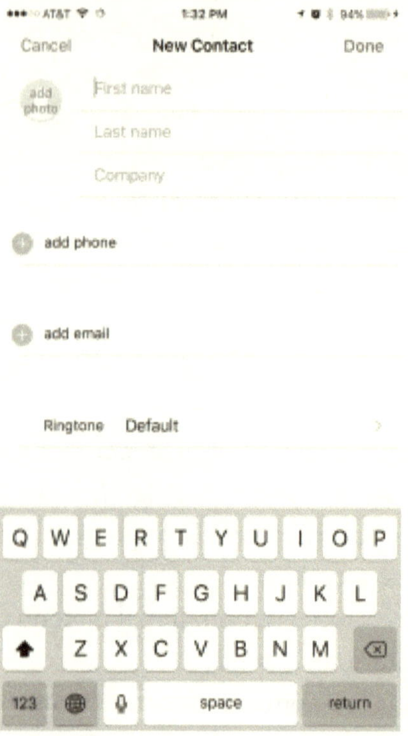

Per chiamare una persona, basta toccare il suo nome. Se invece si desidera inviare un messaggio di testo, toccare la freccia blu a lato del nome. Si noti che la freccia blu viene visualizzata solo se si è nella sezione "Preferiti". Per chiamare una persona non presente nei preferiti, toccare il suo nome nei contatti e verrà chiesto se si desidera chiamare o inviare un messaggio. Se si preferisce chiamare la persona utilizzando Facetime (se ne dispone), è possibile farlo toccando il pulsante blu esclamativo.

Una funzione molto pubblicizzata dell'iPhone è la funzione Non disturbare.. Quando questa funzione è attivata, non arriva nessuna chiamata; non ci si accorge nemmeno che il telefono sta squillando, a meno che non si tratti di una persona presente nell'elenco approvato. In questo modo è possibile impostare il telefono in modo che squilli solo se qualcuno della famiglia sta chiamando. Per utilizzare questa funzione, è necessario andare su Impostazioni nella schermata iniziale.

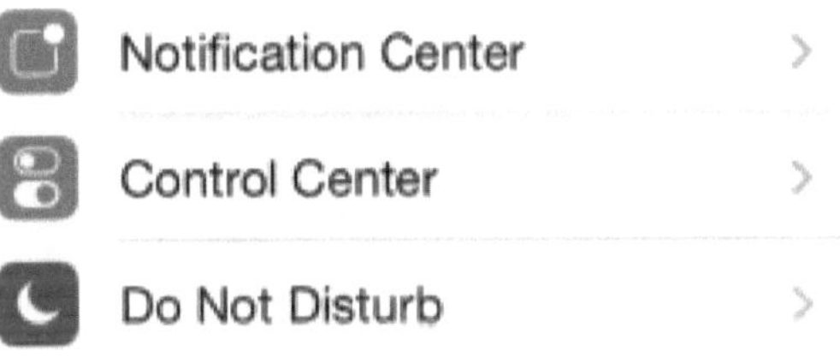

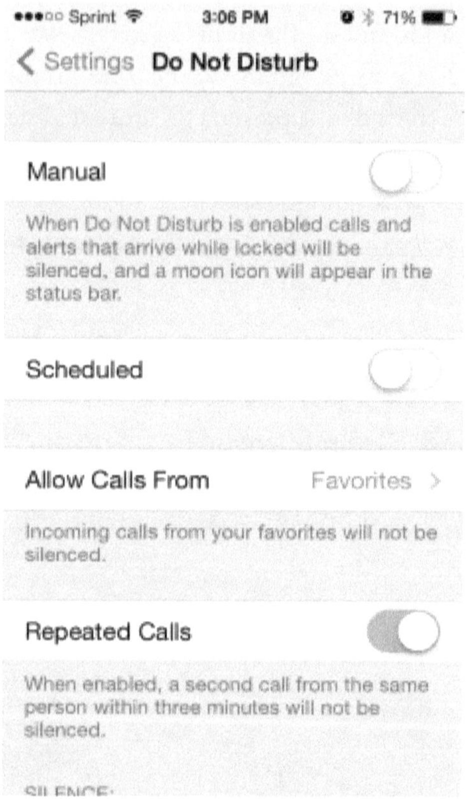

Per impostazione predefinita, quando la funzione Non disturbare è attivo, chiunque tra i preferiti può chiamare. Si noti anche il pulsante Ripeti chiamate che è attivo per impostazione predefinita. Ciò significa che se la stessa persona chiama due volte nell'arco di tre minuti, la chiamata sarà inoltrata.

Se si desidera impostare il sistema in modo che non vengano effettuate chiamate, toccare l'opzione "Consenti chiamate da". Da". Per tornare al menu precedente, è sufficiente toccare il pulsante Non disturbare in alto a sinistra. Ogni volta che si vede un pulsante del genere nell'angolo in alto a sinistra, significa che si torna alla schermata precedente. Le informazioni vengono salvate non appena vengono toccate, quindi non preoccupatevi del pulsante Salva.

FaceTime

Come si fa a tenere unite le persone quando sono lontane? Apple ha riflettuto a fondo su questo aspetto. FaceTime su iPhone sembra migliore che mai. Più tardi, nell'autunno del 2021, sarà possibile guardare film insieme, ascoltare musica insieme e persino risolvere i problemi del dispositivo condividendo lo schermo dell'iPad. Si chiama SharePlay. Sfortunatamente, alcune di queste funzioni saranno disponibili più tardi, in autunno, quindi questa guida non può includerle al momento della stesura.

Per iniziare, aprite l'applicazione FaceTime; avete due opzioni: Crea collegamento o Nuova chiamata FaceTime.

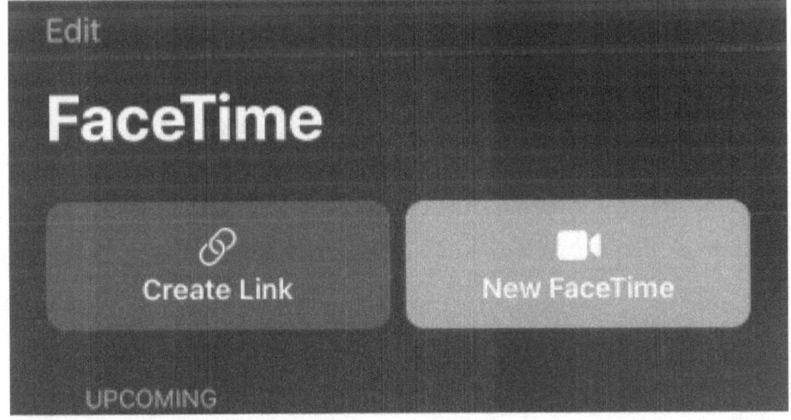

Il pulsante Crea link vi darà un link condivisibile che potrete distribuire agli altri. L'aspetto più interessante è che può essere condiviso con persone che non hanno un iPhone, che possono aprirlo con Chrome su un computer Windows. Basta toccare il pulsante Copia e incollarlo dove si vuole che gli altri lo vedano. È anche possibile toccare Aggiungi nome per dargli un nome.

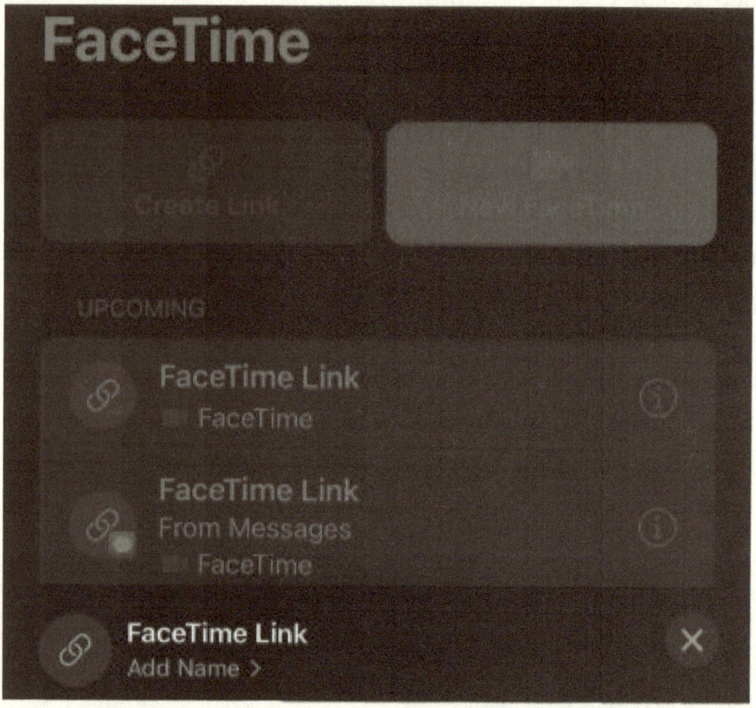

Se si preferisce chiamare direttamente una persona, toccare il pulsante verde Nuovo FaceTime e digitare il suo nome.

Il riquadro di anteprima si trova nell'angolo inferiore, ma può essere spostato in qualsiasi punto dello schermo toccandolo e tenendolo premuto, quindi trascinandolo.

Se si ingrandisce il riquadro di anteprima, sono disponibili diverse opzioni. Nell'angolo in alto a sinistra c'è una piccola icona di immagine che rende lo sfondo sfocato o non sfocato. L'angolo in basso a destra consente di invertire la fotocamera da quella frontale a quella posteriore. Nell'angolo in basso a sinistra vengono visualizzati gli effetti che si possono aggiungere.

Gli effetti possono essere spostati toccando e tenendo premuto, oppure ingranditi pizzicandoli.

Quando si tocca lo schermo, viene visualizzato un riquadro fluttuante con ulteriori controlli. Se non avete ancora iniziato la chiamata, ad esempio se qualcuno vi chiama su FaceTime, dovete accettarla, quindi toccare il pulsante Partecipa; se siete già in chiamata, questo pulsante si trasforma in un pulsante Lascia: toccatelo per riagganciare. Da sinistra a destra, gli altri pulsanti sono Messaggi per inviare un messaggio a tutti i partecipanti alla chiamata, Altoparlante per trasferire l'audio a qualcosa come un HomePod, Microfono per disattivare il microfono in modo che non possano sentirvi e Videocamera per disattivare il video: possono sentirvi ma non vedervi.

La Monalisa di FaceTime?

Avete mai visto uno di quei dipinti in cui gli occhi vi seguono? Sembra che Apple stia imitando questa tecnica con un'impostazione per FaceTime che cerca di concentrarsi sugli occhi per offrire all'osservatore un contatto visivo costante. Così, anche se state fissando lo schermo mentre giocate, sembrerà che stiate guardando la telecamera!

Per attivarla, accedere all'applicazione Impostazioni, quindi selezionare FaceTime.. Assicurarsi che Contatto visivo sia attivato.

Posta

L'iPhone consente di aggiungere più indirizzi e-mail da praticamente qualsiasi client di posta elettronica. Yahoo, Gmail, AOL, Exchange, Hotmail e molti altri possono essere aggiunti al telefono in modo da poter controllare la posta elettronica ovunque ci si trovi. Per aggiungere un indirizzo e-mail, fare clic sull'icona dell'app Impostazioni, quindi scorrere fino al centro dove si troverà la voce Posta, contatti e calendario. e Calendario. Verranno visualizzati i loghi dei principali provider di e-mail, ma se si dispone di un altro tipo di e-mail è sufficiente fare clic su "Altro" e continuare.

Se non si conoscono le impostazioni della posta elettronica, è necessario visitare la pagina di ricerca delle impostazioni di posta elettronica sul sito web di Apple. Qui è possibile digitare l'intero indirizzo e-mail e il sito web mostrerà quali informazioni digitare e dove per far funzionare l'account e-mail sul telefono. Le impostazioni cambiano a seconda del provider, quindi ciò che funziona con un provider potrebbe non funzionare con un altro. Una volta terminata l'aggiunta di tutti gli account di posta elettronica necessari, sarà possibile fare clic sull'icona dell'app Mail nella schermata iniziale del telefono e visualizzare ogni casella di posta separatamente o tutte insieme.

Se utilizzate l'app Mail di Apple, ecco alcune funzioni che vi interessano.

Annullamento del messaggio

Se avete inviato un messaggio per errore, potete annullarlo... in un certo senso. L'avvertenza è che bisogna annullare l'invio entro dieci secondi. Quindi, non si tratta di annullare quell'orribile messaggio al vostro capo che avete inviato la settimana scorsa e di cui ora vi pentite! L'obiettivo è solo quello di annullare le cose inviate per errore, ad esempio se si è dimenticato di allegare qualcosa.

Per utilizzarlo, toccate il pulsante blu in fondo alla casella di posta che appare dopo l'invio. Non lo vedete? Purtroppo significa che la finestra è passata e che è troppo tardi. Se si riesce a farlo in tempo, l'e-mail tornerà allo stato di composizione.

Programma Posta

Probabilmente ci sono molte volte in cui si desidera redigere un'e-mail, ma non inviarla subito. Quando tengo dei corsi, ad esempio, programmo l'invio delle e-mail il giorno della lezione; in questo modo sono pronte per essere inviate e si attivano automaticamente il giorno della lezione.

Per farlo, comporre l'e-mail come si fa normalmente, ma invece di toccare la freccia blu per l'invio, premerla a lungo (cioè tenerla premuta); in questo modo verrà visualizzata un'opzione che chiede quando si desidera inviare l'e-mail. Scegliete, quindi toccate Fatto.

Promemoria via e-mail

Se si desidera ricevere un promemoria su un'e-mail nel corso della settimana, aprire l'e-mail e selezionare il pulsante di risposta. Verranno visualizzate diverse opzioni. Una è Ricordami.

Navigare in Internet con Safari

Se utilizzate l'iPhone, probabilmente state già pagando un piano dati, quindi è probabile che vogliate sfruttare appieno Internet.

È molto probabile che stiate utilizzando un operatore che non prevede la navigazione web illimitata. Ciò significa che se utilizzate molto Internet, dovrete pagare un extra. Vi consiglio di utilizzare il Wi-Fi quando è disponibile (ad esempio a casa). Quindi, prima di tornare a Safaridiamo una rapida occhiata a come attivare il Wi-Fi.

Nella schermata iniziale, toccare l'icona Impostazioni.

La seconda opzione nel menu Impostazioni è Wi-Fi; toccare una volta un punto qualsiasi di quella riga.

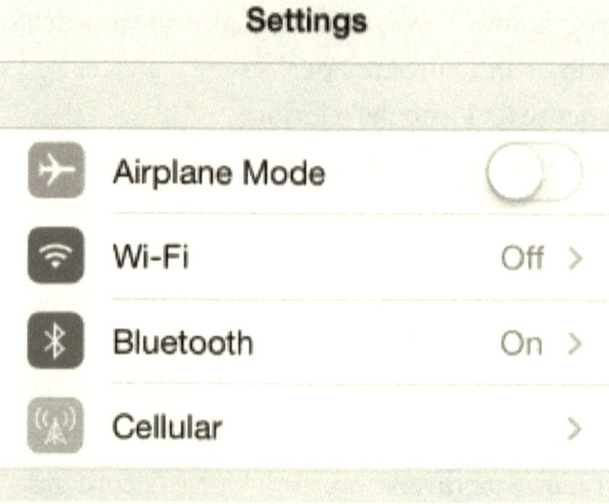

Quindi, passare il Wi-Fi da disattivato ad attivato facendo scorrere il dito o toccando "Off".

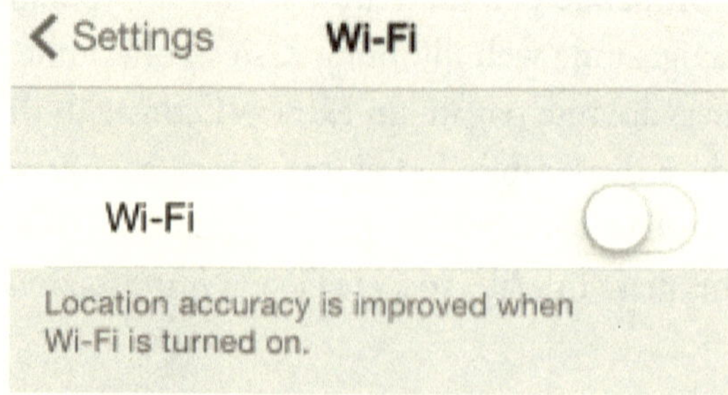

La rete Wi-Fi (se ne avete una) appare ora. Toccatela una volta.

Se accanto al simbolo del segnale è presente un lucchetto, significa che l'accesso Wi-Fi è bloccato e che è necessaria una password per utilizzarlo. è bloccato e occorre una password per utilizzarlo. Quando viene richiesto, digitare la password e toccare "Partecipa".

A questo punto vi connetterete alla rete. Ricordate che molti posti, come Starbucks, McDonald's, Nordstrom, Lowe's, ecc. offrono il Wi-Fi gratuito per invogliarvi a entrare nel negozio e farvi rimanere. Approfittatene e risparmiate l'uso dei dati per le volte in cui ne avete bisogno.

Vediamo come funziona Safari funziona.

Interfaccia Safari

Per anni, la barra degli strumenti di Safari è stata posizionata in alto. È il posto in cui è più probabile che la si cerchi, perché è lì che si trova in ogni altro posto (desktop, tablet, ecc.). In iOS 15, la barra degli strumenti è stata spostata in basso. Fastidioso, vero? All'inizio sì. Perché modificare qualcosa che funziona? Perché non funziona.

Pensate a come utilizzate il vostro telefono. Le vostre dita si trovano nella parte inferiore del telefono, non lo tenete dall'alto. Quindi, quando digitate un indirizzo, cosa dovete fare? Spostare la mano in alto per toccare la barra degli indirizzi, quindi riportarla in basso dove si trova la tastiera. Si tratta di due passaggi. Questo velocizza le cose. Non è necessario regolare la mano.

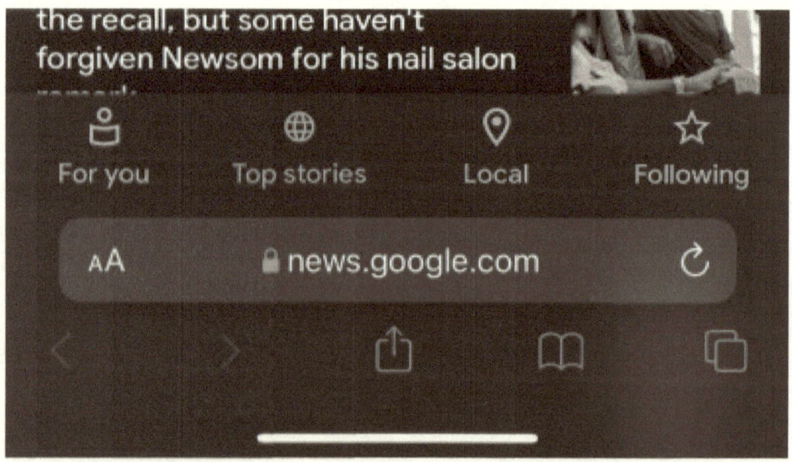

Se avete già usato Safari in passato, vi sembrerà strano; provate per un giorno o due. Se proprio non riuscite a sopportarlo, c'è un modo semplice per invertire la rotta. Toccate le doppie AA sulla barra degli indirizzi.

In alto, c'è un'opzione che dice "Mostra barra degli indirizzi superiore"; toccatela e il gioco è fatto.

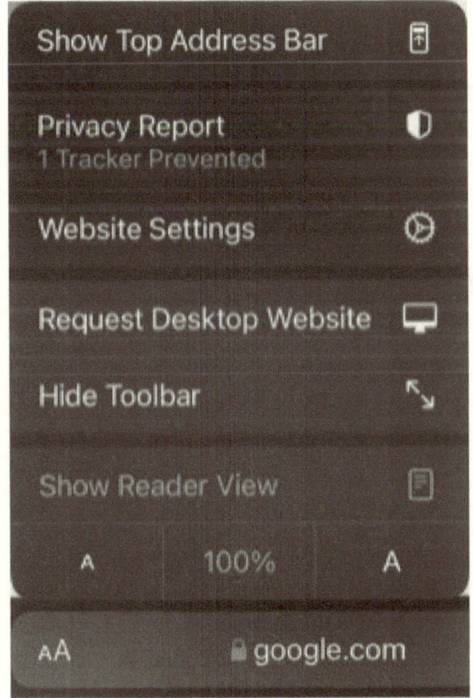

Per cercare qualcosa, si usa la stessa identica casella. È così che si può cercare qualsiasi cosa su Internet. Pensate a un motore di ricerca Google, Bing o Yahoo! nell'angolo dello schermo. In effetti, è proprio così. Infatti, quando si effettua una ricerca, utilizza uno di questi motori di ricerca per trovare i risultati.

Nella parte inferiore dello schermo sono presenti cinque pulsanti; i primi due sono i pulsanti Indietro e Avanti che permettono al browser di tornare indietro o avanti al sito web in cui ci si trovava precedentemente.

Accanto alla freccia in avanti, proprio al centro, c'è un pulsante che consente di condividere un sito web, aggiungerlo alla schermata iniziale, stamparlo, metterlo tra i preferiti, copiarlo o aggiungerlo all'elenco di lettura.

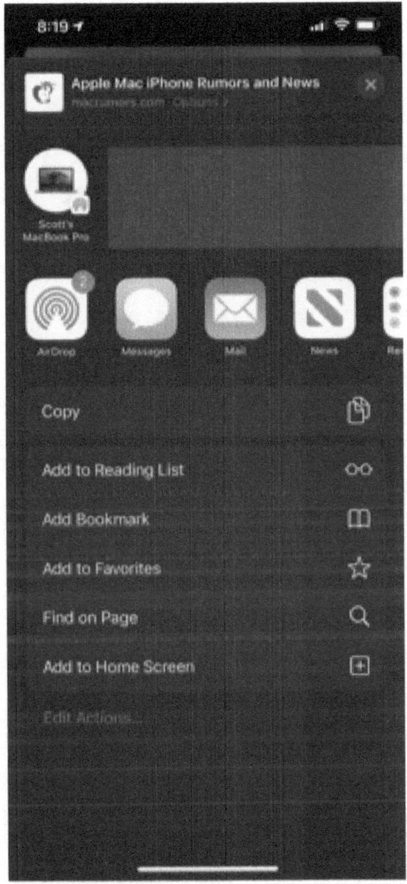

È fantastico! Ma cosa significa tutto questo? Analizziamo i singoli pulsanti del menu:

La prima riga consente di inviare il link ai dispositivi vicini o di inviarlo alle persone con cui si scrive spesso.

Di seguito sono riportate le applicazioni che è possibile aprire e a cui inviare il link.

Infine, di seguito sono riportate le diverse azioni che si possono compiere con il link:

Aggiungi alla schermata iniziale: Se si visita spesso un sito web, questo può essere molto comodo. Questo pulsante aggiunge un'icona per quella pagina web direttamente alla schermata iniziale. In questo modo, ogni volta che si desidera avviare il sito web, è possibile farlo direttamente dalla schermata iniziale.

Copia: Copia l'indirizzo del sito web.

Aggiungi segnalibro: Se visitate spesso un sito web ma non volete aggiungerlo alla schermata iniziale, potete aggiungere un segnalibro. Ve lo mostrerò in dettaglio tra poco.

Aggiungi alla lista di lettura: Se avete un gruppo di notizie aperte, potete aggiungerle a un elenco di lettura per leggerle in seguito (anche se siete offline).

Il pulsante successivo al link di condivisione descritto sopra ha l'aspetto di un libro. È il pulsante Segnalibro è il pulsante Segnalibro.

Quando aggiungete un segnalibro (ricordate che lo fate dal pulsante precedente, quello della condivisione), vi chiederà di dargli un nome. Per impostazione predefinita viene inserito nella scheda generale dei segnalibri, ma è possibile creare nuove cartelle facendo clic su "Segnalibri".

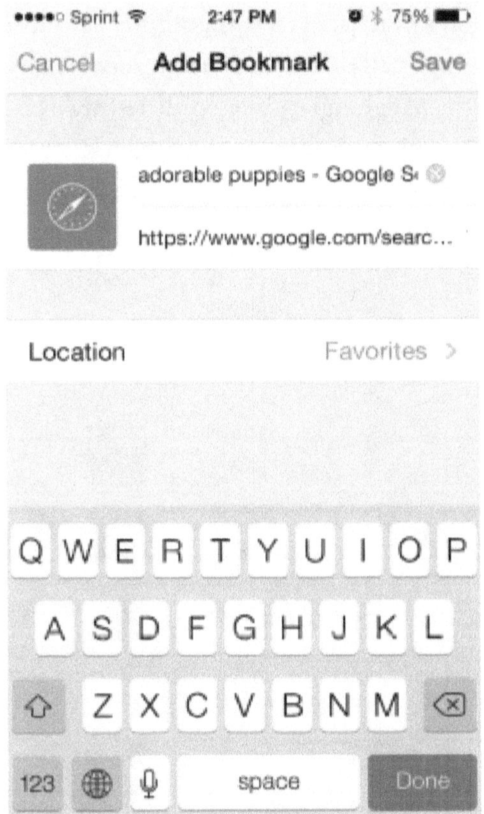

Ora è possibile accedere al sito web in qualsiasi momento, senza dover digitare l'indirizzo, toccando il pulsante Segnalibri.

Elenco di lettura è l'icona centrale che assomiglia a un paio di occhiali, dove è possibile visualizzare tutte le pagine web, i post di blog o gli articoli salvati per la lettura offline. Per salvare un pezzo di letteratura internet nell'elenco di lettura, toccare l'icona Condividi e poi fare clic su "Aggiungi all'elenco di lettura". Le pagine salvate possono essere eliminate come un messaggio di testo scorrendo da destra a sinistra e toccando il pulsante rosso Elimina.

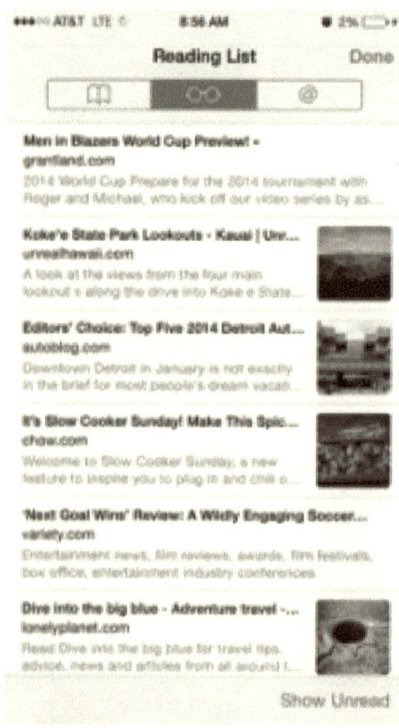

La terza scheda della pagina Segnalibri consente di visualizzare i link condivisi e le sottoscrizioni. Le sottoscrizioni possono essere create da qualsiasi pagina web che fornisce feed RSS e il telefono scaricherà automaticamente gli articoli e i post più recenti. Per abbonarsi agli RSS di un sito, visitarlo, toccare l'icona Segnalibri e selezionare "Aggiungi ai link condivisi".

L'ultimo pulsante ha l'aspetto di un riquadro sopra un riquadro trasparente.

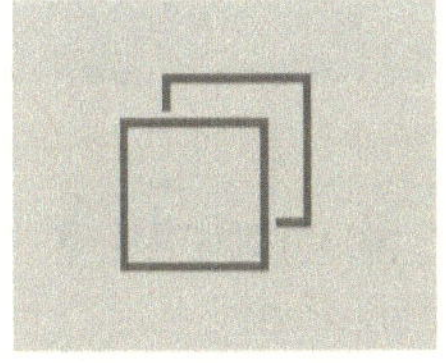

Se utilizzate un computer o un iPad, probabilmente sapete tutto sulle schede. Apple ha deciso di non utilizzare le schede in Safari. Le schede sono però presenti in un altro modo, ovvero con questo pulsante che consente di avere diverse finestre aperte contemporaneamente. Quando lo si preme, appare una nuova finestra. C'è un'opzione per aprire una nuova pagina. Inoltre, è possibile passare da una pagina all'altra già aperta. Premendo la "x" si chiude anche una pagina aperta. Per tornare alla navigazione normale, premere il pulsante Fine.

L'opzione iCloud (la nuvola in basso) è un'opzione a cui prestare attenzione se si utilizza un altro dispositivo Apple (come un iPad, un iPod Touch o un computer Mac). La navigazione in Safari viene sincronizzato automaticamente; quindi, se si sta sfogliando una pagina sull'iPad, si può riprendere da dove si era interrotto sull'iPhone.

Quando si mette il telefono in orizzontale (cioè lo si gira di lato), anche il browser si gira e ora è possibile utilizzare la modalità a schermo intero. L'aspetto è simile, ma ora c'è un pulsante "+" che consente di aprire una nuova scheda.

È possibile avere schede in entrambe le modalità, ma a schermo intero si vedono le schede in alto.

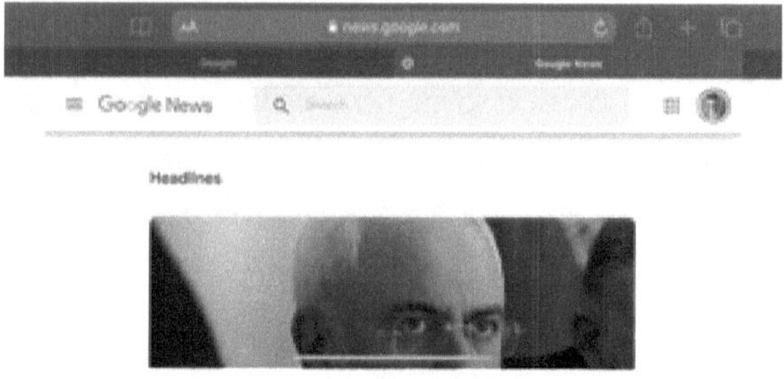

In modalità verticale, le schede sono visibili toccando i due riquadri trasparenti nell'angolo inferiore destro.

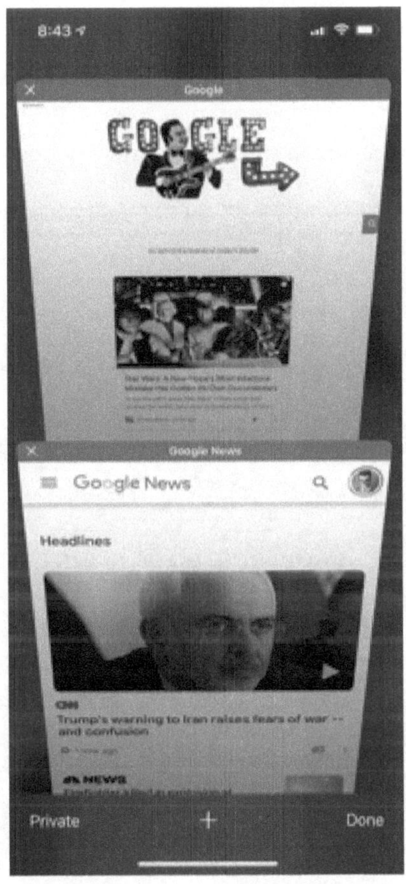

Se odiate chiudere le schede, con iOS la vostra vita è diventata più semplice. È possibile far chiudere automaticamente tutte le schede dopo un determinato periodo di tempo.

Andare in Impostazioni > Safari > Chiudi schede e selezionate se volete farlo manualmente, dopo un giorno, dopo una settimana o dopo un mese.

Gruppo di schede

Le schede possono essere le vostre migliori amiche. Il gruppo di schede è l'evoluzione di questo amico. I gruppi di schede sono una sorta di combinazione di segnalibri e schede. In pratica, si salvano tutte le schede in un gruppo. Ad esempio, si può avere un gruppo chiamato "Shopping" e quando si fa clic su di esso, come per magia, tutti i siti web di shopping preferiti si aprono in schede.

Per iniziare, toccare l'icona in basso a destra (le due pagine impilate), quindi toccare la freccia accanto a scheda.

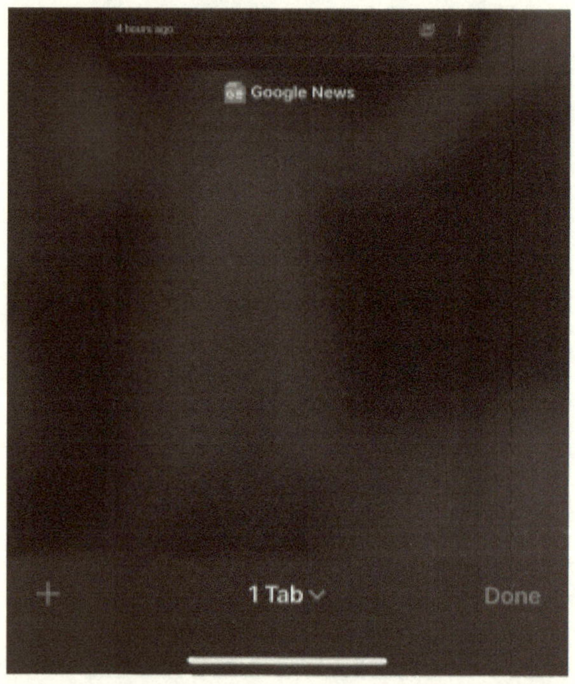

Questo mostrerà le altre schede aperte e tutti i gruppi di schede che possono essere aperti. Si può notare che ho creato un gruppo di schede shopping e un gruppo di schede news: toccando queste schede si apre immediatamente qualsiasi cosa contenuta nel gruppo. Per inserire la pagina corrente in un gruppo, basta toccare Nuovo gruppo di schede da 1 scheda: si vogliono più pagine in quel gruppo? Aprite subito tutte le pagine, poi salvatele come gruppo.

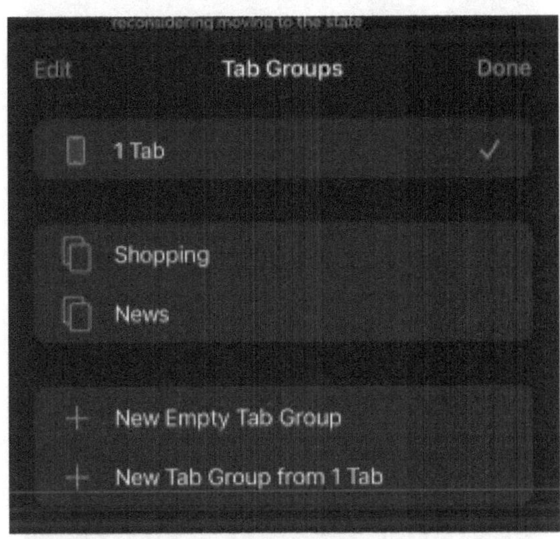

Quindi, date un nome al vostro gruppo.

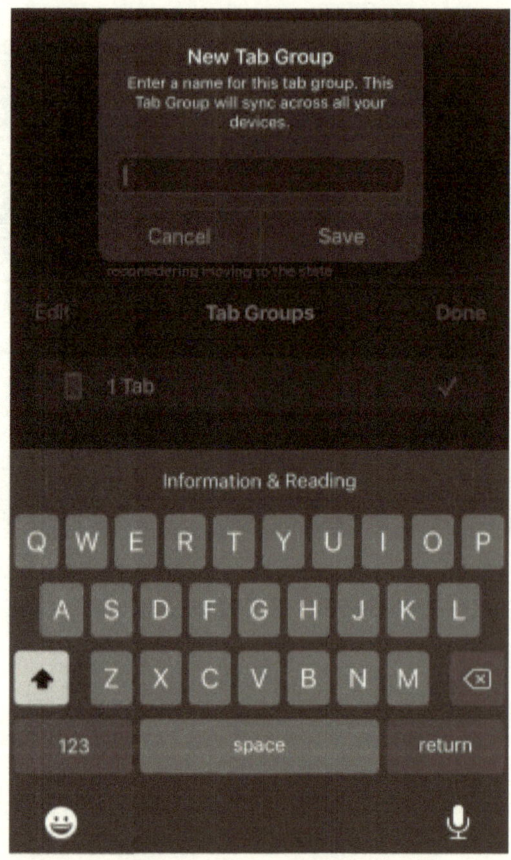

Quando si apre un gruppo, si possono vedere le anteprime di tutte le schede di quel gruppo; basta toccare la pagina in cui si desidera entrare.

Impostare l'e-mail predefinita / Browser Web

Per diversi anni è stato possibile utilizzare altri browser Mail e Web in iOS, ma non era possibile impostarli come predefiniti. La situazione è cambiata con iOS 15... più o meno. Ora è possibile avere browser e client di posta elettronica predefiniti alternativi, ma l'app deve essere aggiornata.

È responsabilità degli sviluppatori (non di Apple) aggiornare l'app per sfruttare questa funzione; quindi, se provate a cambiarla utilizzando i passaggi indicati di seguito e non vedete l'app che preferite, è probabile che non l'abbiano ancora aggiornata oppure che non l'abbiate ancora aggiornata voi (andate sull'App Store e verificare che non ci sia un aggiornamento dell'app).

Per cambiare l'app preferita, accedere all'app Impostazioni. Quindi, andare all'applicazione che si desidera rendere predefinita (nell'esempio qui sotto sto usando il browser Chrome); quindi toccare Browser predefinito. nell'esempio che segue); quindi, toccare Browser predefinito.

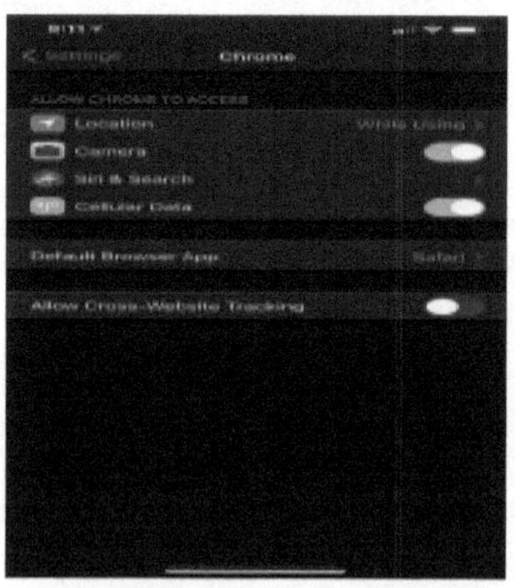

Infine, selezionare il browser preferito. Il salvataggio avviene automaticamente.

La privacy

Apple è sempre stata proattiva per quanto riguarda la privacy degli utenti. Quando utilizzate Safari vi avvertirà se c'è stata una violazione dei dati su un sito web e se dovreste cambiare la vostra password. Inoltre, vi darà la possibilità di nascondere la vostra e-mail quando fate acquisti con Safari. Quando vede che qualcuno chiede un'e-mail, vi chiederà se volete nascondere la vostra e-mail; se rispondete di sì, genererà un indirizzo e-mail unico e casuale; ogni e-mail che riceverete dall'azienda a quell'e-mail sarà inoltrata a voi. In questo modo riceverete la posta dall'azienda, ma non conosceranno il vostro vero indirizzo.

La voce Privacy in Impostazioni consente di sapere cosa fanno le app con i vostri dati. Ogni app a cui si è consentito di utilizzare i Servizi di localizzazione viene visualizzata sotto la voce Servizi di localizzazione (e anche qui è possibile disattivare e attivare i Servizi di localizzazione per singole app o per l'intero dispositivo). È inoltre possibile esaminare le app per verificare quali informazioni ciascuna di esse riceve e trasmette.

Quando si utilizza un'applicazione che utilizza la fotocamera o il microfono, viene visualizzato un indicatore verde sopra la barra del segnale cellulare.

Password compromessa

Le violazioni dei dati sono piuttosto comuni al giorno d'oggi; Apple sta facendo la sua parte per essere trasparente quando accadono e per aiutarvi a risolverle prima che diventino un problema.

Accedere all'applicazione Impostazioni, quindi scorrere fino alla voce Password.

All'interno di quest'area (protetta da password) è possibile vedere tutte le password memorizzate, ma alla voce Sicurezza Raccomandazioni, potete anche vedere se la vostra password "potrebbe" essere stata compromessa. Dico "potrebbe" perché questo non significa che siete stati violati. Significa solo che sono stati sottratti dei dati a un'azienda e voi potreste essere nell'elenco perché avete avuto un account in passato.

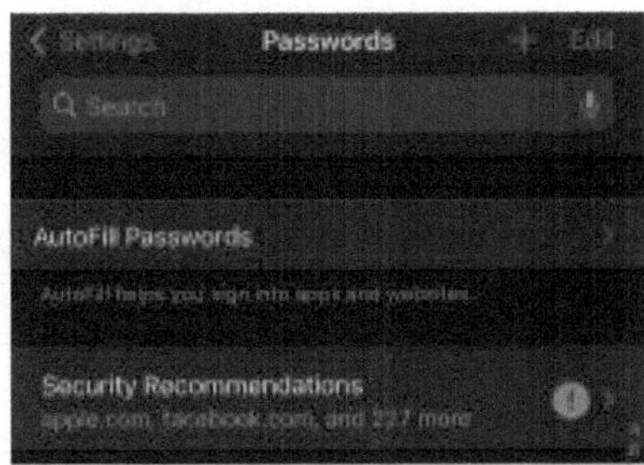

Quando si fa clic sulle raccomandazioni, viene visualizzata una per una ogni possibile violazione e viene mostrato il motivo della raccomandazione. Nell'esempio che segue, si legge che Apple ha subito una violazione e mi suggerisce di cambiare la password.

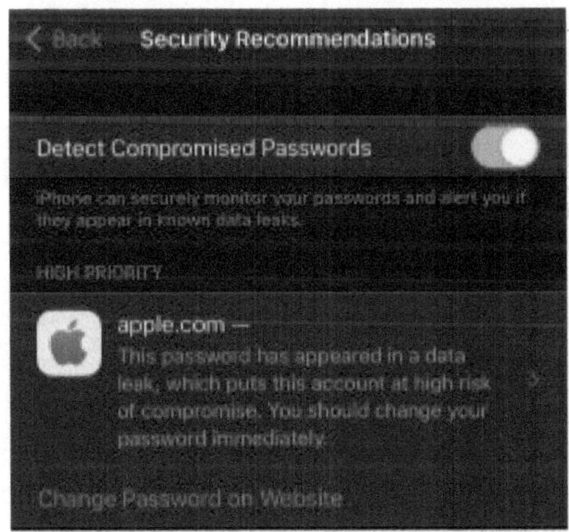

Posso toccare l'opzione Cambia password sul sito web per cambiare la password, oppure posso fare clic sul messaggio per saperne di più. Nell'esempio qui sotto, mi dice che ha notato che ho usato la stessa password su un altro sito web, quindi dovrei cambiare anche quella.

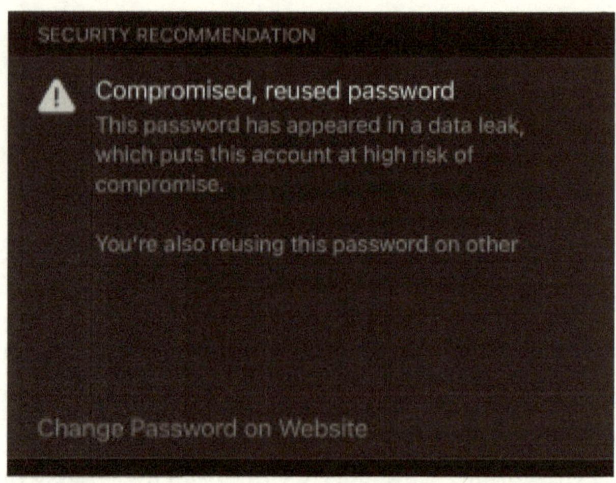

Privacy Rapporto

In Safariè possibile toccare l'icona AA accanto all'indirizzo web per visualizzare un rapporto sulla privacy. Rapporto.

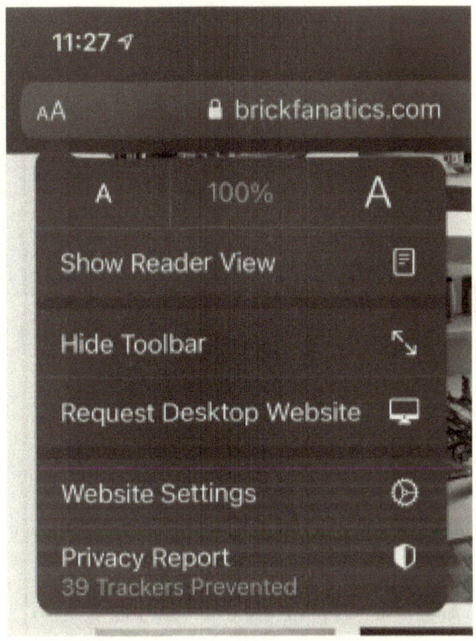

Il rapporto sulla privacy mi dirà di più sui tracker che hanno cercato di seguirmi. Un tracker è fondamentalmente un piccolo codice incorporato in un sito web per seguire ciò che faccio. Ad esempio, dice a Facebook che ho visitato un sito web sui Lego, quindi dovrebbe iniziare a mostrarmi pubblicità sui Lego. Inquietante, vero?

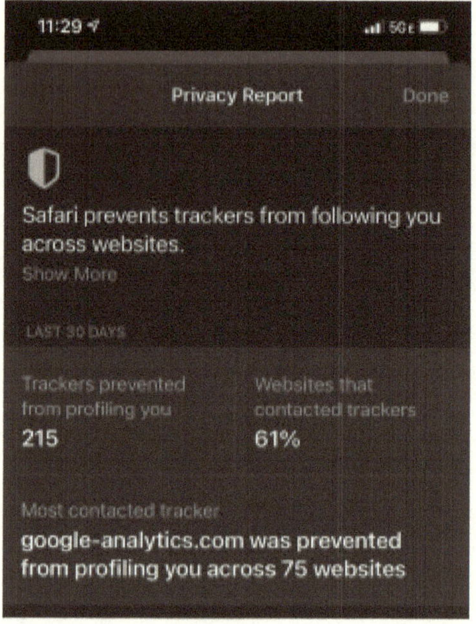

Condivisione della posizione

All'interno di ogni app c'è una serie di strumenti per la privacy su ciò che possono o non possono vedere. Uno dei più comuni è la posizione dell'utente. Nell'esempio che segue, sono andato nell'app Impostazioni e ho selezionato Mappe.. Da qui, ho toccato la voce Posizione.

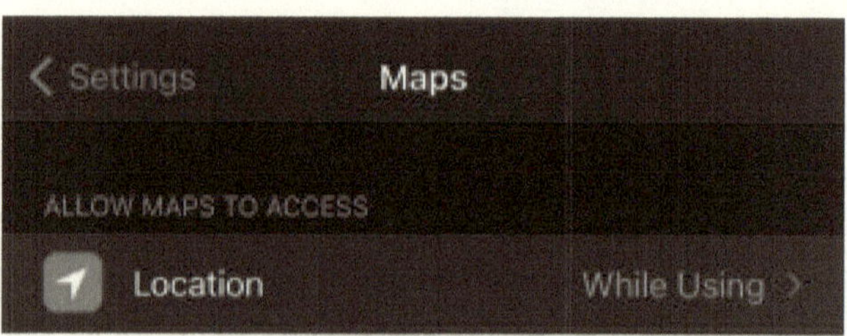

Poiché si tratta di una mappa, voglio che conosca la mia posizione, ma ho la possibilità di selezionare quando può rilevarla. C'è anche una levetta che consente di visualizzare la posizione precisa dell'utente. Se si disattiva, l'app mostra approssimativamente la posizione dell'utente.

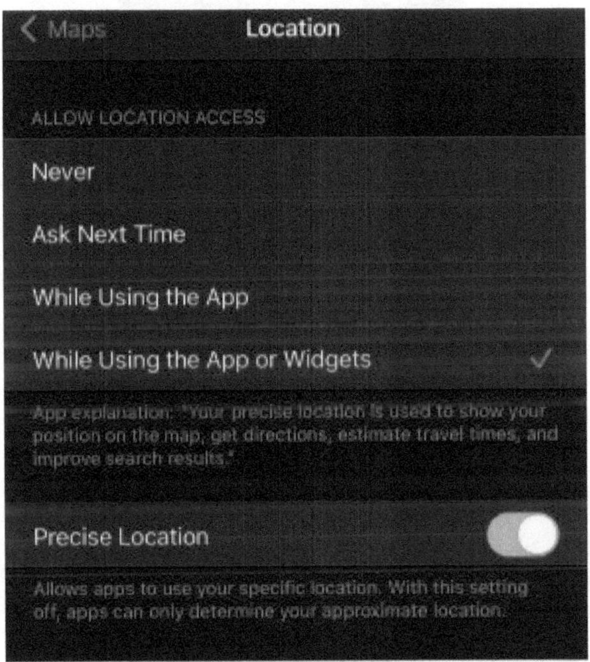

iTunes

L'applicazione iTunes presente nella schermata iniziale, apre il più grande negozio di musica digitale del mondo. Potrete acquistare e scaricare non solo musica, ma anche innumerevoli film, spettacoli televisivi, audiolibri e altro ancora. spettacoli televisivi, audiolibri e altro ancora. Sulla home page di iTunes si trovano anche una sezione "What's Hot", raccolte di musica e nuove uscite.

In alto, è possibile visualizzare i media in evidenza o sfogliare le classifiche principali. Nell'angolo in alto a sinistra si trova il pulsante "Generi". Facendo clic su "Generi" si visualizzano diversi tipi di musica per affinare la ricerca.

Isola dinamica

Se avete l'iPhone 14 Pro, la caratteristica più evidente è l'isola dinamica. Purtroppo, gli iPhone normali non dispongono di questa funzione. Probabilmente l'avrete notata anche se non siete sicuri di cosa faccia.

L'Isola dinamica è una sorta di barra dei collegamenti. Consente di visualizzare le applicazioni (come musica e timer) che potrebbero essere in esecuzione in background. Nell'esempio che segue, sul mio telefono è in corso la riproduzione di una canzone, quindi la barra mostra una copertina molto piccola e un'icona di riproduzione audio.

Se si preme sull'isola, si avvia l'applicazione Musica; se si tocca e si tiene premuto sull'isola, viene visualizzata un'anteprima della musica.

Ma cosa succede se avete due applicazioni in esecuzione in background? Un timer e la musica, ad esempio? L'isola non vi lascerà soli! Mostrerà entrambe le app, come nell'esempio seguente.

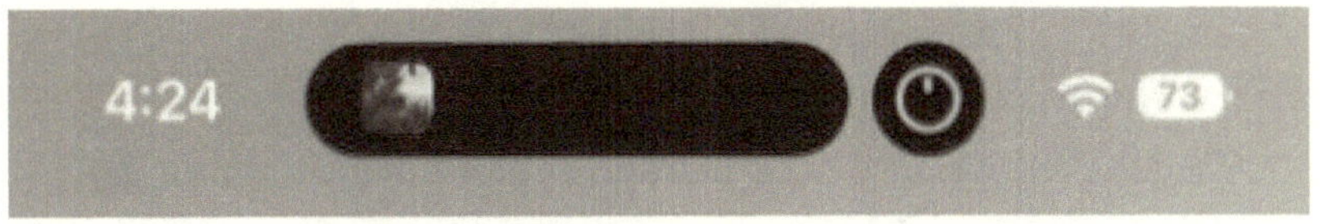

Se apro l'app Musica, questa lascia l'isola e mostra solo il timer.

Se interrompo la musica, quando chiudo l'applicazione viene visualizzato solo il timer.

Rilevamento degli incidenti

Se dovesse accadere l'impensabile e si è coinvolti in un incidente stradale (uno di quelli gravi, come "ho tamponato un bidone della spazzatura"), il telefono può allertare i primi soccorsi.

Il funzionamento prevede che sul telefono venga visualizzato un avviso di rilevamento di un incidente stradale; se non si risponde entro 20 secondi e non si annulla, l'iPhone chiamerà i servizi di emergenza.

Per impostazione predefinita, il Rilevamento incidenti dovrebbe essere già attivo (a condizione che il telefono lo supporti), ma è possibile verificare due volte andando in Impostazioni > SOS di emergenza, quindi attivando/disattivando Chiamata dopo grave incidente.

Acquisto di applicazioni

Come si acquistano, si scaricano e infine si rimuovono le applicazioni? Lo vedremo in questa sezione.

Per acquistare le app (e non intendo dire pagarle, perché è possibile acquistare un'app gratuita senza pagarla):

La prima cosa che si vede quando si apre l'App Store è la schermata Oggi.

È un po' diverso dall'App Store che conoscete dai vecchi sistemi operativi. Apple gli ha dato un aspetto più da rivista, in cui si scoprono le app in base a elenchi curati dai redattori.

Nella parte inferiore sono presenti schede per scoprire giochi, app, arcade (un nuovo servizio Apple) e ricerca di app. Se volete vedere le categorie di app, andate su App e scorrete un po'. Vedi tutto vi mostrerà tutto.

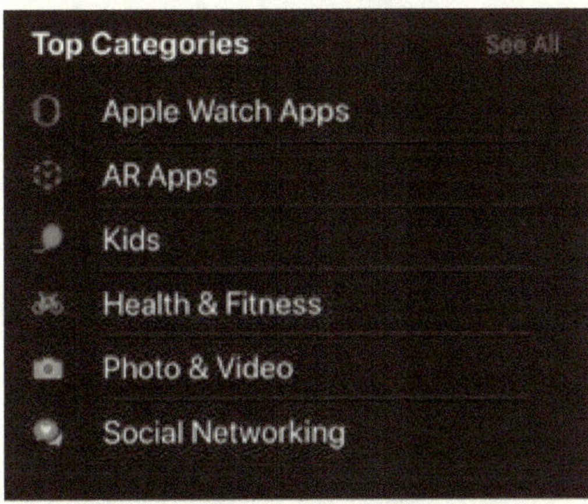

Per aggiornare le app, si doveva toccare l'ultima scheda, con la scritta update. Questa opzione non esiste più. Il modo più semplice per aggiornare le app è attivare l'opzione di aggiornamento automatico al momento della configurazione. Per aggiornare manualmente un'app o vedere se è stata aggiornata di recente, toccare la foto del proprio avatar nell'angolo in alto a destra. In questo modo vengono visualizzate le informazioni sull'account e gli aggiornamenti disponibili (se c'è scritto "aperto" significa che è stato aggiornato di recente; se c'è scritto "aggiornamento" significa che è disponibile un aggiornamento).

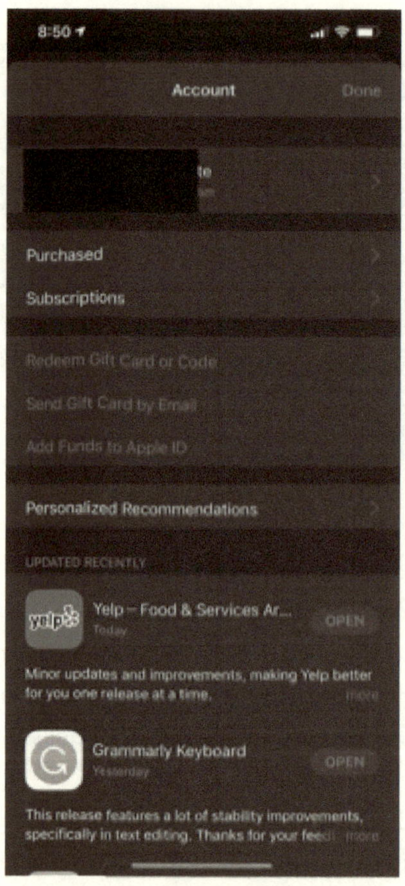

Se avete acquistato un'applicazione, ma l'avete accidentalmente cancellata o avete cambiato idea sulla sua cancellazione, non preoccupatevi! È possibile scaricare nuovamente l'applicazione nello stesso punto in cui vengono visualizzati gli aggiornamenti. Basta toccare "Acquistata".

Quando si tocca il pulsante Acquistati, vengono visualizzate due opzioni: una per vedere tutte le app acquistate e una per vedere solo le app acquistate ma non presenti sul telefono. Toccate quella che dice "Non su questo iPhone" per scaricare di nuovo qualsiasi cosa, senza alcun costo. Basta toccare il pulsante Cloud a destra dello schermo. Potete scaricarla di nuovo anche se l'avete acquistata su un altro iPhone, purché con lo stesso account.

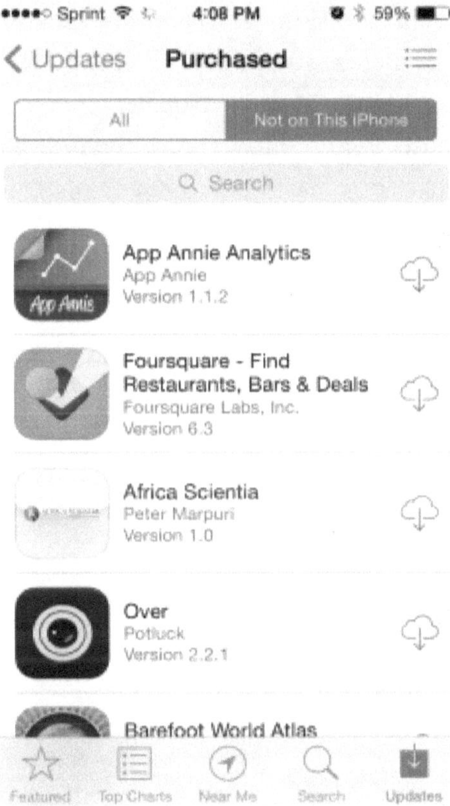

L'eliminazione delle app è semplice: nella schermata Home, toccare e tenere premuta l'icona dell'app che si desidera rimuovere, quindi toccare la "x" sopra l'app.

Immagine nell'immagine

Ero così entusiasta quando ho sentito parlare di Picture-in-Picture su iPhone. sull'iPhone; è già presente sull'iPad da un po' di tempo ed è una funzione fantastica. Finalmente posso guardare i film mentre navigo in Internet! È come se Apple sapesse che avrei voluto cercare un attore su Wikipedia mentre guardavo il film, giusto?

Per utilizzarlo, è sufficiente che il video sia a schermo intero e che si scorra verso l'alto dal basso. In questo modo si aprirà il video. Funziona anche quando si utilizza Facetime. Così si può cercare su Internet o giocare mentre si usa FaceTime per parlare con qualcuno. per parlare con qualcuno. Molto personale, vero?

Il problema del Picture-in-Picture è che non è completamente supportato. Quando è uscito, ad esempio, YouTube non era compatibile. YouTube! È il modo in cui la maggior parte di noi guarda i video, al giorno d'oggi!

Esiste tuttavia una soluzione. Sebbene non sia compatibile con alcuni streamer video, è compatibile con Safari. Vedete l'esempio qui sotto? Il video viene riprodotto in Safari.

cnbc.com

- Cramer's comments Friday came shortly after the Commerce Department said it plans to ban U.S. business transactions with TikTok.

- "The president is the guy doing this. It's not any of his advisors. It's the president, and so nobody knows what's really going to happen," Cramer added.

CNBC's Jim Cramer said Friday that Oracle and Walmart are "scrambling" to find out what else they can do to gain approval from the Trump administration in their bid to acquire minority stakes in Chinese-owned TikTok.

"I think that Walmart and Oracle will be working all weekend to try to figure out how they can satisfy [President Donald Trump]. I think they already feel they've given him everything they can but obviously that's not

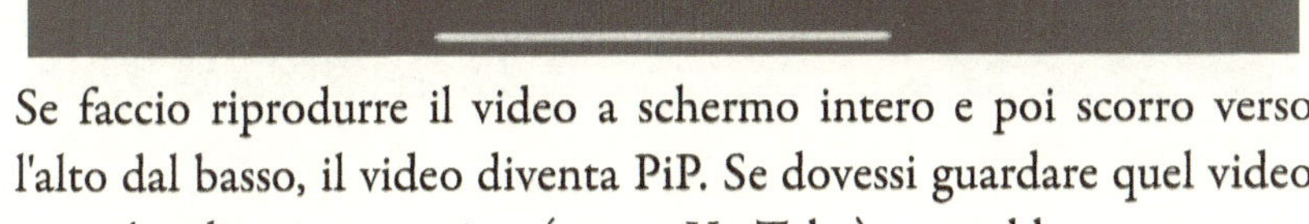

Se faccio riprodurre il video a schermo intero e poi scorro verso l'alto dal basso, il video diventa PiP. Se dovessi guardare quel video su un'applicazione nativa (come YouTube), potrebbe non essere supportato. Non è una soluzione perfetta, ma è un rimedio finché altre app non supporteranno la modalità.

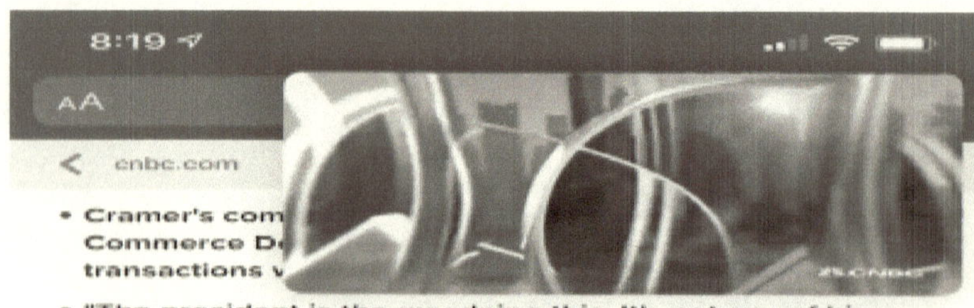

CNBC's Jim Cramer said Friday that Oracle and Walmart are "scrambling" to find out what else they can do to gain approval from the Trump administration in their bid to acquire minority stakes in Chinese-owned TikTok.

"I think that Walmart and Oracle will be working all weekend to try to figure out how they can satisfy [President Donald Trump]. I think they already feel they've given him everything they can but obviously that's not

Calendario

Tra le altre applicazioni preinstallate in dotazione con il nuovo iPhone, forse una di quelle più utilizzate è il Calendario.. È possibile passare dalla visualizzazione di appuntamenti, attività o tutto ciò che è disposto in una vista di un giorno, una settimana o un mese. Girate il telefono su un lato e noterete che tutto passa in modalità orizzontale. Per la prima volta nell'iPhone, molte nuove app sfruttano la risoluzione a 1080p dell'iPhone più grande e visualizzano più informazioni contemporaneamente, come nel display dell'iPad e dell'iPad mini. Combinare il calendario con gli account di posta elettronica o con iCloud per mantenere sincronizzati gli appuntamenti e le attività su tutti i dispositivi e non perdere mai un appuntamento.

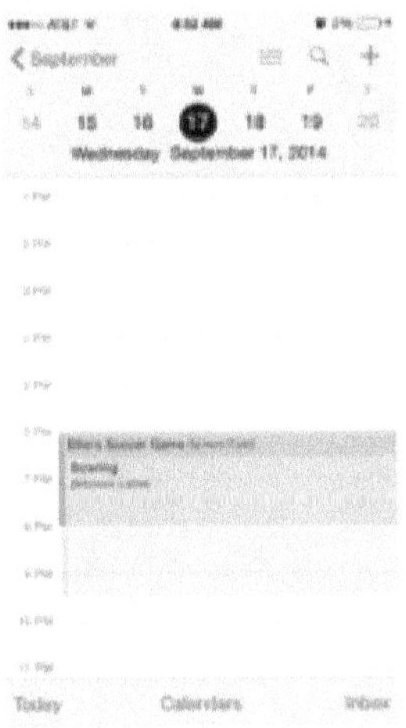

Creazione di un appuntamento

Per creare un appuntamento, fare clic sull'icona Calendario nella schermata principale. Fare clic sul giorno per il quale si desidera fissare l'appuntamento, quindi toccare il pulsante "+" nell'angolo. Qui sarà possibile assegnare un nome e modificare l'evento, nonché collegarlo a un account e-mail o iCloud per consentirne la sincronizzazione. per consentire la sincronizzazione.

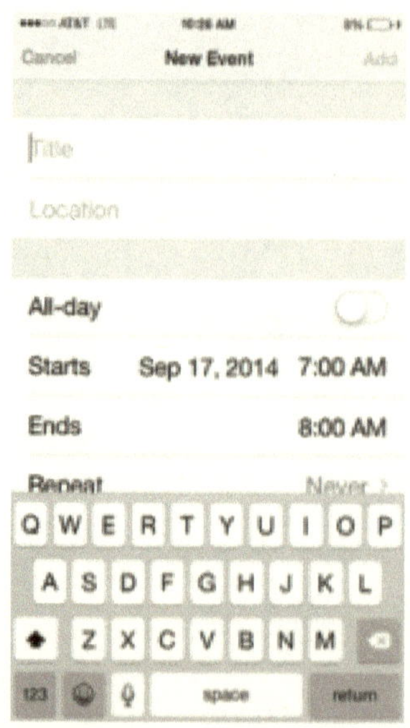

Quando si modifica l'evento, prestare particolare attenzione alla durata dell'evento. Selezionate l'ora di inizio e di fine, oppure scegliete "Tutto il giorno" se si tratta di un evento che dura tutto il giorno. È inoltre possibile impostare l'evento come ricorrente, cliccando su "Ripeti" e selezionando la frequenza di ripetizione. Nel caso di una bolletta o di un pagamento dell'auto, ad esempio, si può selezionare Mensile (in questo giorno) o ogni 30 giorni, che sono due cose diverse. Dopo aver selezionato la ripetizione, si può anche scegliere per quanto tempo si desidera che l'evento si ripeta: per un solo mese, per un anno, per sempre e tutto il resto.

Un recente aggiornamento di Calendario consente ora di includere allegati agli appuntamenti; è possibile aggiungere un allegato selezionando "Aggiungi allegato" in fondo alla schermata Nuovo evento.

Il tempo

I servizi di localizzazione e il GPS dell'iPhone possono aiutare a navigare verso le destinazioni, ma anche altre app possono utilizzarli per visualizzare informazioni localizzate. L'applicazione Meteo è un esempio di questo tipo. Aprendola, vengono immediatamente mostrate le informazioni meteorologiche di base in base alla posizione corrente. Per ottenere informazioni più dettagliate, è possibile scorrere a sinistra c a destra sulla sezione centrale per scorrere le previsioni orarie e scorrere verso l'alto e verso il basso sulla sezione inferiore per scorrere le previsioni a 10 giorni.

È possibile aggiungere altre città facendo clic sull'icona dell'elenco in basso a destra e cercando il nome della città. Una volta aggiunte le città, è possibile scorrere tra di esse per visualizzare le informazioni meteorologiche in tempo reale per ogni località passando il dito a sinistra o a destra, mentre il numero di città aggiunte viene visualizzato in basso sotto forma di piccoli punti.

App meteo

L'app meteo esiste da anni, ma iOS 16 le ha apportato alcuni importanti miglioramenti. Non è più solo un'app per conoscere il tempo. È un'app per ottenere dettagli precisi sul tempo.

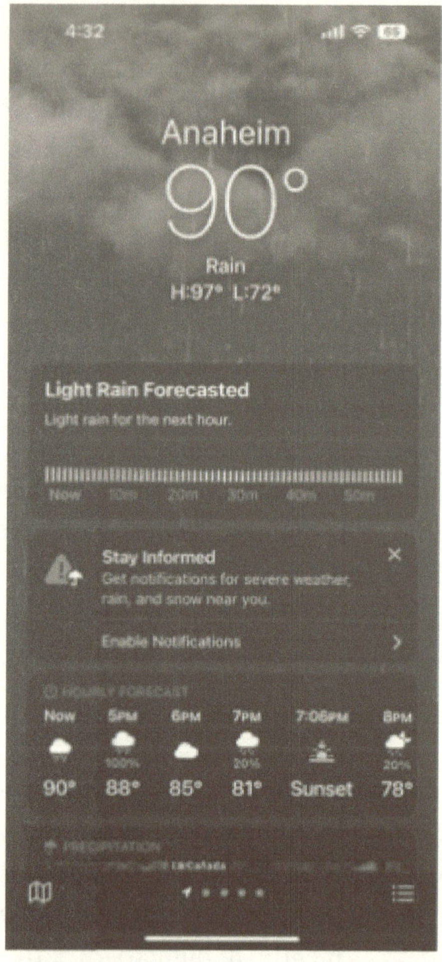

Quando si clicca su un giorno specifico, vengono fornite le previsioni orarie, in modo da poter pianificare la giornata.

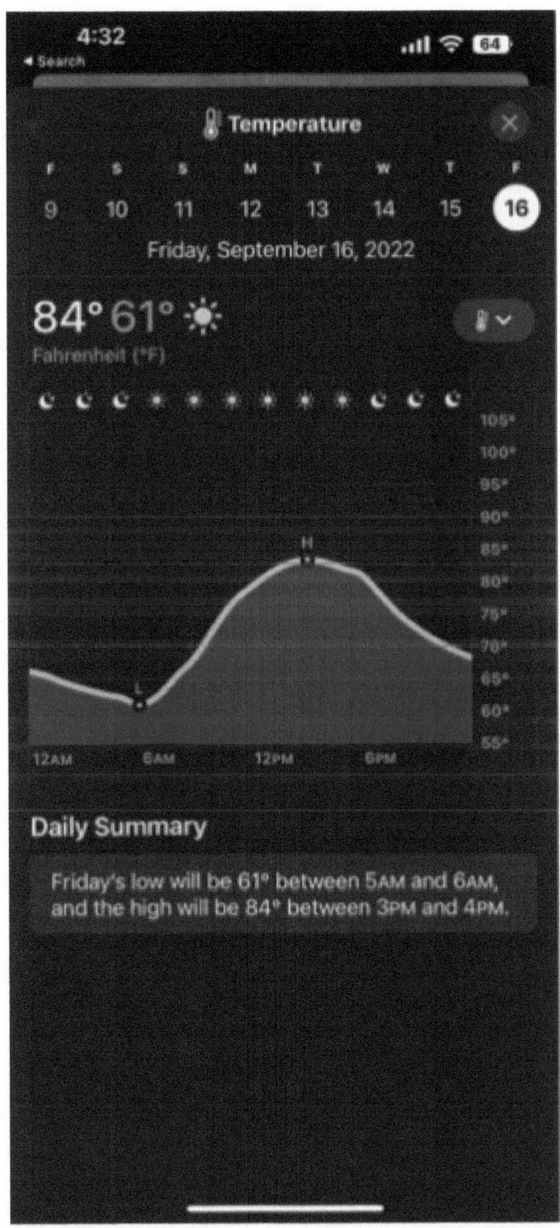

Facendo clic sul menu a tendina sul lato destro è possibile visualizzare non solo la temperatura, ma anche l'indice UV, l'umidità, le condizioni atmosferiche e altro ancora.

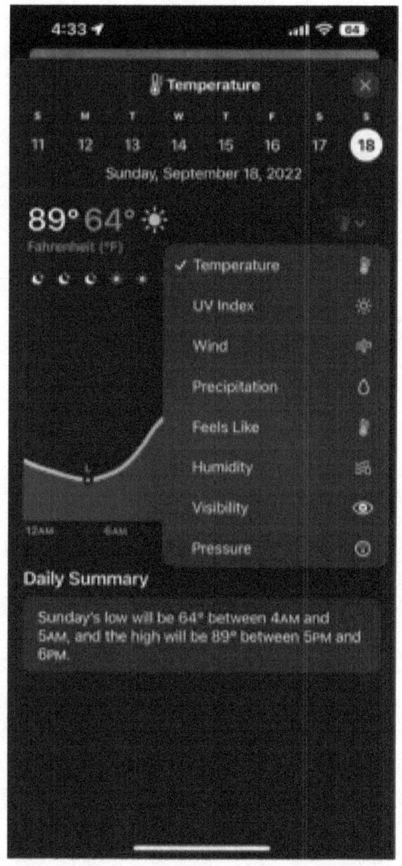

Quando si torna alla schermata meteo principale, si può anche fare clic sulla mappa per vedere dove si verificano eventi come la pioggia.

Batteria

Se siete come molte persone, il piccolo indicatore della batteria nell'angolo destro è bello, ma può diventare un po' vago. È difficile capire dall'indicatore se la batteria è al 10% o al 5%, ad esempio.

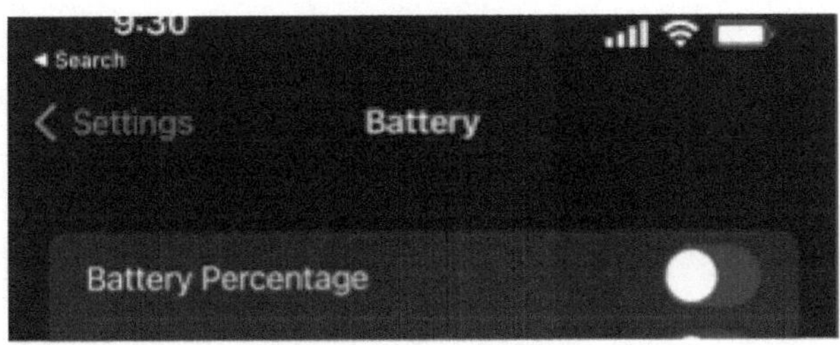

Se si preferisce vedere un numero visivo che indica la quantità di batteria disponibile, andare su Impostazioni > Batteria e attivare l'opzione Percentuale batteria.

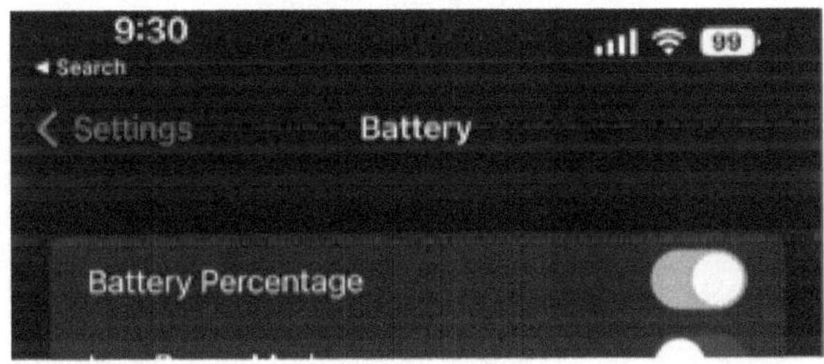

Mappe

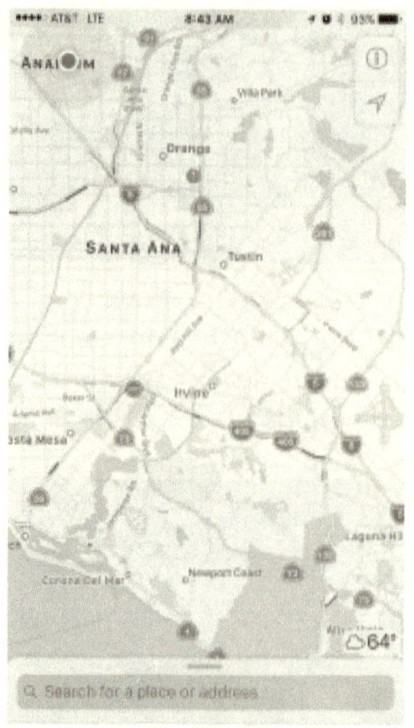

L'applicazione Mappe è tornata e più bella che mai. Dopo la rottura con Google Maps, avvenuta diversi anni fa, Apple ha deciso di sviluppare un proprio sistema di mappe e navigazione per iPhone. Il risultato è una splendida guida turistica che sfrutta appieno le nuove risoluzioni dell'iPhone. La modalità a schermo intero permette di riempire ogni angolo del telefono con l'app, e c'è una modalità notturna automatica. Potrete cercare in qualsiasi momento luoghi, ristoranti, stazioni di servizio, sale da concerto e altri luoghi vicini a voi, e la navigazione turn-by-turn è disponibile per camminare, andare in bicicletta, guidare o fare il pendolare. Il traffico è aggiornato in tempo reale, quindi se davanti a voi si verifica un incidente o ci sono lavori in corso, Mappe vi offrirà un'alternativa più rapida e vi avviserà del potenziale ingorgo.

La navigazione turn-by-turn è facile da capire senza distrarre, e la vista 3D rende molto più piacevoli gli scenari potenzialmente difficili (come le uscite autostradali che si presentano all'improvviso). Un'altra comoda funzione è la possibilità di evitare completamente le autostrade e le strade a pedaggio.

Per impostare la navigazione, toccare l'icona Mappe icona Mappe. Nella parte inferiore dello schermo è presente una ricerca per luogo o indirizzo; per le abitazioni è necessario l'indirizzo, mentre per le aziende è sufficiente il nome. Fare clic su di esso e inserire la destinazione una volta richiesto.

Quando trovate l'indirizzo della vostra destinazione, cliccate su "Percorso" e scegliete tra indicazioni a piedi o in auto. Per le aziende, avete anche la possibilità di leggere le recensioni e di chiamare direttamente l'azienda.

Per la navigazione a mani libere, tenere premuto il pulsante laterale per attivare Siri (di cui si parlerà nella prossima sezione) e pronunciare "Naviga verso..." o "Portami a..." seguito dall'indirizzo o dal nome della località che si desidera raggiungere.

Se si desidera evitare autostrade o pedaggi, è sufficiente toccare il pulsante Altre opzioni e selezionare l'opzione desiderata.

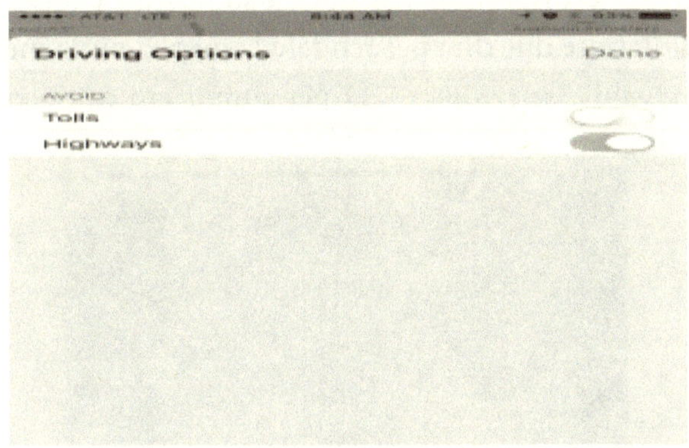

Mappe di Apple consente anche di visualizzare una vista 3D di migliaia di località. Per attivare questa opzione, toccare la "i" nell'angolo in alto a destra. Successivamente, selezionare la vista satellitare.

Se la vista 3D è disponibile, si noterà subito un cambiamento. È possibile utilizzare due dita per rendere la mappa più o meno piatta. È anche possibile selezionare 2D per rimuovere completamente il 3D.

Tornate alla mappa normale e vedrete una piccola lente di ingrandimento nell'angolo in alto a destra.

Google ha Street View, Apple Map ha ora un concorrente che si chiama Look Around (suggerimento: per vederlo bisogna zoomare un po'). Questa opzione non è ancora presente in tutte le città, ma probabilmente lo sarà presto. Con Look Around attivo, è possibile trascinare la lente d'ingrandimento in qualsiasi punto in cui si desidera visualizzare una vista del terreno.

Quando si tocca la barra di ricerca, si notano anche due nuove aree:

- I preferiti, ovvero i luoghi in cui ci si reca di frequente.
- Collezioni: è possibile creare diverse località e raggrupparle

insieme. Ad esempio, se state pianificando un viaggio in Europa, potete creare un elenco di tutti i luoghi che volete vedere in una raccolta e raggiungerli quando siete in città.

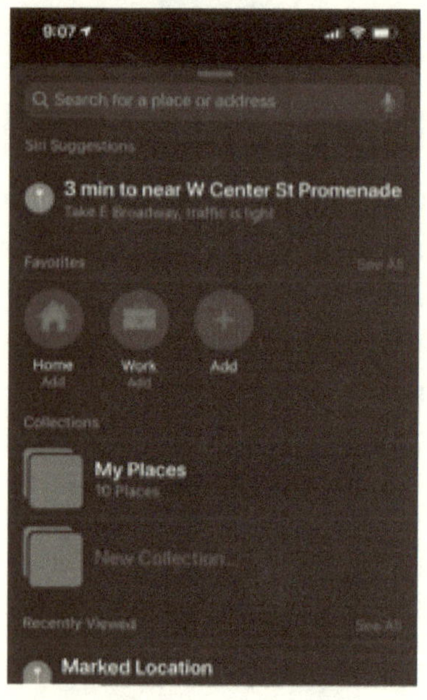

L'interfaccia di Mappe è piuttosto simile da diversi anni, ma viene frequentemente aggiornata con piccoli aggiornamenti. Quando si effettua lo zoom sulle strade, ad esempio (e questo solo in alcune aree, soprattutto nelle grandi città metropolitane), ora vengono visualizzate le corsie. Non sembra molto, ma se siete come molti e guidate in luoghi come Los Angeles, le autostrade possono diventare molto complicate: l'ingresso e l'uscita da una superstrada sono a volte a sinistra e a volte a destra. Il livello di dettaglio può aiutarvi a essere più preparati. Vi mostrerà anche le piste ciclabili (quando disponibili). Infine, le indicazioni per gli spostamenti a piedi hanno la modalità "guardarsi intorno", che consente di vedere i punti di riferimento mentre si cammina e di capire meglio se si sta andando nella direzione giusta; anche in questo caso, però, la modalità "guardarsi intorno" non è disponibile ovunque.

Indicazioni stradali

Mappe Quando si ottengono indicazioni stradali, sono disponibili diverse opzioni: auto, a piedi, mezzi pubblici, bicicletta o ride sharing.

Le indicazioni cambieranno in base alla scelta effettuata; se si sceglie la bicicletta, ad esempio, l'orario cambierà e potrebbe anche essere indicato un percorso che un'auto non può percorrere.

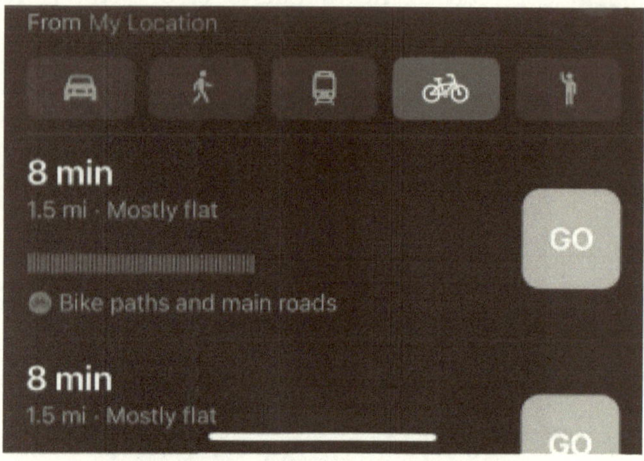

Mappe (fermate multiple)

Ottenere le indicazioni stradali è bello, ma probabilmente si preferisce fare qualche sosta lungo il percorso. In questo caso, è possibile aggiungere più fermate.

Supponiamo di voler capire come portare mio figlio a un parco divertimenti dal luogo in cui mi trovo. Digito il nome del parco, poi tocco indicazioni stradali.

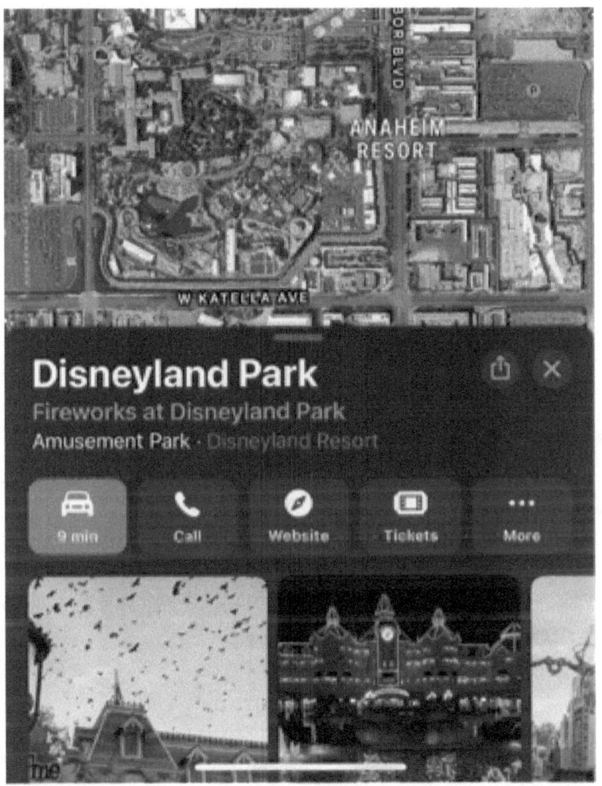

Facile, facile, giusto! Ma, oh, no! Sono appena salito in macchina e ho finito la benzina! Con le mappe non è un problema. Basta toccare il pulsante Aggiungi fermata.

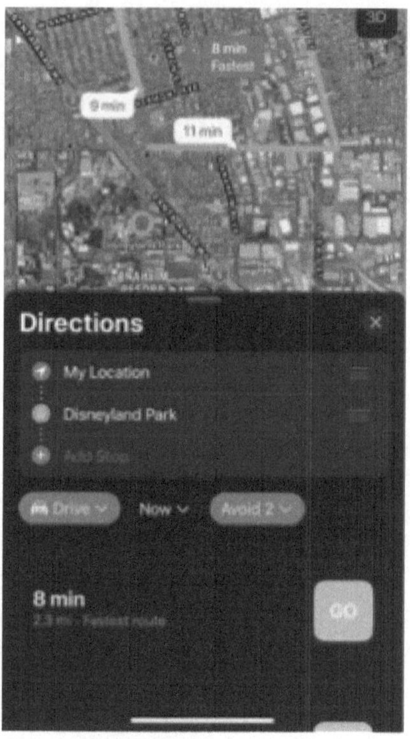

Poi digito l'indirizzo o, in questo caso, digito semplicemente "Gas". Questo mi fornirà tutti i distributori di benzina nelle vicinanze. Quando vedo quello desiderato, tocco Aggiungi.

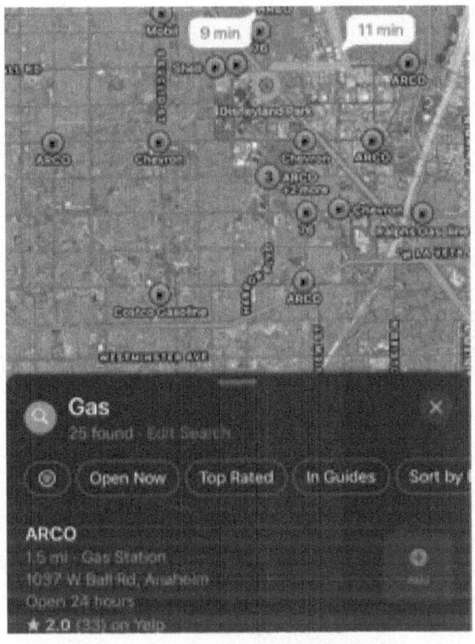

Ora la fermata è stata aggiunta alle indicazioni, ma con un'avvertenza: è stata aggiunta alla fine. Tuttavia, è possibile spostare facilmente l'ordine degli stop, toccando e tenendo premuto sulle tre linee a destra dello stop, quindi trascinandolo verso l'alto o verso il basso nell'ordine desiderato.

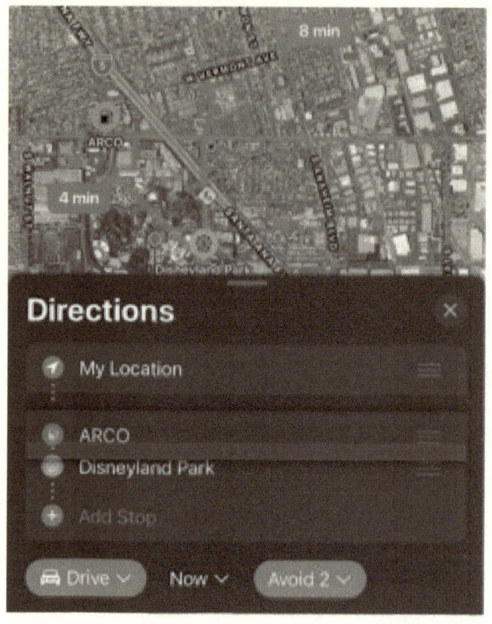

E se anche i bambini dicono di avere fame?! Non vorrete mica pagare il prezzo del parco divertimenti per la colazione, vero?! Basta toccare di nuovo Aggiungi fermata. Ora ho una mappa per raggiungere il negozio di ciambelle, una stazione di servizio e infine il parco divertimenti.

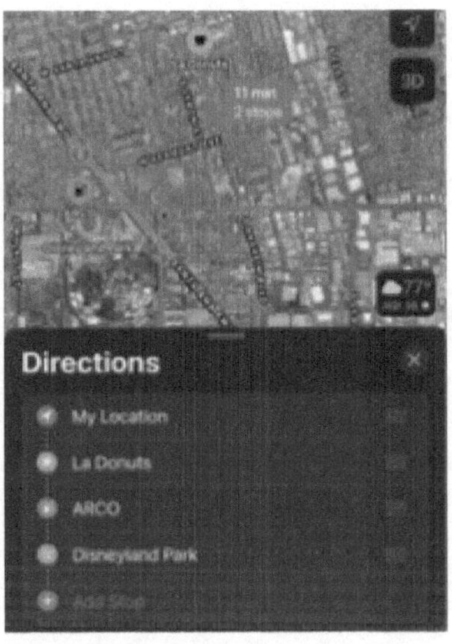

Guide alle mappe

Le guide delle mappe sono disponibili solo nelle città più grandi. Quando si cerca una città nell'app Mappa, le guide vengono visualizzate proprio sotto il pulsante delle indicazioni stradali. È anche possibile condividere la guida o salvarla.

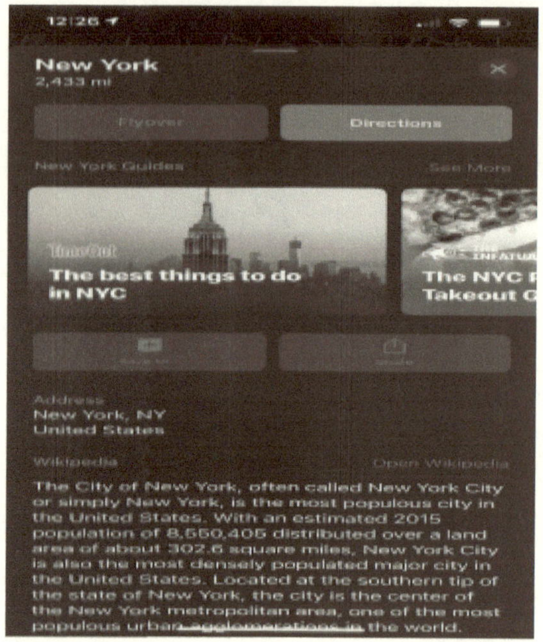

Man mano che si consultano le guide, vengono visualizzati i consigli sulla mappa, che possono essere salvati in un secondo momento.

Salute

L'uscita degli ultimi modelli di iPhone ha portato con sé un'attenzione molto maggiore alla salute e per questo i nuovi iPhone sono dotati dell'app Salute. salute. L'app Salute tiene traccia di molte cose diverse relative alla salute, tra cui le calorie bruciate, il peso, la frequenza cardiaca, le misure del corpo e persino una scheda di emergenza che consente di memorizzare informazioni importanti sulla salute, come il gruppo sanguigno e le allergie, in caso di emergenza. iOS 13 ha aggiunto anche un tracker per il ciclismo.

La salute è un aspetto che è sempre stato importante per Apple; se avete un Apple Watch, l'app Salute funziona particolarmente bene perché si sincronizzano tra loro e tiene traccia di cose come l'ECG (a seconda dell'orologio che avete). È anche un ottimo posto dove andare per ricordarmi quanto ho bisogno di camminare di più!

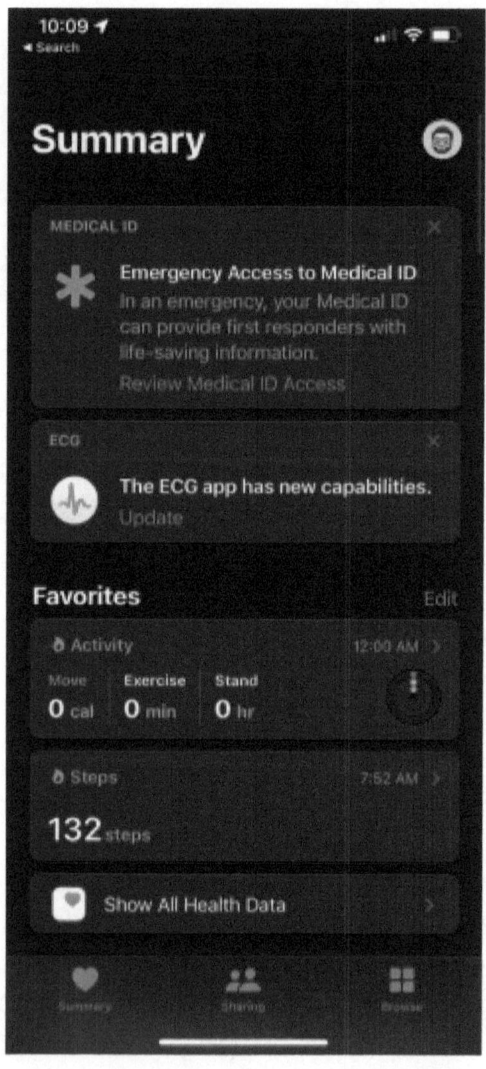

Vedere il proprio stato di salute può essere incoraggiante, ma l'utilità è data dalla possibilità di condividerlo con i propri cari e persino con il proprio medico. Per farlo, basta toccare l'icona di condivisione in basso al centro dell'applicazione. Se si desidera condividerla con i propri cari, toccare "Condividi con qualcuno". Se si desidera condividerlo con il proprio medico, toccare "Condividi con il tuo medico". Non tutti i medici supportano questa funzione: spetta a loro decidere; inoltre, assicuratevi che la persona con cui condividete il file abbia aggiornato il proprio telefono a iOS 15 o versioni successive.

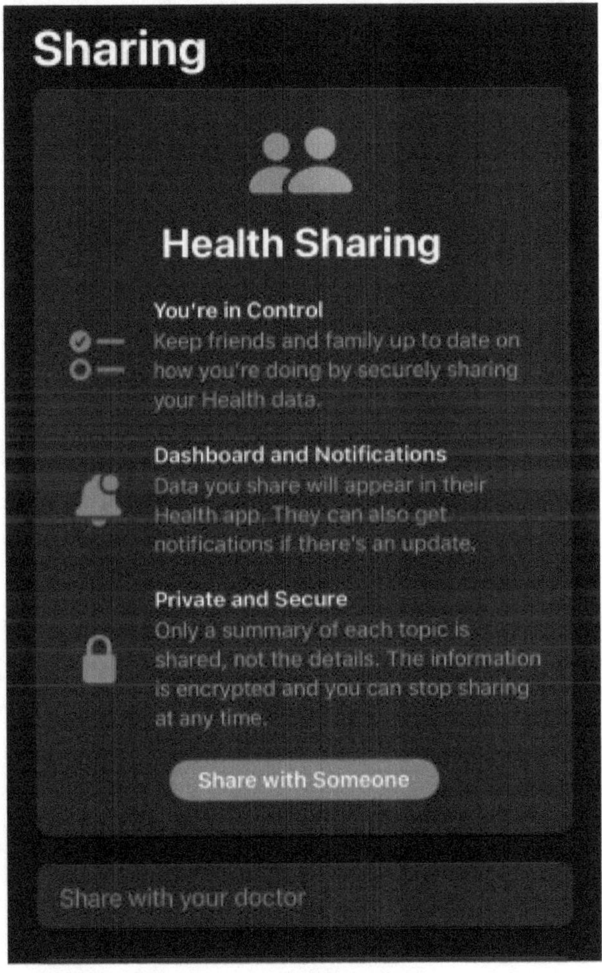

Farmaci

Se si assumono farmaci, è possibile utilizzare il telefono per tenere traccia (e ricordarsi) dell'orario di assunzione. Basta accedere all'app Salute e selezionare "Sfoglia", quindi toccare Medicinali.

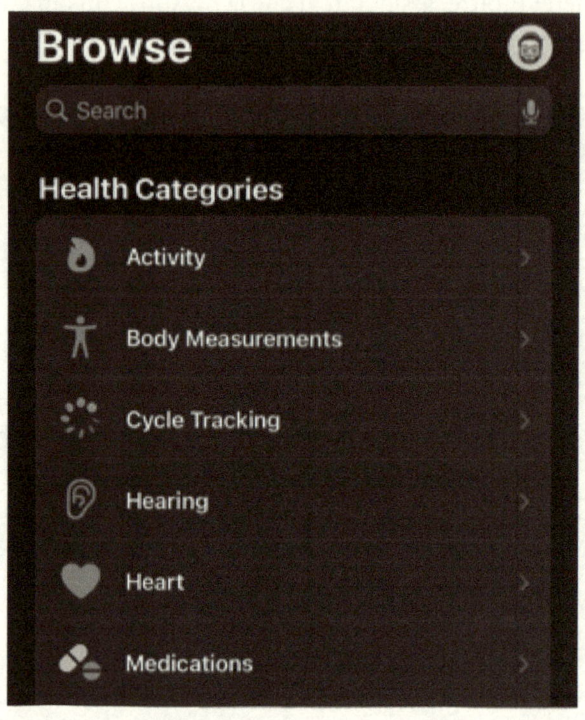

Da qui, è sufficiente toccare il pulsante blu Aggiungi un farmaco.

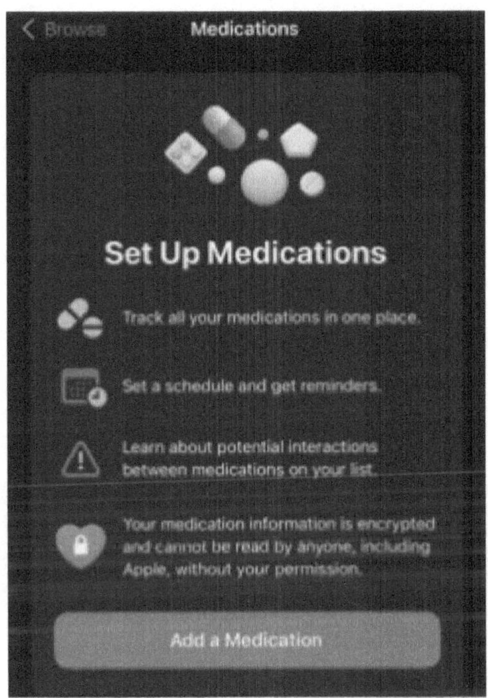

Trova il mio

Se si è utilizzato Trova il mio telefono o Trova il mio amico sui sistemi operativi precedenti, ecco che non ci sono più! Queste due potenti applicazioni vi permettono di vedere dove si trovano i vostri amici su una mappa o dove si trovano i vostri dispositivi su una mappa.

Sono essenzialmente la stessa app con uno scopo diverso; quindi, invece di mantenerle entrambe, Apple ha deciso di eliminarle e di unirle in un'unica app chiamata Trova il mio..

L'applicazione è piuttosto semplice. Tre schede in basso. Una per trovare gli amici (cioè Persone), una per trovare i dispositivi e una per modificare le impostazioni (cioè Io).

Se volete vedere dove si trova un vostro amico, chiedetegli di condividere la sua posizione con voi nella sezione Persone.

Non è molto utile usare un'app per trovare il vostro iPhone se non avete il vostro iPhone. In questo caso, è possibile utilizzare il browser del computer per vederlo all'indirizzo iCloud.com.

Promemoria

L'app Promemoria è presente su iOS da molto tempo; con iOS 13, tuttavia, l'app è stata rinnovata. La creazione di elenchi è ora più visiva e intuitiva ed è più facile condividere e collaborare.

Per iniziare, toccare l'icona Promemoria l'icona Promemoria.

Creare un elenco è ancora molto semplice. Toccare Aggiungi elenco nell'angolo inferiore destro dello schermo.

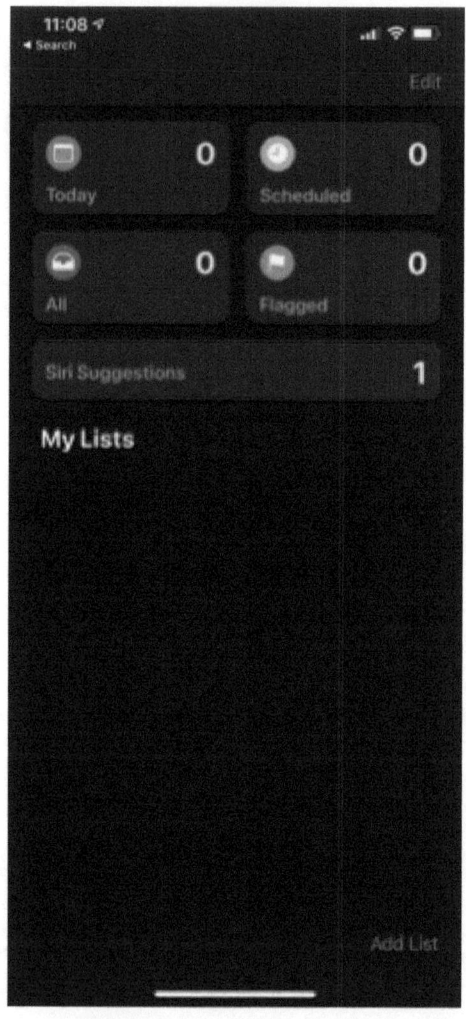

Una volta creato un elenco, è possibile cambiare il colore dell'icona che lo rappresenta e rinominarlo; toccare Fatto per salvarlo.

Una volta creato il primo elenco, è possibile iniziare ad aggiungerlo toccando Aggiungi promemoria nell'angolo inferiore sinistro dello schermo.

Toccare Ritorno sulla tastiera per aggiungere un altro elemento o Fine quando si è aggiunto tutto (è possibile aggiungerne altri in seguito).

Toccando il sito ⊘ in qualsiasi momento, si potranno aggiungere ulteriori dettagli (come la data di scadenza o il luogo in cui ricordarsi, ad esempio quando si va a fare la spesa).

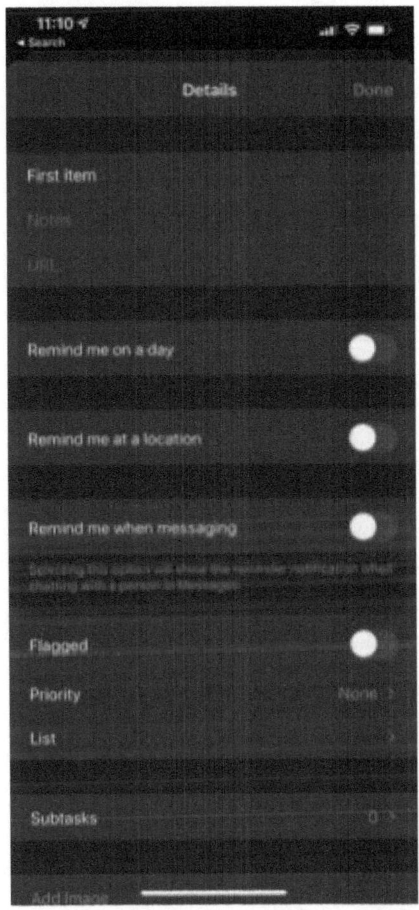

Toccando i tre puntini nell'angolo in alto a destra si accede ad altre opzioni dell'elenco. Oltre a modificare elementi come il nome, è possibile aggiungere persone all'elenco in modo che possano collaborare e aggiungere elementi propri.

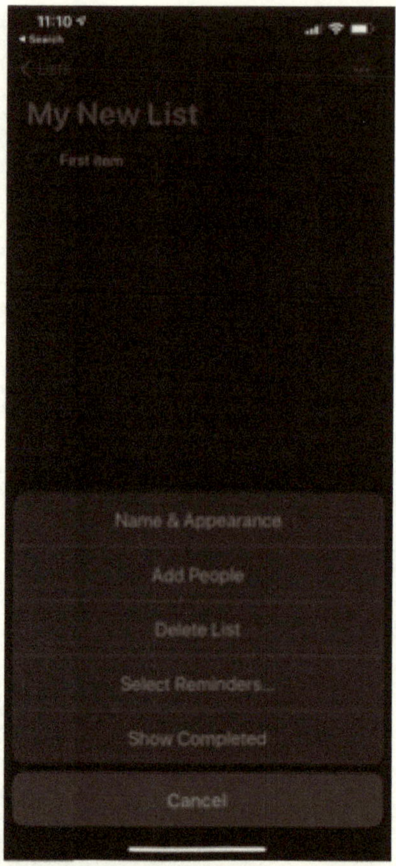

Per rimuovere o contrassegnare un elemento dell'elenco, è sufficiente passare il dito su di esso a sinistra.

Se si passa all'elenco nella schermata precedente, è possibile eliminare un intero elenco.

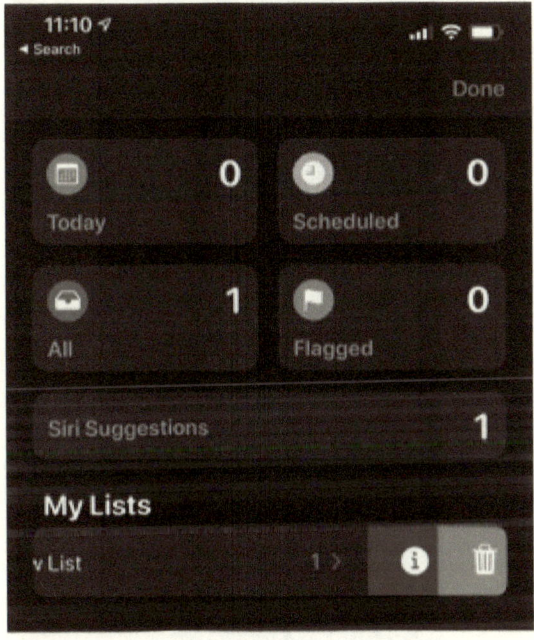

Dal menu principale dell'elenco, è possibile selezionare Modifica nell'angolo superiore destro e organizzare l'ordine degli elenchi.

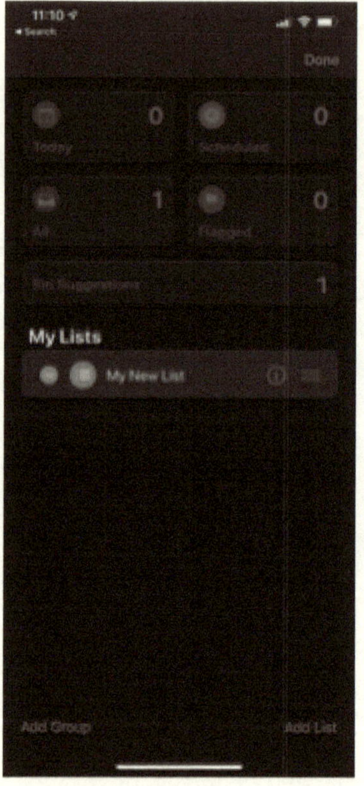

In questa modalità di modifica, è anche possibile selezionare Aggiungi gruppo e raggruppare diversi elenchi.

Casa

L'app Home integra HomeKit con iOS per aiutarvi a integrare meglio tutti gli elettrodomestici e le utenze domestiche, come luci, termostati, frigoriferi e altro. HomeKit utilizza Siri per controllare tutti i dispositivi domestici intelligenti, uno strumento molto utile, e l'interfaccia di Home consente un'esperienza molto più pulita e lineare. Per aggiungere il dispositivo domestico intelligente a Home, è sufficiente posizionarsi accanto ad esso con il dispositivo acceso e l'app Home attivata. È anche possibile utilizzare la Apple TV di quarta generazione per controllare i dispositivi domestici intelligenti abilitati a HomeKit. HomePod è un'altra cosa che viene ospitata qui.

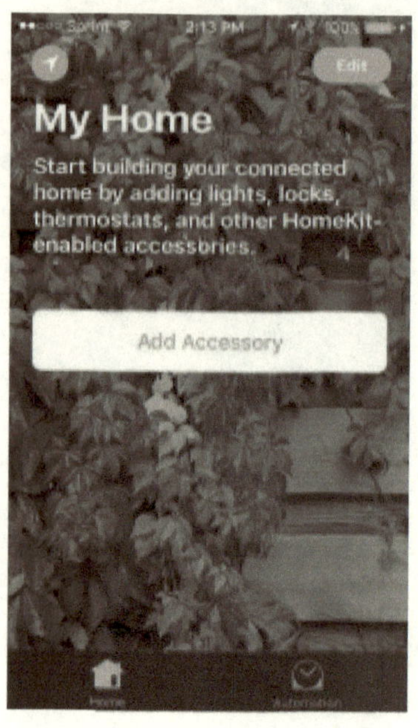

ARKit

L'iPhone punta tutto sulla realtà aumentata, che considera il futuro. Molte nuove app sono dotate di supporto AR.

Avviso di novità: ARKit per iOS 12 ha introdotto un nuovo strumento di misurazione. Questo è ancora presente in iOS 16.

Per utilizzare il nuovo strumento di misurazione, aprite l'app Measure. Puntate la fotocamera su un'opzione di rettangolo e guardate come si forma automaticamente un riquadro sopra di esso.

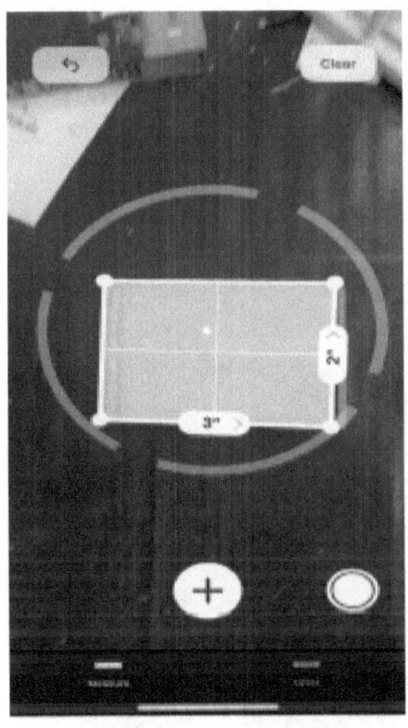

L'app vi dirà quanto è lunga una cosa e vi permetterà anche di aggiungere punti, in modo da poterla misurare.

Apple Translate

Google è stato il pioniere dell'idea di tradurre in tempo reale ciò che qualcuno dice, ma Apple sta cercando di migliorarla.

In iOS 15 è stata aggiunta un'app di traduzione realizzata da Apple. Ci sono più di una dozzina di lingue e dialetti integrati. È anche possibile scaricare i dizionari, in modo da poter tradurre senza Wi-Fi..

Se avete usato Google Translate, l'interfaccia utente probabilmente vi sembrerà simile. Toccate il microfono e iniziate a parlare. Rileva automaticamente la lingua, quindi se siete in un negozio e parlano una lingua diversa, tenetelo davanti a voi e premete il microfono. Tutto qui.

Se si desidera selezionare la lingua in cui si vuole tradurre o la lingua parlata, è sufficiente toccare la lingua in questione. Verrà visualizzato un elenco di lingue disponibili. Toccare quella desiderata: si può anche toccare l'icona con la freccia verso il basso cerchiata per scaricare la lingua. Se non è stata scaricata, la traduzione avverrà tramite Wi-Fi o dati. o i dati. È un po' come Siri-La invia a un computer nel cloud che la traduce e poi la rimanda indietro. Ci vogliono solo pochi secondi.

Clip dell'app

Le App Clip sono una sorta di mini-app, o versioni lite di applicazioni complete. Il vantaggio è che non è necessario scaricare l'app per utilizzarla. Pensate a quelle volte in cui siete stati al ristorante o avete pagato un parcheggio a pagamento e avete bisogno di un'app per riscattare qualcosa; sapete che non userete mai più l'app, ma dovete comunque scaricarla. È fastidioso, vero? È qui che l'App Clip aiuta. Funziona così: è possibile scansionare un codice QR e, se è supportato, viene avviato un App Clip. Il "se è supportato" dovrebbe essere scritto in grassetto. È un'ottima funzione, ma non funzionerà ovunque si veda un codice QR.

Lente d'ingrandimento

L'app Lente d'ingrandimento può essere attivata e disattivata accedendo all'app Impostazioni, quindi toccando Accessibilitàe Lente d'ingrandimento.

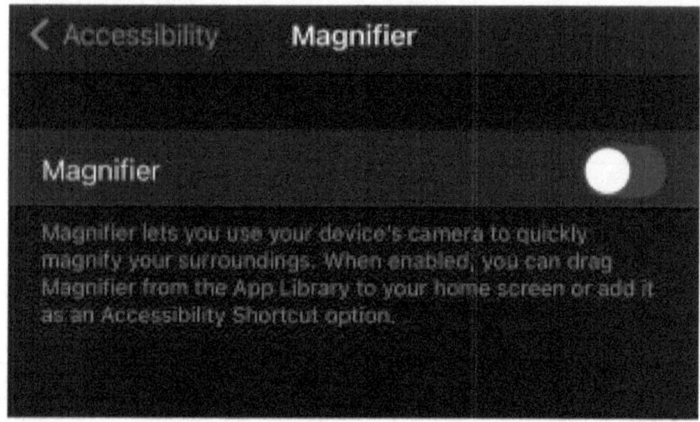

L'applicazione viene inserita nella libreria delle appe da lì è possibile trascinarla e posizionarla dove si vuole sullo sfondo.

Quando si apre l'applicazione, funziona un po' come una macchina fotografica (infatti, è possibile utilizzare il pulsante di scatto per scattare una foto di ciò che si sta guardando); è possibile regolare il contrasto, l'esposizione e altro ancora per rendere più facile la visione.

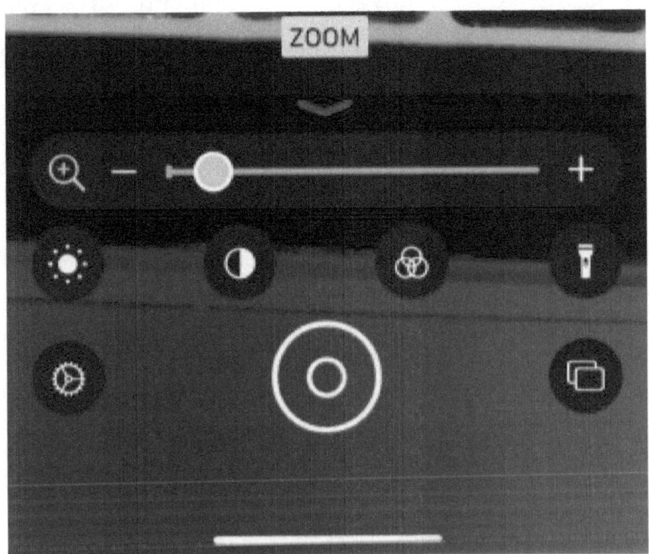

Fallo tuo

Questo capitolo tratta di:

- Tempo di schermo
- Non disturbare Modalità
- Notifiche e widget
- Impostazioni generali
- Suoni
- Personalizzazione della luminosità e lo sfondo
- Aggiunta di Facebook, Twitter e Flickr
- Condivisione della famiglia
- Continuità e passaggio di consegne

Ora che sapete come muovervi, è il momento di scavare nelle impostazioni e rendere questo telefono completamente personalizzato per voi!

Per la maggior parte di questo capitolo, mi soffermerò nell'area delle Impostazioni, quindi se non siete già lì, toccate Impostazioni dalla schermata iniziale.

Per utilizzare l'ora dello schermo, andare in Impostazioni > Ora dello schermo.

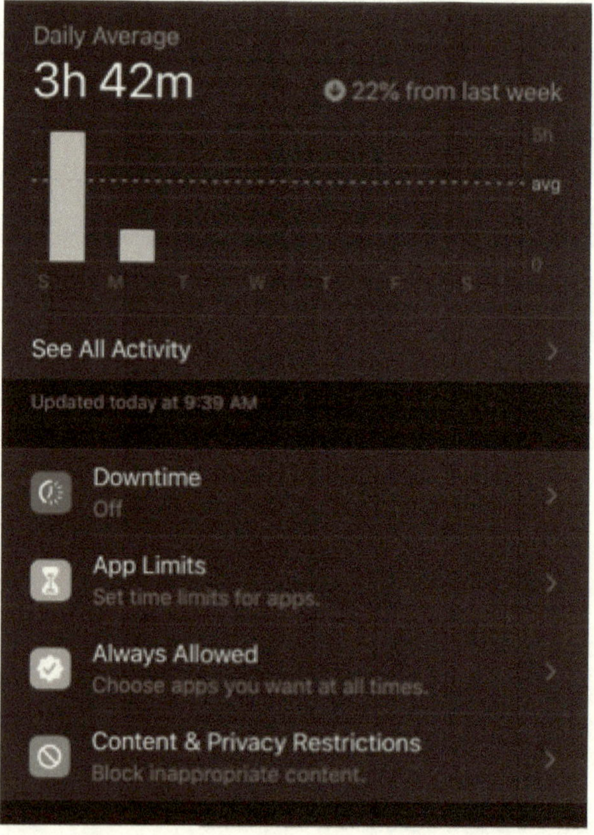

È possibile fare clic su qualsiasi app per vedere quanto tempo vi si è trascorso e anche qual è la propria media. Da qui si possono anche aggiungere dei limiti.

Schermata di blocco

La lockscreen ha un nuovo look in iOS 16. Sono finiti i tempi in cui la lockscreen era riservata a una singola foto e alle notifiche. Ora è molto più personalizzabile. Vediamo come. Innanzitutto, premere a lungo il dito sulla lockscreen.

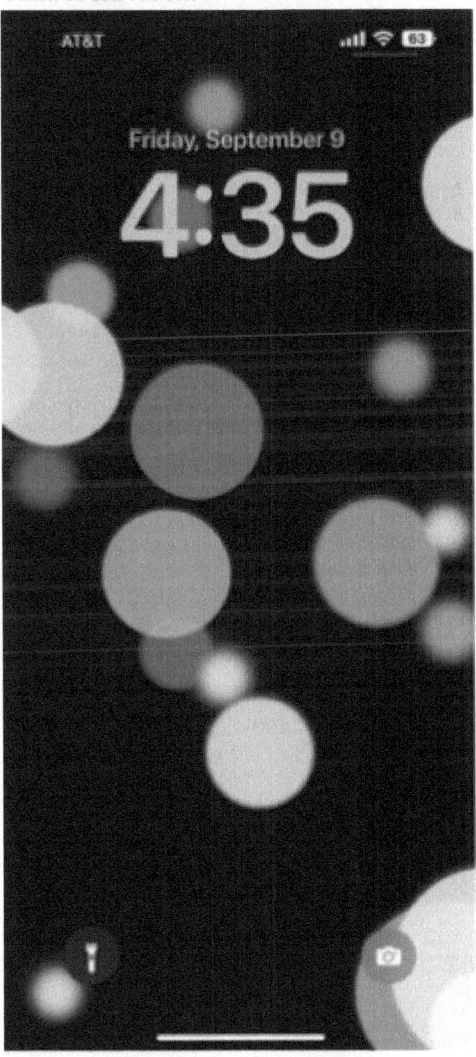

Viene visualizzato un elenco scorrevole di diverse serrature. Ora è possibile avere un'intera collezione di serrature per diverse occasioni: sonno, lavoro, scuola e così via.

Continuando a scorrere verso sinistra, si aprirà la schermata Aggiungi nuovo.

È possibile scegliere tra tutti i tipi di sfondi dinamici. È anche possibile creare un album fotografico rotante. Se volete solo una semplice immagine, scegliete "Foto".

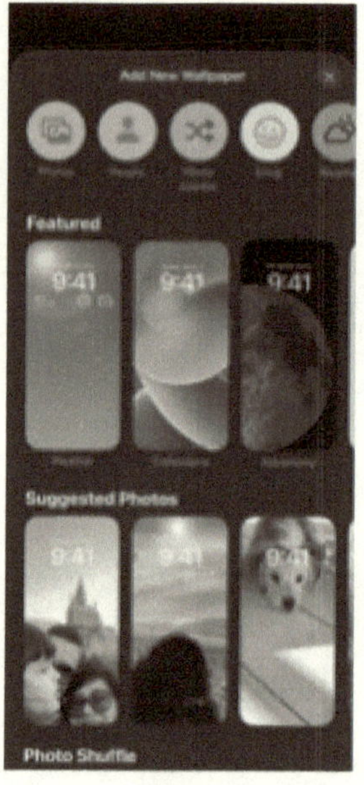

È anche possibile aggiungere widget alla schermata di blocco. Basta toccare l'area che dice Aggiungi widget.

Quindi, selezionare il widget che si desidera far apparire: si possono fare due widget grandi o quattro piccoli.

Se si desidera eliminarne uno, è sufficiente scorrere il dito verso l'alto, quindi toccare Elimina.

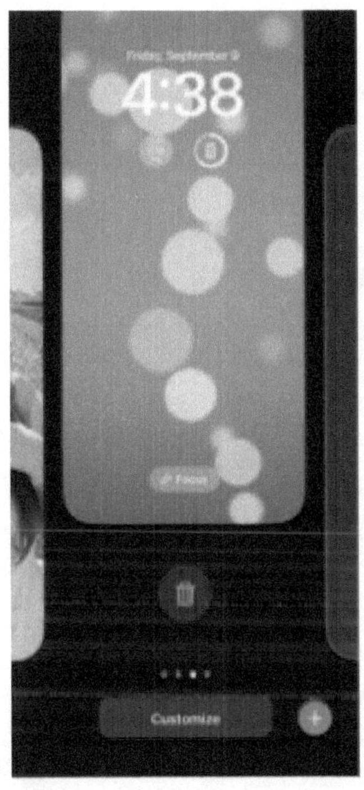

Una cosa che forse non si nota subito è che le foto possono avere un effetto 3D. Non si nota in tutte, ma se un oggetto o una persona si trova leggermente al di sopra dell'ora, darà l'impressione di trovarsi davanti ai numeri. Si veda l'esempio qui sotto: notate come il muso del cane si distingua un po' perché si trova davanti all'ora? Questa è la posizione in cui si deve posizionare la persona o l'oggetto se si vuole dare questo effetto: appena sopra il numero; se lo si posiziona troppo in alto, non funzionerà.

Cambiare obiettivo

Se si desidera modificare la messa a fuoco di una schermata di blocco, premere a lungo sullo schermo, quindi selezionare l'opzione Messa a fuoco nella parte inferiore della schermata che si desidera modificare.

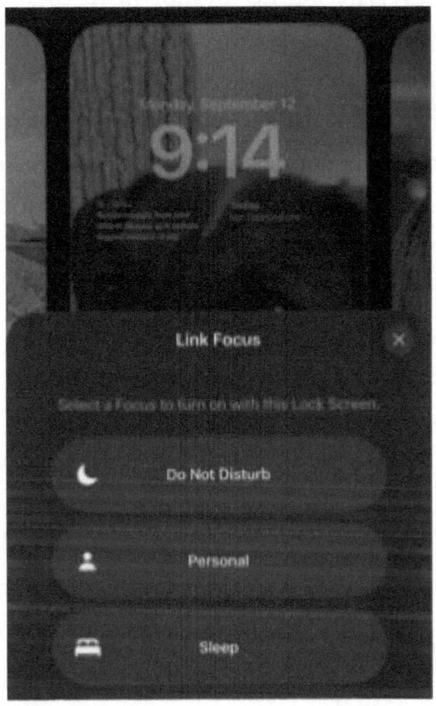

Non disturbare Modalità

La modalità Non disturbare La modalità "Non disturbare" è una comoda funzione situata nella parte superiore dell'applicazione Impostazioni. Quando questa modalità operativa è attivata, non si riceveranno notifiche e tutte le chiamate saranno silenziate. Si tratta di un trucco utile per quelle volte in cui non potete permettervi di distrarvi (e ammettiamolo, il vostro iPhone è un dispositivo comunicativo di prim'ordine, e a volte avete bisogno di un po' di pace e tranquillità). Le sveglie suoneranno comunque.

Per attivare, programmare e personalizzare Non disturbareè sufficiente toccare "Non disturbare" nelle Impostazioni. È possibile programmare orari automatici per l'attivazione di questa funzione, ad esempio l'orario di lavoro. È anche possibile specificare alcuni chiamanti che devono essere ammessi quando il telefono è impostato su Non disturbare. In questo modo, la madre potrà comunque rispondere, ma non si dovrà ascoltare ogni e-mail in arrivo. A tale scopo, utilizzare il comando Consenti chiamata da nelle impostazioni di Non disturbare.

Non disturbare è accessibile anche attraverso il Centro di controllo (scorrere il dito verso il basso dall'angolo superiore destro dello schermo per accedervi in qualsiasi momento).

Notifiche e widget

Le notifiche sono una delle funzioni più utili dell'iPhone, ma è probabile che non abbiate bisogno di essere informati di ogni singolo evento impostato come predefinito nel Centro notifiche. Per regolare le preferenze delle notifiche, andate su Impostazioni > Notifiche.

Toccando l'app, è possibile disattivare o attivare le notifiche e regolare il tipo di notifica per ogni app. È una buona idea ridurre l'elenco alle app da cui si desidera veramente ricevere le notifiche, ad esempio, se non si è un investitore, disattivare le notifiche di Stocks.! Anche la riduzione del numero di suoni emessi dall'iPhone può ridurre l'ansia da telefono. Ad esempio, in Mail, potreste volere che il telefono emetta un suono quando ricevete un'e-mail da qualcuno che fa parte del vostro elenco VIP, ma che visualizzi solo badge per altre e-mail meno importanti.

Notifiche impilate

Una volta le notifiche arrivavano sullo schermo bloccato in un solo modo. Ora non è più così. Se andate in Impostazioni > Notifiche, potete scegliere tra Conteggio (in cui le notifiche sono nascoste e viene mostrato solo un numero che rappresenta il numero di notifiche), Impilare (che impila tutte le notifiche in modo da mostrare solo la prima, ma potete toccarla per rivelare le altre) o Elenco (che è l'aspetto tradizionale delle notifiche).

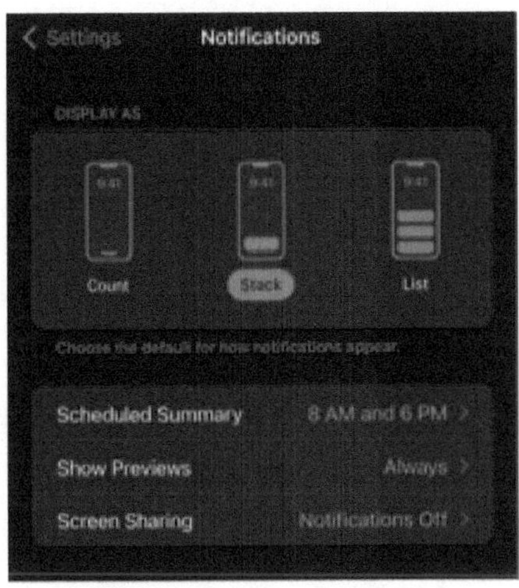

Impostazioni generali

La voce di menu Generale è un po' un contenitore di informazioni. Qui si trovano le informazioni sull'iPhone, compresa la versione attuale di iOS e gli aggiornamenti software disponibili. Fortunatamente, iOS inaugura un'era di aggiornamenti più piccoli ed efficienti, quindi non vi troverete a dover eliminare le app per fare spazio agli ultimi miglioramenti.

Le opzioni di accessibilità si trovano anch'esse qui. È possibile impostare l'iPhone in base alle proprie esigenze con Zoom, VoiceOver, testo grande, regolazione del colore e altro ancora., testo grande, regolazione del colore e altro ancora. Ci sono diverse opzioni di accessibilità che possono rendere iOS facile da usare per tutti, tra cui la visualizzazione in scala di grigi e le opzioni di zoom migliorate.

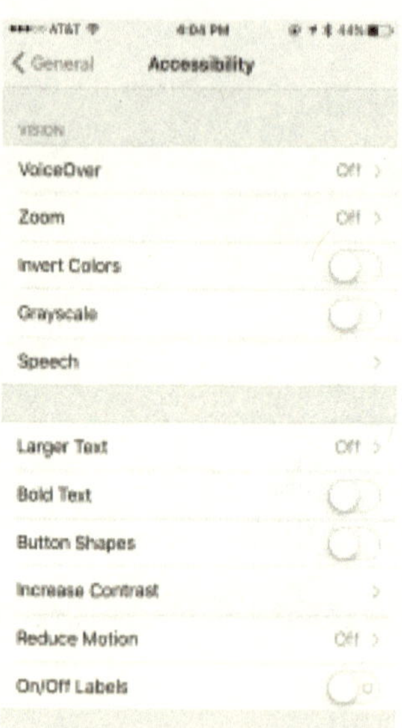

Una comoda opzione di accessibilità un po' nascosta è l'impostazione Assistive Touch. Questa offre un menu che aiuta ad accedere alle funzioni a livello di dispositivo. Attivandola, viene visualizzato un menu fluttuante progettato per aiutare gli utenti che hanno difficoltà con i gesti dello schermo, come lo scorrimento, o con la manipolazione dei pulsanti fisici dell'iPhone. Un'altra funzione per chi ha esigenze visive è Magnifier. Attivando questa funzione, la fotocamera può ingrandire gli oggetti.

Vi consiglio di dedicare un po' di tempo alla visita dell'area generale, in modo da sapere dove si trova tutto!

Cellulare

Se siete preoccupati per i limiti di dati, potete modificare le impostazioni dei dati per ridurne l'utilizzo. Andare in Impostazioni > Cellulare > Opzioni dati cellulare, quindi selezionare Modalità dati bassi.

Suoni

Odiate la vibrazione quando il vostro telefono squilla? Volete cambiare la vostra suoneria? Andate nel menu Suoni Impostazioni! Qui è possibile attivare o disattivare la vibrazione e assegnare suonerie a una serie di funzioni dell'iPhone. Suggerisco di trovare uno spazio isolato prima di iniziare a provare tutte le diverse impostazioni sonore: è divertente, ma potrebbe dare molto fastidio a chi non ha la fortuna di giocare con il proprio nuovo iPhone!

Suggerimento: è possibile applicare suonerie e avvisi di messaggio individuali ai propri contatti. Basta andare alla schermata dei contatti della persona in Contatti, toccare "Modifica" e toccare "Assegna suoneria".toccare "Modifica" e toccare "Assegna suoneria".

Tastiera a scorrimento

Una tastiera a scorrimento è stata aggiunta in iOS 13. Che cos'è? Invece di sollevare il dito mentre si tocca, si scorre sulla tastiera. Alcuni la preferiscono e ritengono di poter digitare più velocemente. Altri non la sopportano. Se volete provarla, andate in Impostazioni > Generali > Tastiera.

Personalizzazione della luminosità e lo sfondo

Nell'iPhone, lo sfondo si riferisce all'immagine di sfondo della schermata iniziale e all'immagine visualizzata quando l'iPhone è bloccato (schermata di blocco). È possibile modificare entrambe le immagini con due metodi.

Per il primo metodo, visitare Impostazioni > Sfondi. Qui verrà visualizzata un'anteprima dello sfondo attuale e della schermata di blocco. Toccare "Scegli un nuovo sfondo." Da qui è possibile scegliere un'immagine dinamica (in movimento) o fissa precaricata, oppure una delle proprie foto. Una volta scelta l'immagine, verrà visualizzata un'anteprima dell'immagine come schermata di blocco. Qui è possibile disattivare lo zoom prospettico (che fa apparire l'immagine spostata quando si inclina il telefono), se lo si desidera. Toccare "Imposta" per continuare. Scegliere quindi se impostare l'immagine come schermata di blocco, schermata iniziale o entrambe.

L'altro modo per effettuare la modifica è attraverso l'app Foto. Individuare la foto che si desidera impostare come immagine di sfondo e toccare il pulsante Condividi. Si potrà scegliere se impostare l'immagine come sfondo, schermata di blocco o entrambi.

Se si desidera utilizzare immagini dal Web, è abbastanza facile. È sufficiente tenere premuta l'immagine finché non appare il messaggio Salva immagine/Copia/Annulla. Salvando l'immagine, questa verrà salvata tra le foto aggiunte di recente nell'app Foto.

Posta, ContattiImpostazioni dei calendari

Se è necessario aggiungere altri account di posta, contatti o calendario, toccare Impostazioni > Posta, contatti e calendari per farlo. e Calendari. È più o meno la stessa procedura dell'aggiunta di un nuovo account in app. Qui è possibile regolare anche altre impostazioni, tra cui la firma e-mail per ogni account collegato. Questo è anche un buon posto per controllare quali aspetti di ciascun account sono collegati: ad esempio, potreste voler collegare le attività, i calendari e la posta di Exchange, ma non i contatti. È possibile gestire tutto questo qui.

Ci sono molte altre impostazioni utili, tra cui la frequenza con cui si desidera che gli account controllino la posta (Push, l'impostazione predefinita, è la più difficile per la durata della batteria). È inoltre possibile attivare funzioni come Chiedi prima di eliminare e regolare il giorno della settimana in cui si desidera che il calendario inizi.

Aggiunta di Facebook e Twitter

Se utilizzate Twitter, Facebook o Flickr, probabilmente vorrete integrarli con il vostro iPhone. È un gioco da ragazzi. Basta toccare Impostazioni e cercare Twitter, Facebook e Flickr nel menu principale (è possibile integrare anche gli account Vimeo e Weibo, se li avete). Toccate la piattaforma che volete integrare. A questo punto, dovrete inserire il vostro nome utente e la vostra password. In questo modo si potranno condividere pagine web, foto, note, pagine dell'App Store, musica e altro ancora, direttamente dalla piattaforma. pagine dell'App Store, musica e altro ancora, direttamente dalle applicazioni native dell'iPhone.

L'iPhone vi chiederà se desiderate scaricare le applicazioni gratuite FacebookTwitter e Flickr quando si configurano i propri account, se non lo si è già fatto. Vi consiglio di farlo: le app sono facili da usare, gratuite e di grande effetto.

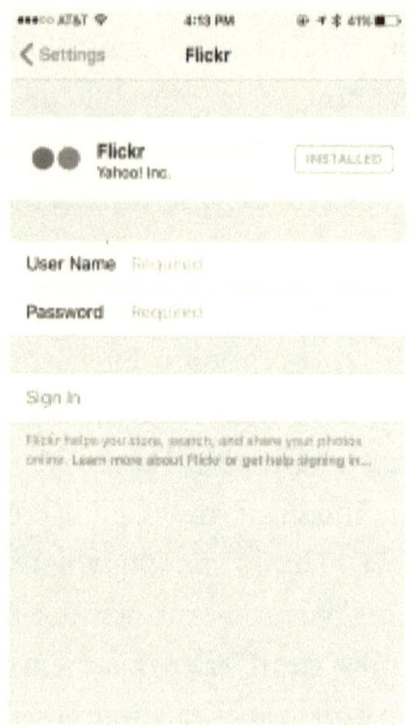

Ho scoperto che quando associavo il mio account Facebook il mio account Facebook, l'elenco dei contatti diventava estremamente gonfio. Se non volete includere i vostri amici di Facebook nell'elenco dei contatti, modificate l'elenco delle applicazioni che possono accedere alla Rubrica in Impostazioni > Facebook.

Condivisione della famiglia

Condivisione della famiglia è una delle mie funzioni preferite di iOS. Condivisione in famiglia consente di condividere App Store e iTunes con i membri della famiglia (in precedenza, questo richiedeva una procedura complicata e non del tutto conforme ai termini di servizio). L'attivazione di Condivisione in famiglia crea anche un calendario familiare condiviso, un album fotografico e un elenco di promemoria. I membri della famiglia possono anche vedere la posizione dell'altro nel programma gratuito Trova il mio ap. Nel complesso, la Condivisione in famiglia è un ottimo modo per intrattenere e sincronizzare tutti! È possibile includere fino a sei persone in Family Sharing.

Per attivare la condivisione in famigliaandare su Impostazioni > iCloud. Qui, toccare "Imposta condivisione famiglia" per iniziare. La persona che avvia la Condivisione in famiglia per una famiglia è nota come organizzatore della famiglia. Si tratta di un ruolo importante, poiché tutti gli acquisti effettuati dai membri della famiglia saranno effettuati con la carta di credito dell'organizzatore della famiglia! Una volta configurata la famiglia, questa potrà anche scaricare gli acquisti effettuati in passato, compresi musica, film, libri e applicazioni.

Invitate i vostri familiari a partecipare a Condivisione in famiglia inserendo i loro ID Apple. Come genitore, potete creare ID Apple per i vostri figli con il consenso dei genitori. Quando si crea un nuovo ID Apple per i figli, questo viene automaticamente aggiunto a Condivisione in famiglia.

Ci sono due tipi di account in Family Sharing-adulti e bambini. Come ci si può aspettare, gli account per bambini hanno più restrizioni potenziali rispetto a quelli per adulti. Di particolare interesse è l'opzione Chiedi per acquistare. Questa opzione impedisce ai membri più giovani della famiglia di far lievitare il conto della carta di credito dell'organizzatore familiare, richiedendo l'autorizzazione dei genitori per gli acquisti. L'organizzatore familiare può anche designare altri adulti della famiglia in grado di autorizzare gli acquisti sui dispositivi dei bambini.

Continuità e passaggio di consegne

iOS include alcune incredibili funzioni per chi lavora su più dispositivi iOS e OSX. Ora, quando il computer esegue Yosemite o versioni successive, o l'iPad è connesso alla stessa rete Wi-Fi dell'iPhone, è possibile rispondere alle chiamate o inviare messaggi di testo (sia iMessage che SMS) dall'iPad o dal computer. dell'iPhone, è possibile rispondere alle chiamate o inviare messaggi di testo (sia iMessage che SMS) dall'iPad o dal computer.

La funzione Handoff è presente in applicazioni come Numbers, Safari, Mail e molte altre. Handoff consente di lasciare un'app in un dispositivo a metà dell'azione e di riprendere da dove si era interrotta su un altro dispositivo. Rende la vita molto più semplice a chi ha uno stile di vita multi-gadget.

Telecamera di continuità

Una delle cose che amo di più dell'ecosistema Apple è l'ottima collaborazione tra i dispositivi, che diventa sempre più vera con ogni aggiornamento del sistema operativo. Con MacOS Ventura, è possibile utilizzare l'iPhone come webcam.

Il MacBook ha una webcam piuttosto decente. Ma sapete cosa ha una webcam ancora migliore? Il vostro iPhone! Pensate a quello splendido obiettivo sul retro della vostra fotocamera in grado di riprendervi. Improvvisamente, le vostre conferenze sono passate dall'HD al 4K! La cosa ancora più bella è che ora Center Stage si trova sull'iPhone, il che significa che la fotocamera rimane concentrata su di voi mentre vi muovete.

Una funzione così interessante richiede probabilmente un'enorme quantità di impostazioni, giusto? No! Avete mai sentito la frase di Apple "Funziona e basta"? Ebbene, questa funzione... funziona e basta! (Tutto ciò che dovete fare è assicurarvi che il computer e l'iPhone siano sulla stessa rete wireless.

Vi mostro come funziona in Zoom. Ecco come appaio sul mio MacBook senza il mio iPhone:

Non male. Ma ora vado alla scheda video di Zoom e seleziono il mio iPhone come fotocamera. Dovreste vedere elencate tutte le webcam disponibili. Una sarà il nome del vostro iPhone seguito da "Camera"; è quella che volete.

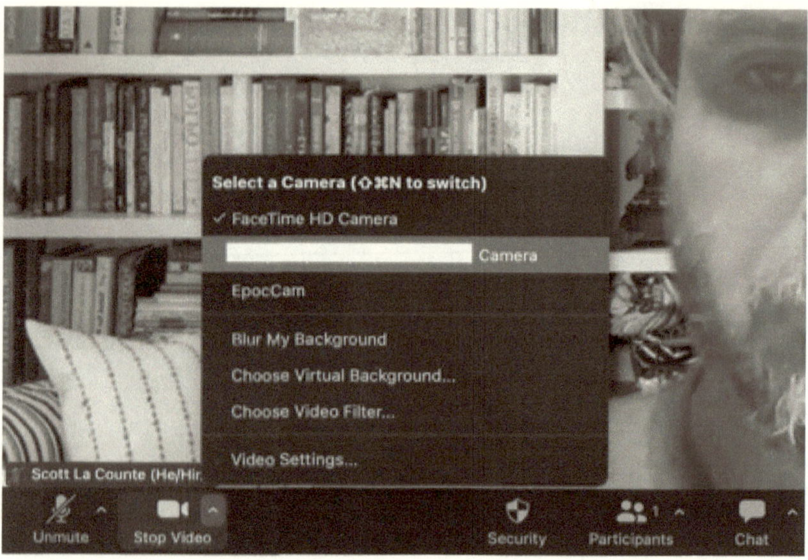

Si sentirà un piccolo rumore tipo campana, poi dopo uno o due secondi apparirà la fotocamera dell'iPhone.

La differenza è pazzesca: il mio ufficio non ha una grande illuminazione, ma quando passo all'iPhone per le riunioni, l'immagine non solo appare più chiara, ma l'illuminazione è perfetta.

L'esempio di cui sopra è Zoom, ma la funzione funziona con la maggior parte delle app di videoconferenza (FaceTime, Microsoft Teams, ecc.).

Copia e cancellazione di schermate

Gli screenshot non sono una novità sull'iPhone (tenere premuto il tasto laterale e il volume su), ma ora quando si tocca Fatto, viene offerta una nuova opzione per copiare e cancellare. Ciò significa che lo screenshot si cancella, ma si può comunque passare a un'altra applicazione e incollarlo.

Creazione di icone personalizzate

Se si vuole dare un tocco nuovo a qualsiasi icona, è "tecnicamente" possibile, ma ci sono delle limitazioni. Ad esempio, si può cambiare l'icona di iMessage con la foto del proprio matrimonio. con la foto del vostro matrimonio. Quali sono le limitazioni? Non si otterranno indicatori di notifica. Quindi l'icona non si illuminerà con l'indicatore di un nuovo messaggio, ad esempio. Inoltre, si avvia attraverso l'app Shortcuts, il che crea un ritardo nella velocità di apertura.

Per farlo, è necessario creare un collegamento per l'applicazione. Se non vedete l'applicazione Shortcuts, è possibile che l'abbiate cancellata e che dobbiate installarla di nuovo.

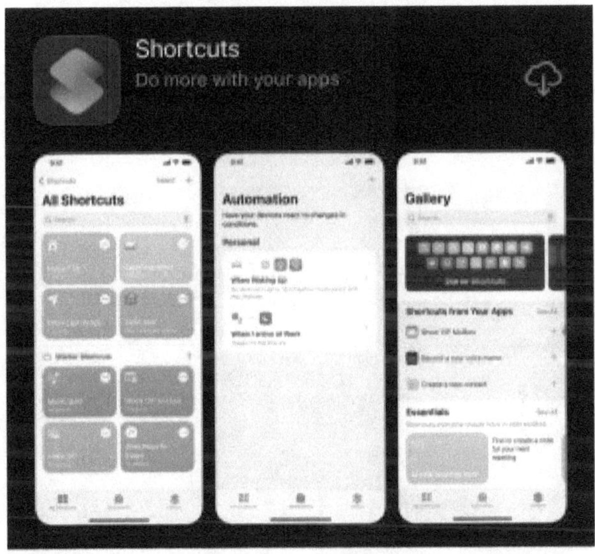

All'avvio dell'applicazione, toccare l'icona + nell'angolo superiore destro.

Quindi, selezionare Aggiungi azione.

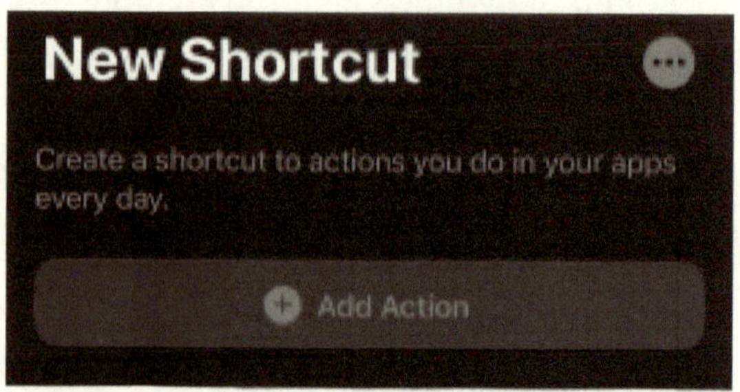

È possibile cercare tutte le azioni possibili, ma è più veloce cercare le azioni che si desidera eseguire. In questo caso: Aprire l'applicazione.

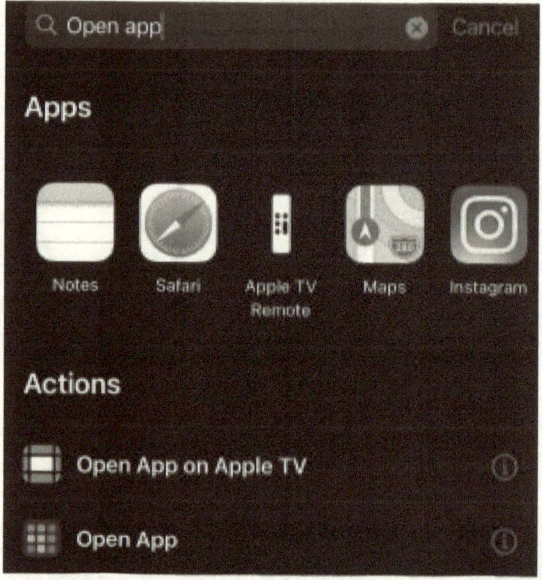

Toccare Scegli per selezionare l'applicazione che si desidera aprire.

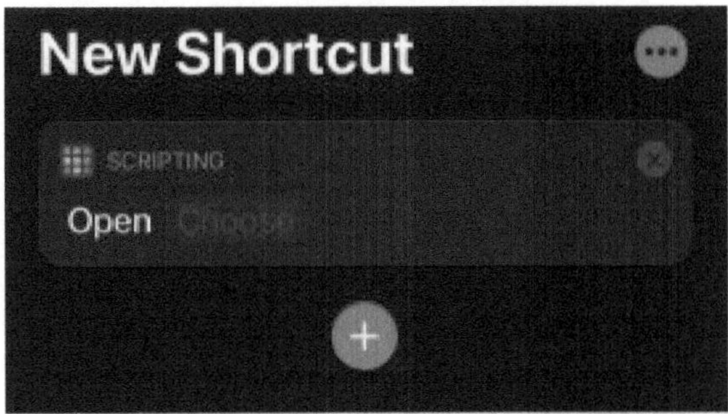

Digitare il nome dell'applicazione che si desidera aprire. Scelgo l'app Messaggi .

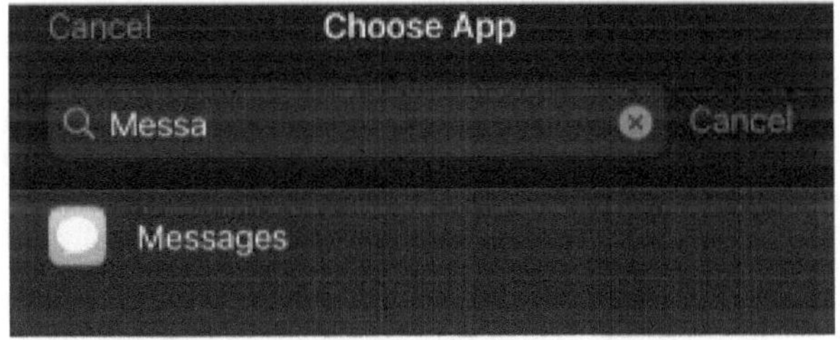

Quindi, toccare l'icona nell'angolo superiore destro con i tre punti e il cerchio blu.

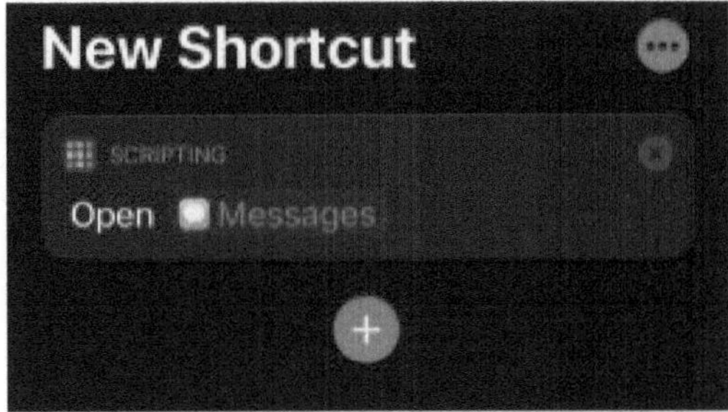

Per creare un'icona nella schermata iniziale, toccare Aggiungi alla schermata iniziale.

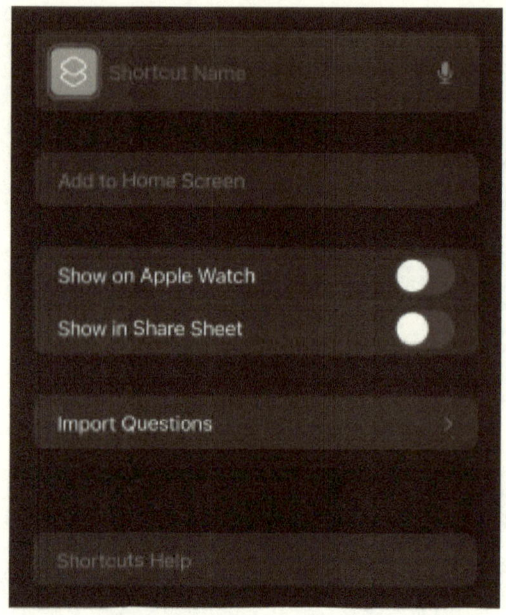

Toccare l'immagine dell'icona e selezionare la posizione dell'immagine che si desidera utilizzare, quindi selezionare l'immagine.

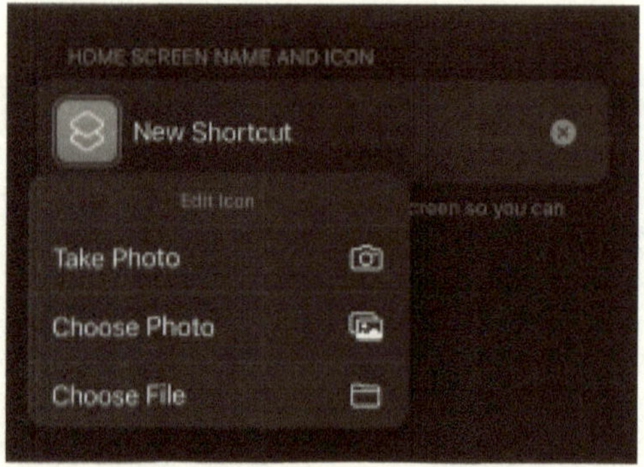

Verrà visualizzata un'anteprima dell'icona. Prima di toccare Fatto, assicurarsi di cambiare il nome da Nuovo collegamento a quello che si desidera.

Una volta terminato, apparirà nella schermata iniziale come qualsiasi altra applicazione.

Benvenuti nella presa di appunti 2.0

In questa sezione verranno trattati i seguenti argomenti:

- Perché usare le note?
- Come utilizzare le note
- Utilizzo di Note per iPhone

Perché le note?

Se non conoscete Apple, la domanda più ovvia che vi viene in mente è: perché Notes? A cosa serve e quando si dovrebbe usare?

Notes *non è* probabilmente l'applicazione da utilizzare per scrivere la newsletter natalizia di quest'anno o per creare un volantino per il vostro cucciolo smarrito; Notes eccelle invece quando si vuole creare un elenco condiviso, annotare appunti scolastici o fare qualcosa che non richieda molta formattazione.

Note è davvero eccezionale quando lo si sincronizza con l'iPhone; con l'iPhone sincronizzato, è possibile scrivere le note e poi usare il telefono per inserire uno schizzo o un'immagine.

Una volta creata la nota, è possibile aggiungerla a una cartella e tutto è ricercabile, il che lo rende un modo molto organizzato di tenere traccia delle cose.

Il corso intensivo di note

Per aprirla, andare all'icona Launchpad sul Dock e fare clic sull'icona Note.

Note, come la maggior parte delle app di Catalina, si sincronizza con l'iPhone e l'iPad a condizione che si sia connessi allo stesso account iCloud.

A differenza degli editor di videoscrittura che possono essere

Note sull'iPhone

Ora che sapete come funziona Notes, vediamo come funziona sull'iPad (che è quasi identico a come appare sull'iPhone).

In termini di funzionalità, tutto è quasi identico. La differenza è solo la posizione delle cose.

A prima vista, Notes ha praticamente lo stesso aspetto di sempre. Notate il piccolo segno più sopra la tastiera? Ecco cosa c'è di diverso.

Toccare una volta il pulsante "+" per visualizzare le opzioni aggiunte.

A partire dal lato sinistro c'è un segno di spunta, che si preme se si desidera creare un elenco di controllo invece di una nota. Per ogni nuovo segno di spunta, è sufficiente toccare il pulsante di ritorno sulla tastiera.

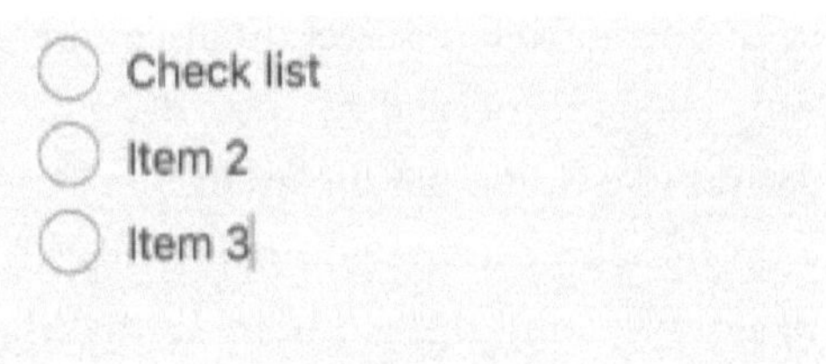

Il pulsante "Aa" è quello che si preme se si desidera formattare leggermente la nota (caratteri più grandi, grassetto, testo puntato, ecc.).

Il piccolo pulsante della fotocamera consente di aggiungere una foto scattata dall'utente o di scattare una foto dall'interno dell'applicazione e di inserirla.

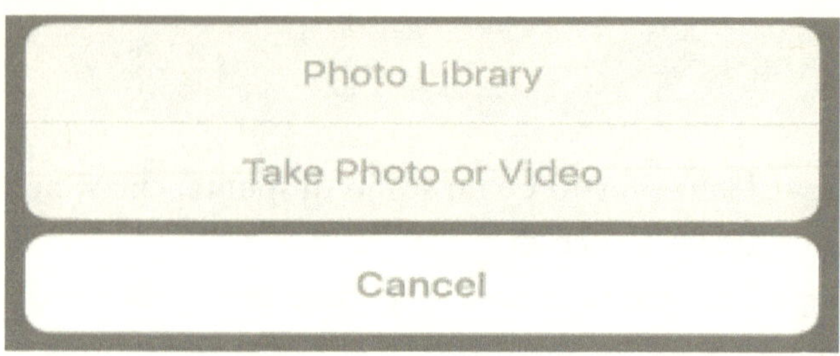

Infine, la linea a ghirigori consente di disegnare nell'app Note; quando la si preme, vengono visualizzati tre diversi pennelli (penna, pennarello e matita) che funzionano ciascuno in modo leggermente diverso, oltre a un righello e a una gomma. Questa è davvero la più grande differenza di Note in iOS; a differenza del Mac, Note in iOS consente di disegnare sullo schermo, cosa che si può fare sul Mac solo sincronizzandosi con l'iPhone o l'iPad.

C'è anche un cerchio nero rotondo che permette di cambiare il colore del pennello.

Una volta scelto il colore, basta toccare il pulsante Fatto nell'angolo in alto a destra per modificarlo.

Una volta toccato il pulsante Fatto al termine del disegno, si torna alla nota. Tuttavia, se si tocca il disegno, questo si attiva di nuovo e si possono apportare modifiche o aggiunte al disegno.

Ovviamente non è l'applicazione di disegno più avanzata, ma questo è il punto: non dovrebbe esserlo. Come dice il nome stesso dell'applicazione, questa app serve solo per annotare o disegnare appunti veloci.

Nel menu Impostazioni è stata aggiunta un'opzione di ricerca in alto. Le impostazioni di iOS sono numerose e aumentano a ogni aggiornamento: l'opzione Cerca consente di accedere rapidamente all'impostazione desiderata. Così, ad esempio, se si vuole smettere di ricevere le notifiche per una certa app, non è più necessario sfogliare un'infinità di applicazioni: ora basta cercarla.

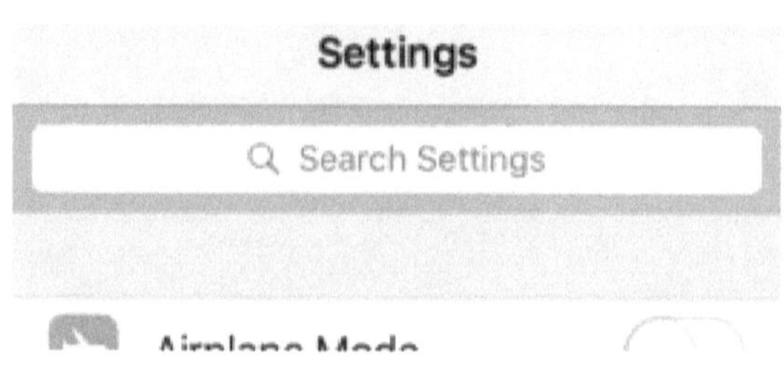

Le note sono state aggiunte anche a Safari, quindi se si desidera aggiungere un sito web a una nota, ora è possibile.

Ogni volta che viene visualizzata l'opzione di utilizzo di Markup, si utilizzerà l'interfaccia Note.

Protezione con password

Le note hanno fatto molta strada da quando sono state introdotte. Non è più solo un luogo dove annotare rapidamente le cose. È un luogo in cui collaborare, scrivere a mano e prendere appunti molto complessi. È comprensibile che alcuni vogliano proteggere con password gli appunti che conservano.

Se volete essere sicuri che nessuno possa accedere alle vostre note, andate su Impostazioni > Note > Password.

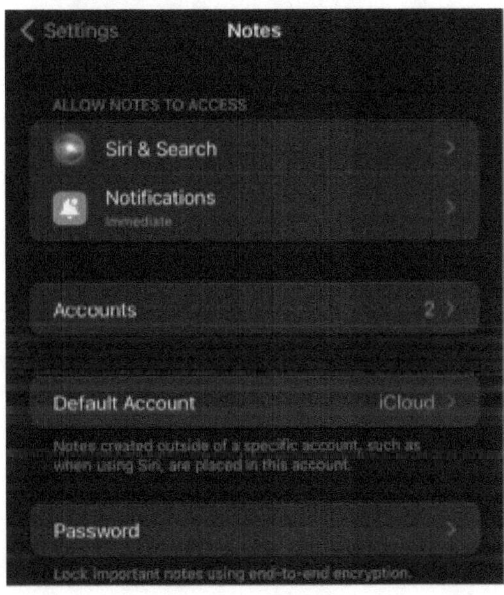

Da qui selezionare l'opzione di password desiderata.

Tradurre

Note consente anche di tradurre parole, frasi e frasi in diverse lingue. È sufficiente digitare la frase, evidenziarla e selezionare l'opzione di traduzione.

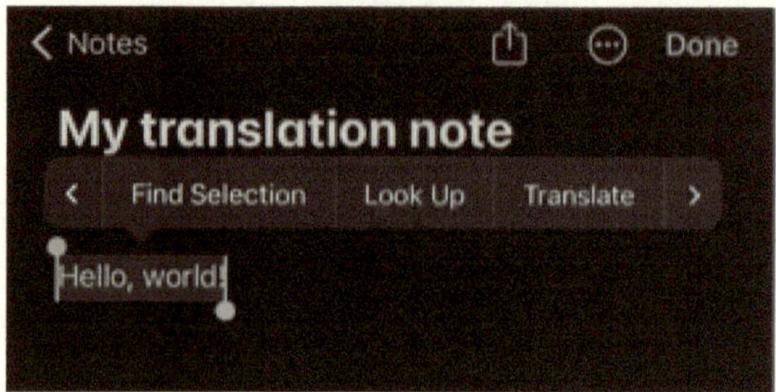

Da qui vi mostrerà l'aspetto della traduzione e vi permetterà anche di riprodurre il suono. Toccate il pulsante Sostituisci con la traduzione per sostituirla.

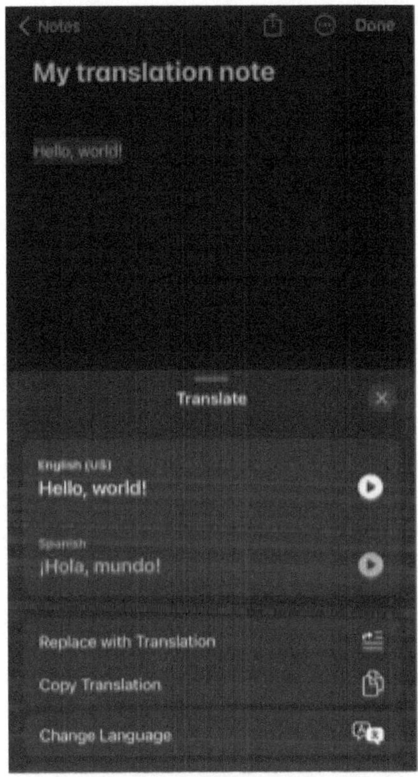

Volete una lingua diversa? Basta toccare il pulsante Cambia lingua, quindi selezionare la lingua desiderata.

Luci, telecameraAzione

Questo capitolo tratta di:

- Scattare foto e video
- Modifica delle foto
- Condividere e organizzare foto e video

Scattare foto

Ora che sapete come muovervi con alcune impostazioni, torniamo alle cose divertenti! Ora vedremo come utilizzare l'app Fotocamera dell'applicazione Fotocamera.

L'app Fotocamera si trova nella schermata Home, ma è possibile accedervi anche dalla schermata di blocco per un accesso rapido e semplice.

L'app Fotocamera è piuttosto semplice da usare. Innanzitutto, bisogna sapere che l'app Fotocamera dispone di due fotocamere: una frontale e una posteriore.

La fotocamera anteriore ha sempre avuto una risoluzione inferiore ed è stata utilizzata soprattutto per gli autoritratti; con l'iPhone 11 e l'iPhone Prola fotocamera anteriore è stata portata a 12 MP e scatta le stesse foto professionali del retro. Tutte le funzioni descritte in questa sezione sono presenti sia sulla fotocamera anteriore che su quella posteriore, ad eccezione di Time-Lapse e Pano. e Pano ad eccezione delle modalità Time-Lapse e Pano.

La fotocamera dispone di sei modalità. Quando si avvia l'applicazione, le diverse modalità sono visibili in basso, appena sopra l'otturatore. Usare il dito per scorrere fino alla modalità desiderata; la modalità in giallo è quella attiva.

Le sei modalità sono le seguenti:

- Time-Lapse - Video in time-lapse
- Slow-Mo - Slow-movideo a rallentatore
- Video
- Foto (modalità predefinita)
- Ritratto - Per foto simili a quelle in studio che danno un effetto di sfondo sfocato
- Pano - Per foto panoramiche

Utilizzando le lenti
L'iPhone Pro è dotato di tre obiettivi:

- Ultra-largo
- Ampio
- Teleobiettivo

Quando si scatta una foto o un video normale (non ritratto o video in slo-mo) si vedranno tre numeri: .5, 1x e 2. Questi rappresentano l'obiettivo. Questi rappresentano l'obiettivo. Toccandoli, l'anteprima viene ingrandita o ridotta.

Se si tocca e si tiene premuto uno dei numeri, si ottengono numeri più precisi: se non si vuole ingrandire o rimpicciolire, non è necessario. È anche possibile pizzicare lo schermo per ingrandire o ridurre i dati.

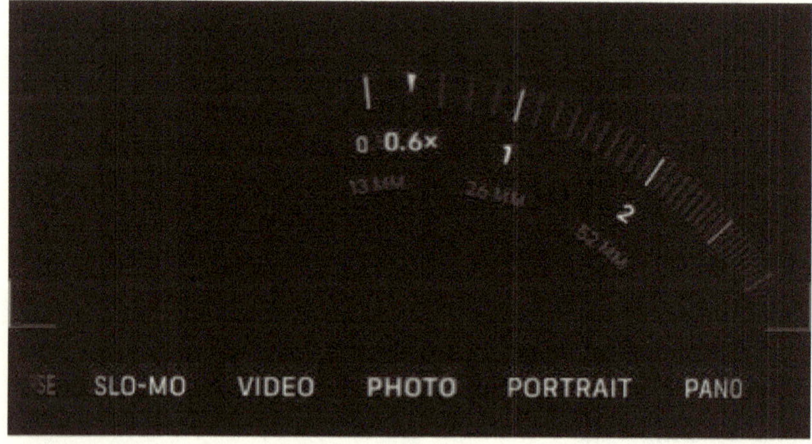

Cosa significa tutto questo nella pratica? Per darvi un esempio, di seguito sono riportate tre foto scattate nello stesso punto con ciascun obiettivo.

Ultra-largo (0,5)

Ampio (1x)

Teleobiettivo (2)

L'iPhone 14 Pro dispone anche di uno Zoom ottico aggiuntivo tra l'1 e il 3.

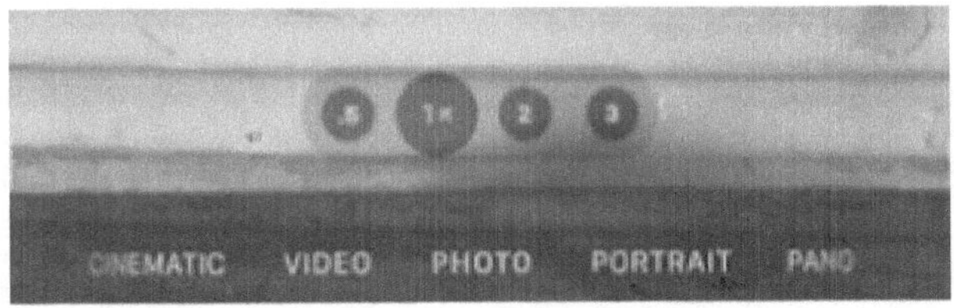

Diverse modalità di ripresa Modalità

Nella parte superiore dell'app sono presenti tre pulsanti: flash, modalità notturna e modalità live. La modalità notturna si attiva automaticamente in condizioni di scarsa illuminazione.

Toccando la freccia al centro si ottiene un elenco più ampio di opzioni.

Le opzioni appaiono in basso dopo averla espansa. Le opzioni sono le seguenti: flash, modalità notturna, modalità live, cornice, timer e colore.

Se si tocca una di queste opzioni, si ottengono altre opzioni per attivarle e disattivarle o, se del caso, per modificarle.

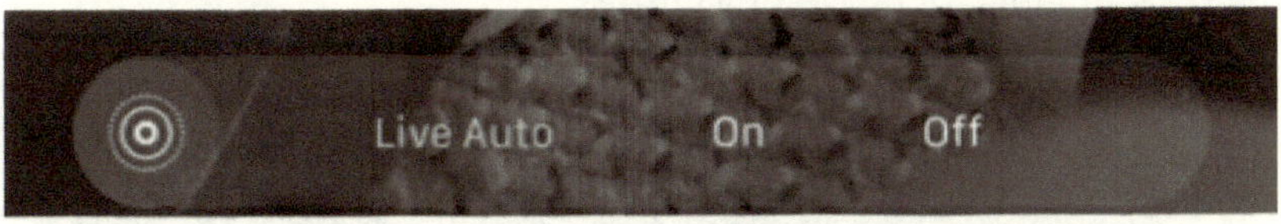

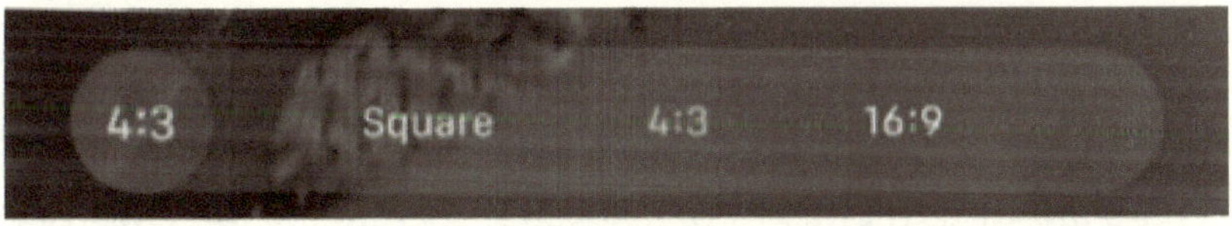

La modalità notturna La modalità notturna si attiva automaticamente (se attivata, l'icona è gialla e indica il numero di secondi per cui scatta), ma quando si preme l'icona della modalità notturna è possibile regolare manualmente le impostazioni che vengono acquisite automaticamente.

Quello che la Modalità Notte fa automaticamente dietro le quinte, simulando un'esposizione più lunga. Ciò significa che ci vuole più tempo per catturare l'immagine. Il cursore in Modalità notte regola il numero di secondi di esposizione: più a lungo viene esposta, più luce viene lasciata entrare.

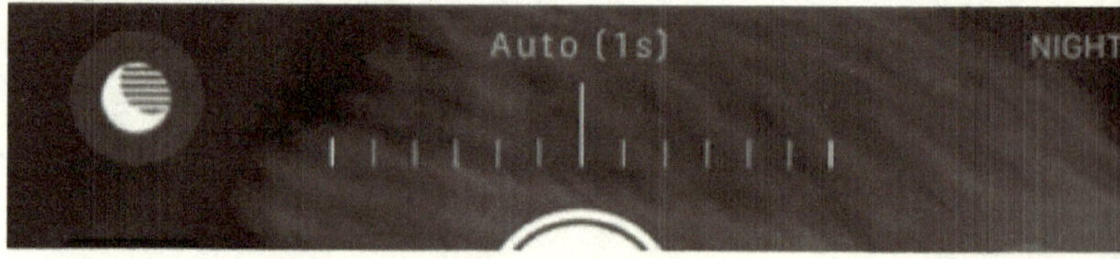

Il giroscopio all'interno dell'iPhone è abbastanza intelligente da rilevare se l'iPhone è appoggiato su un treppiede. In tal caso, consente di ottenere esposizioni ancora più lunghe.

Mentre si scatta una foto, è possibile toccare una persona o un oggetto da mettere a fuoco. In questo modo, viene visualizzato un riquadro giallo. Muovendo il dito verso l'alto o verso il basso, si regola la luminosità della foto.

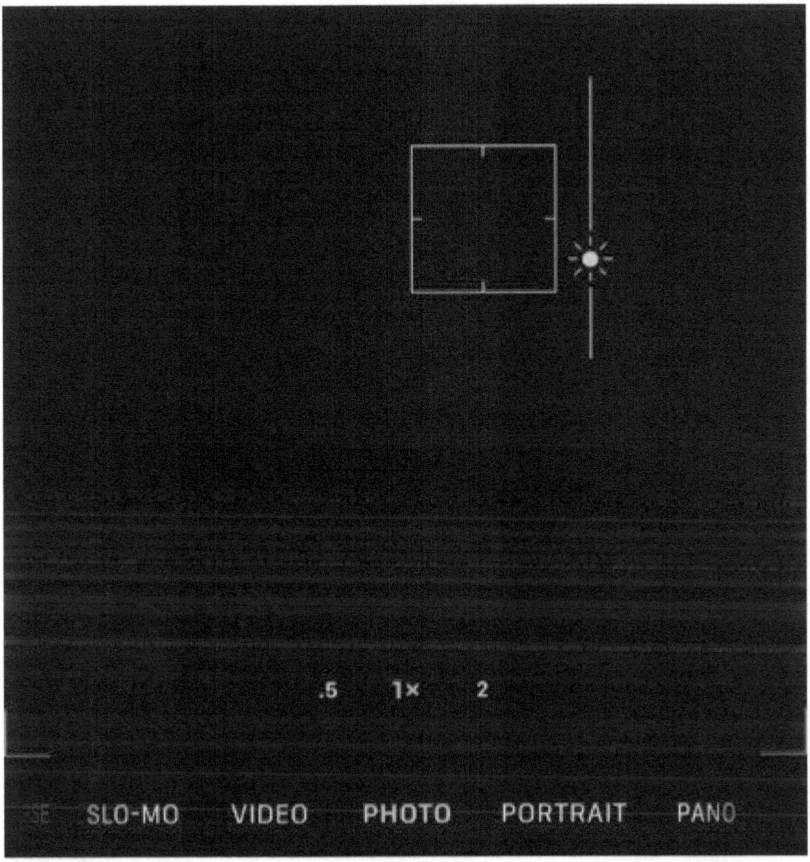

Mentre si scattano foto, è possibile catturare video rapidi senza lasciare la foto. Toccare e tenere premuto l'otturatore e trascinarlo verso destra, quindi rilasciarlo al termine della registrazione del video rapido. Questo effetto può essere eseguito anche quando si sta girando un video e si vuole scattare una foto veloce.

Modalità Burst

I precedenti iPhone consentivano di scattare una "raffica" di foto tenendo premuto l'otturatore; era l'ideale per le foto d'azione: si potevano scattare decine di foto in pochi secondi e poi scegliere quella che piaceva di più.

Tenendo premuto l'otturatore non è possibile scorrere per riprendere un video veloce. La raffica, tuttavia, può ancora essere realizzata. Il nuovo metodo consiste nel toccare l'otturatore e far scorrere il dito verso sinistra.

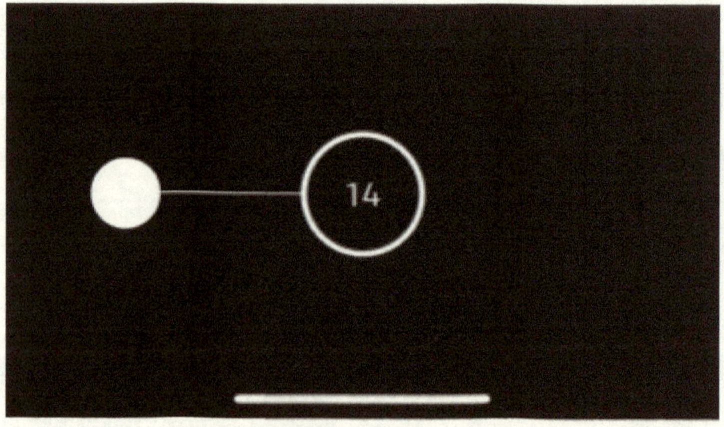

Ritratto Modalità

Una delle modalità di ripresa più popolari è la modalità ritratto. La modalità ritratto consente di catturare immagini davvero spettacolari sfocando tutto tranne il soggetto.

Trascinando il dito sulle caselle appena sopra Ritrattosi possono vedere tutte le diverse modalità all'interno della modalità Ritratto. Esse sono: Luce naturale, Luce da studio, Luce di contorno, Luce di scena, Luce di scena mono e Luce ad alta tonalità mono.

Quando si scatta una foto Ritratto è possibile cambiare la modalità quando si modifica la foto. Così, ad esempio, se si scatta con la luce dello studio, ma in seguito si decide che si vuole la luce naturale, non sarà troppo tardi per cambiarla. Ne parlerò nella prossima sezione.

Pano Modalità

La modalità Pano consente di unire diverse foto per creare un'unica gigantesca foto di paesaggio. È possibile cambiare obiettivo prima di scattare la foto.

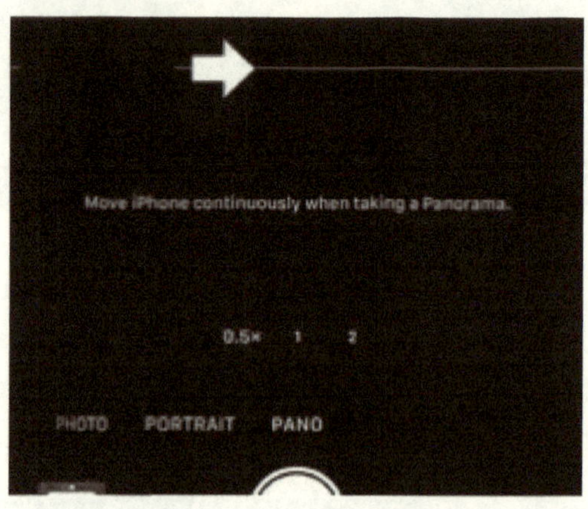

Impostazione dell'esposizione Nella fotocamera

Oltre a tutti gli altri controlli dell'app Fotocamera, iOS 15 ha aggiunto l'icona dell'esposizione. iOS 15 ha aggiunto l'icona dell'esposizione.

Quando si tocca questa icona, appare un cursore che consente di modificare manualmente l'esposizione dell'immagine che si sta scattando.

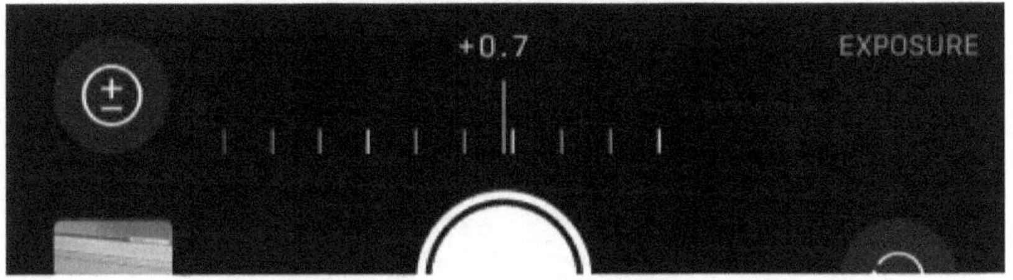

Video di ripresa rapida

Il video Quicktake è stato aggiunto a tutti i dispositivi, non solo all'iPhone 11 e successivi.

Modalità cinematografica

Cinematic è una nuova modalità molto apprezzata su iPhone; è supportata da tutti gli iPhone 14 (standard e pro). Che cos'è? È un po' come la modalità Ritratto, ma con i video. Consente di mettere a fuoco una persona nell'inquadratura e di oscurare tutto il resto, poi quando un'altra persona parla, cambia la messa a fuoco per attirare l'attenzione su di lei. Le transizioni sono abbastanza fluide ed è divertente giocarci.

Per iniziare, aprite l'app fotocamera e scegliete la modalità Cinematografo, quindi toccate Registra.

Durante la registrazione, il riquadro giallo indica la persona attualmente a fuoco che è stata rilevata; il riquadro grigio indica che vede un'altra persona, ma non è a fuoco.

Toccare la casella grigia per metterla a fuoco. Se non vede la persona, basta toccarla.

È anche possibile toccare e tenere premuto lo schermo per bloccare la messa a fuoco.

Al termine, è sufficiente toccare nuovamente il pulsante di registrazione.

Montaggio di video cinematografici

Con la modalità Cinematic le cose si fanno ancora più divertenti: il montaggio. È possibile farlo anche su un telefono più vecchio (iPhone X e successivi, a condizione che sia presente iOS 15 e successivi).

Per iniziare, aprire l'app Foto e trovare il video. Toccate quindi Modifica, quindi toccate la voce Cinematica nella parte superiore dello schermo, per attivare e disattivare l'effetto.

Per cambiare la messa a fuoco in un video, procedere come sopra. Durante il video, toccare il soggetto che si desidera mettere a fuoco o toccare due volte per mettere a fuoco automaticamente un soggetto.

f 2.8
CINEMATIC
Cancel
Done

Sotto la barra del tempo video si vedranno dei punti bianchi e gialli: i punti bianchi sono le modifiche automatiche; i gialli indicano le modifiche manuali.

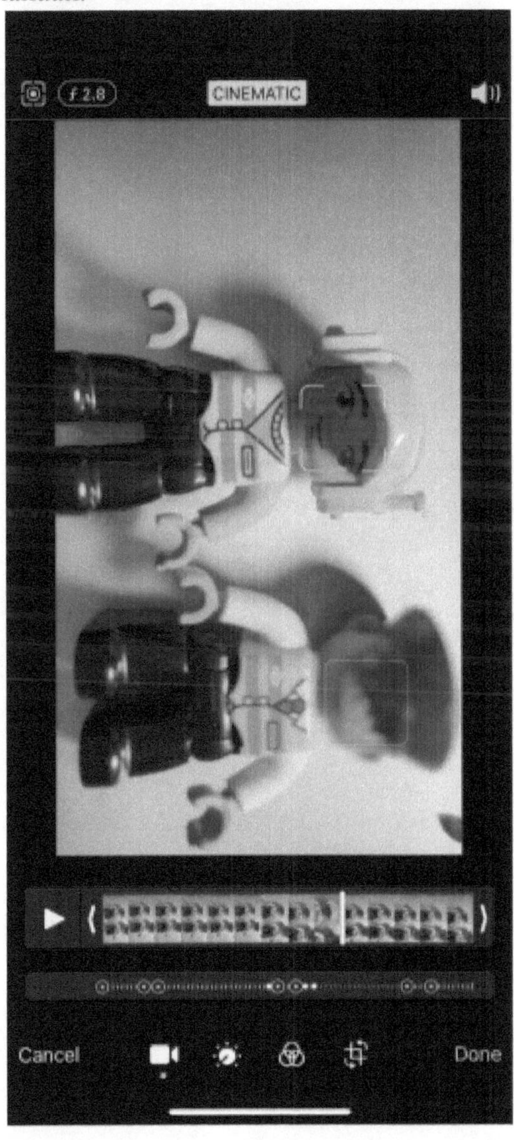

È possibile attivare e disattivare il tracciamento manuale toccando il quadrato con il punto al centro nell'angolo in alto a sinistra.

Fotocamera Impostazioni

È possibile accedere alle impostazioni della fotocamera accedendo all'app Impostazioni e a Fotocamera..

Fotocamera frontale a specchio è utile se si scattano molti selfie; inverte l'immagine in modo che se la maglietta contiene del testo, ad esempio, non appaia al contrario.

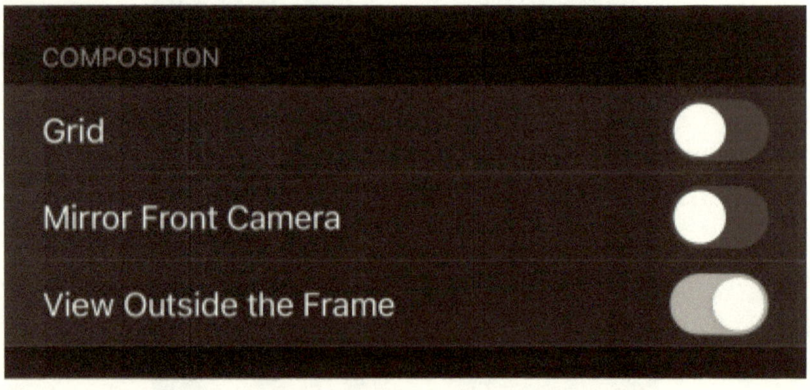

Smart HDR utilizza il cervello del telefono per fondere insieme le foto e creare un'unica immagine con l'esposizione migliore.

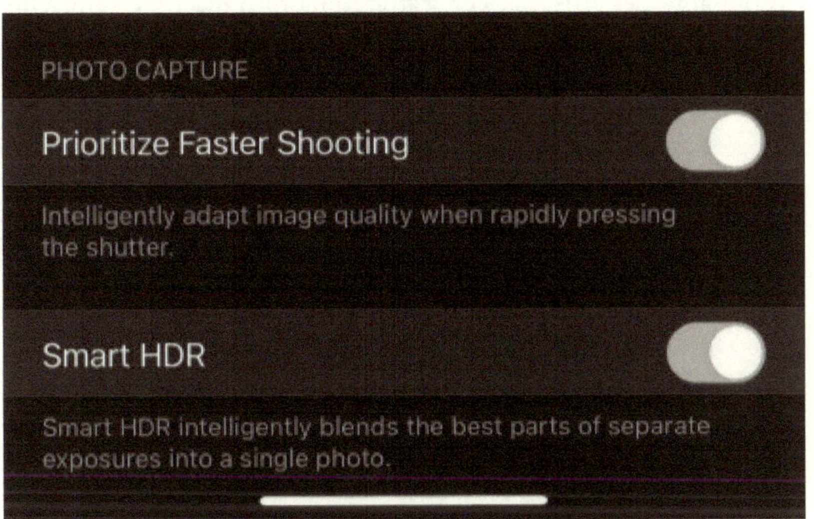

Codici QR

Avete mai visto uno di quei riquadri su un'azienda che vi dice di scansionarlo per ottenere maggiori informazioni? Si tratta di un codice QR.

In passato era necessaria un'applicazione per aprirla. La fotocamera nativa dell'iPhone ha ora questa funzione integrata. Tenete il telefono davanti a un codice QR e fate finta di scattare una foto. Non appena la fotocamera lo metterà a fuoco, apparirà una notifica a discesa che vi chiederà se desiderate aprire il link Safari.

Fotografia macro

La linea pro di iPhone (a partire dall'iPhone 14 Pro) supporta la fotografia (e il video) macro. Al momento in cui scriviamo, non c'è un pulsante per attivarla. Per scattare una foto macro, è sufficiente avvicinare il telefono all'oggetto e il telefono lo metterà automaticamente a fuoco e riconoscerà il tipo di scatto.

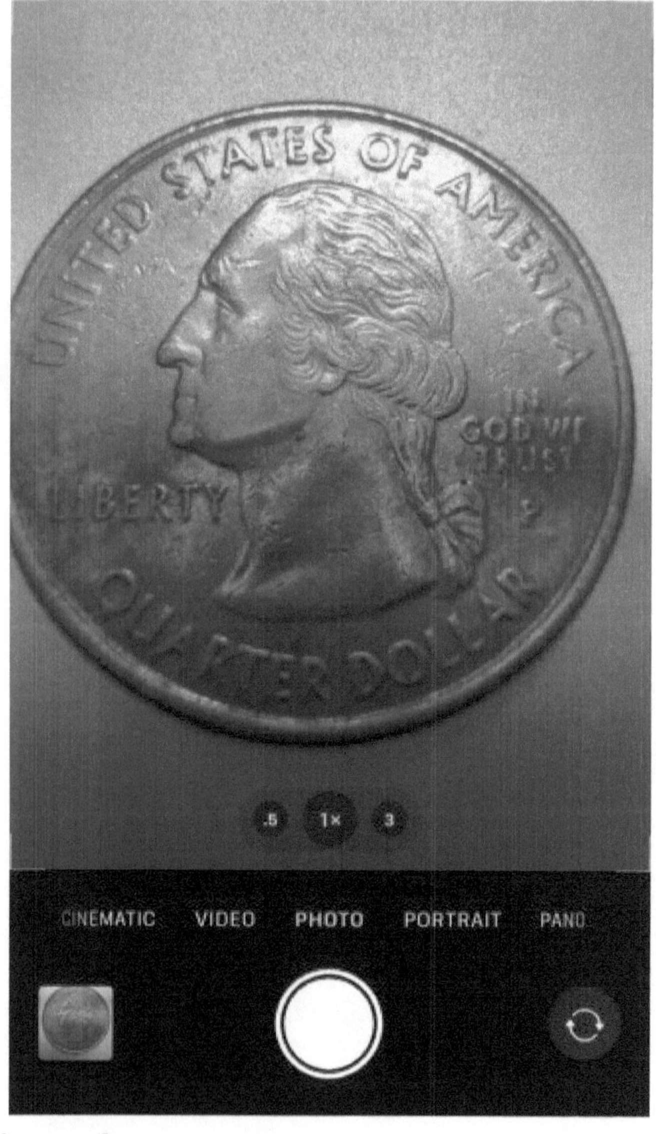

Stili fotografici

Stili fotografici è una nuova funzione aggiunta a tutti i modelli di iPhone 14 (standard e Pro); è un modo rapido per aggiungere uno stile preimpostato a una foto: ricco di contrasto, vibrante, caldo o freddo. Così, se vi piacciono le foto molto luminose, potete avere quello stile preimpostato e applicarlo rapidamente alle nuove foto ogni volta che le scattate.

Scegliere uno stile

Per iniziare con gli stili, aprire l'app fotocamera e toccare la freccia verso l'alto.

In questo modo viene visualizzata una riga di opzioni proprio sopra l'otturatore.

Toccare l'icona della cascata.

Quindi scorrere tutti gli stili disponibili: contrasto ricco, vibrante, caldo e freddo.

Sotto ogni stile si trovano Tono e Calore; è possibile toccare uno di questi per effettuare ulteriori regolazioni dello stile.

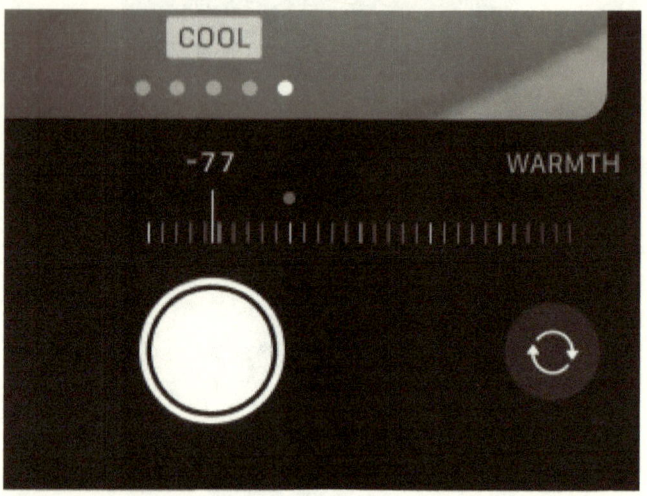

Al termine, toccare nuovamente l'icona a cascata. Per disattivarla, seguite la stessa procedura, ma quando scegliete lo stile, selezionate standard. Verrà visualizzata una linea attraverso l'icona che indica che è disattivata.

È possibile scegliere gli stili anche nell'app Impostazioni. Si trova in Fotocamera > Stili fotografici.

Fotografia grezza

Se siete un fotografo professionista o un hobbista, probabilmente conoscete il formato di file Raw. Se avete un iPhone 14 Pro, avete la possibilità di scattare foto in formato Raw. Il formato Raw offre maggiori funzionalità per l'editing su software professionali, ma sul telefono occupa molto spazio: circa 25 MB o 75 MB per ogni foto scattata. Non sembra molto. Ma supponiamo che sia Natale e che abbiate scattato 100 foto durante la giornata. Si tratta di 25 GB di spazio di archiviazione per un solo giorno.

Per impostazione predefinita, la modalità Raw è disattivata. È possibile attivare e disattivare la fotografia Raw nelle impostazioni. Accedere a Impostazioni > Fotocamera > Formati.

Infine, attivare Apple ProRAW.

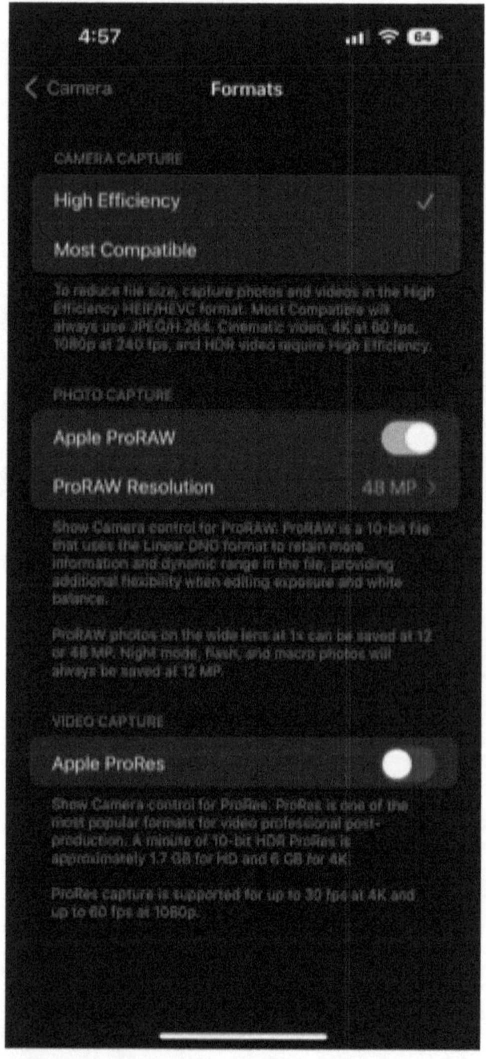

Per passare da 12MP a 48 MP sulla fotocamera ProRAW, andare su Impostazioni > Fotocamera > Formati.

Se ProRes è disattivato, l'app della fotocamera si presenta come l'immagine seguente.

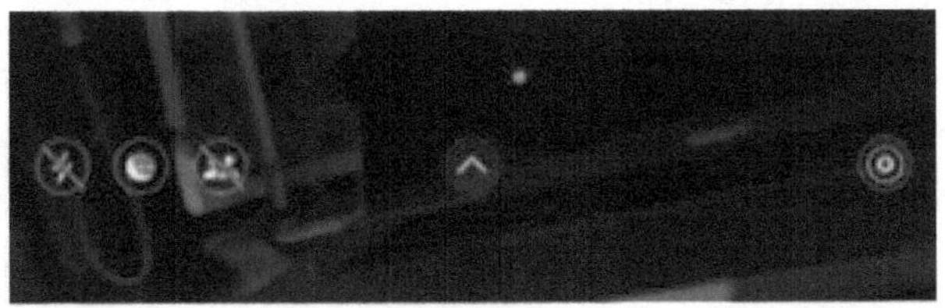

Una volta attivata, apparirà l'icona Raw.

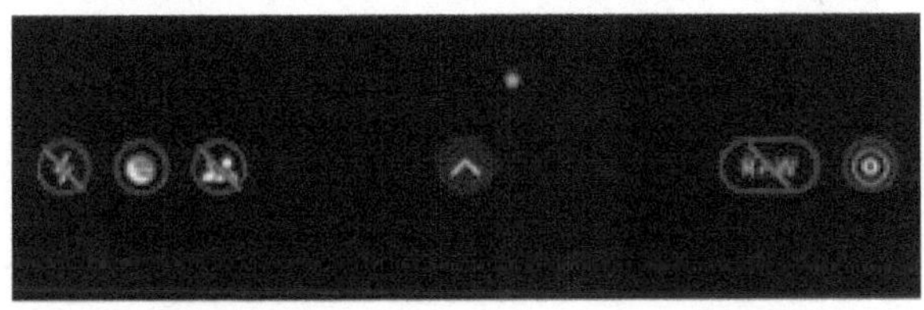

In questo modo è facile attivare e disattivare la fotografia Raw, per evitare di scattare foto enormi a ogni scatto.

ProRes

Una delle caratteristiche di spicco dei telefoni in modalità Pro 2021 è una cosa chiamata "ProRes"; suona bene, vero? In teoria lo è. Non si tratta tanto di registrare ad altissima risoluzione, anche se lo fa, quanto di registrare in uno standard che può essere modificato con software video di alto livello, come FinalCut di Apple.

Per la maggior parte degli utenti, ProRes probabilmente non farà al caso loro per un motivo piuttosto importante: lo spazio di archiviazione. Quando si usa ProRes, un singolo minuto può significare diversi gigabyte di memoria. La registrazione della performance scolastica di 30 minuti di vostro figlio potrebbe arrivare a consumare tutta la memoria libera del vostro telefono!

Quanto spazio di archiviazione? E come si usa esattamente? In questo momento è difficile dirlo perché ProRes non è ancora uscito al momento della pubblicazione di questo libro. Sebbene sia stato annunciato insieme agli annunci del telefono, non arriverà prima della fine dell'anno.

Modifica delle foto

Ora che avete catturato il vostro capolavoro, vorrete modificarlo per farlo brillare. Sull'App Store ci sono migliaia di applicazioni per l'editing delle foto.. Alcune, come Adobe Lightroom, consentono di apportare modifiche professionali alle foto, mentre altre sono solo per divertimento.

In questo capitolo mi limiterò a eseguire modifiche di base con l'editor integrato di Apple. Questo non significa che le modifiche non saranno professionali o addirittura divertenti; si possono fare molte cose con l'editor.

Foto regolari e dal vivo

Le opzioni dell'editor cambiano in base al tipo di foto scattata. Se è stata scattata una foto dal vivo, è possibile eseguire alcune modifiche aggiuntive; lo stesso vale se è stata scattata in modalità Ritratto. modalità Ritratto. Questa prima sezione tratterà le foto più comuni: normali (non Live) e Live.

Come si fa a sapere che tipo di foto è? Quando si accede all'app Foto e si visualizza la foto, viene indicato sotto la freccia indietro nell'angolo in alto a sinistra. L'esempio qui sotto è una foto Live.

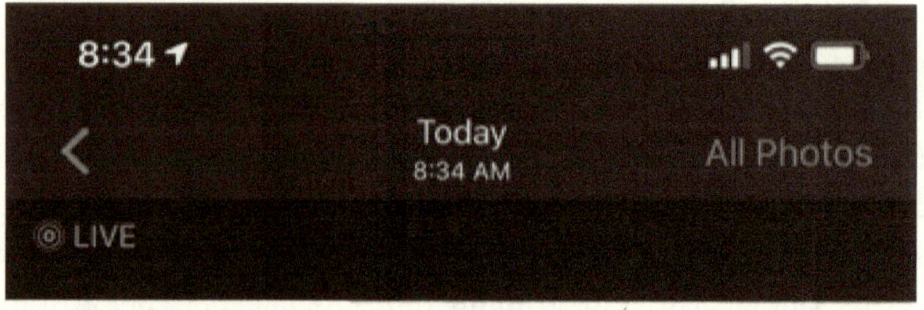

Nella parte inferiore della foto è presente un elenco di tutte le opzioni disponibili per la modifica della foto. La prima è il pulsante Esporta . Questa opzione consente di modificare la foto al di fuori dell'applicazione. Cosa significa? Per cominciare, è possibile condividerla tramite testo, e-mail, AirDropo caricarla in un'altra applicazione, ma c'è molto di più che si può fare: stampare, aggiungere a Wallpaperaggiungere a un album, assegnare a un contatto e altro ancora. L'opzione successiva è il pulsante dei preferiti (la destinazione di queste foto è descritta nella prossima sezione); le ultime opzioni sono Modifica ed Elimina la foto.

Quando si seleziona Modifica, si vedranno diverse nuove opzioni in basso nell'editor di foto Ora aperta. La prima opzione è il pulsante Live (se si tratta di una foto Live). Quando si scatta una foto Live, si avranno diverse foto all'interno di quella foto; toccando il pulsante Live, è possibile selezionare la foto che si desidera utilizzare. Il telefono sceglie automaticamente quella che ritiene la foto migliore, ma non è sempre così.

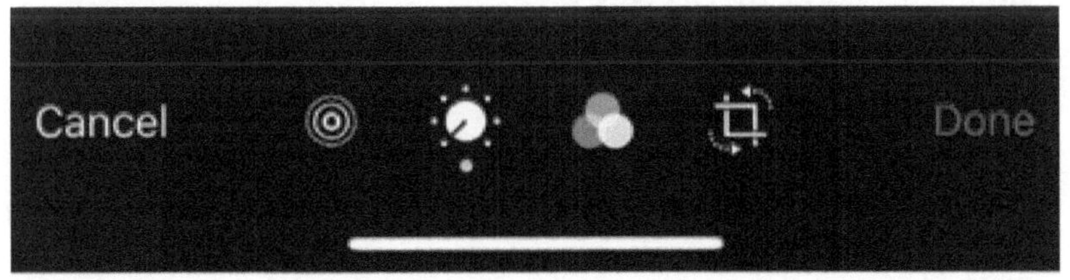

Accanto al pulsante Live si trova l'opzione per apportare correzioni all'aspetto generale della foto. La prima opzione è la correzione automatica (che regola l'illuminazione e i livelli di colore in base a ciò che il telefono ritiene migliore). Accanto a questa ci sono tutte le correzioni manuali: Esposizione, Brillantezza, Luci, Ombre, Contrasto, Luminosità, Punto di nero, Saturazione, Vibrazione.punto di nero, saturazione, vibrazione, calore, tonalità, nitidezza, definizione, riduzione del rumore e vignettatura. Riduzione del rumore e Vignetta.

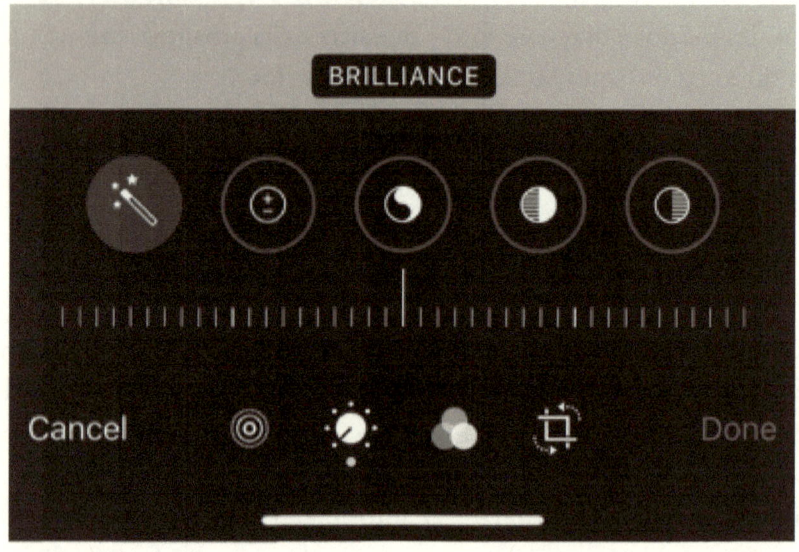

Quando si fa scorrere il dito sulla correzione che si desidera eseguire, si nota una barra di scorrimento sotto di essa; si usa il dito per spostarsi a sinistra e a destra per definire l'intensità della correzione.

Successivamente è possibile applicare i filtri alle foto. Il funzionamento è simile: si seleziona il filtro che si desidera applicare e si utilizza il cursore sottostante per aumentare o diminuire l'intensità del filtro. I filtri disponibili sono Vivido, Vivido caldo, Vivido freddo, Drammatico, Drammatico caldo, Drammatico freddo, Mono, Silvertone e Noir.

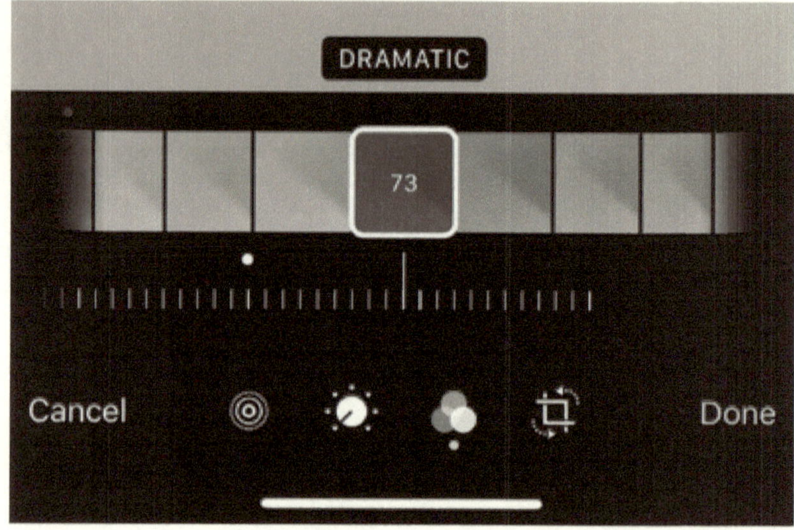

L'ultima opzione è Ritagliare. Quando si seleziona questa opzione, si notano delle piccole linee bianche d'angolo intorno alla foto. È possibile utilizzarle per trascinare le aree che si desidera ritagliare: scorrere verso l'interno e l'esterno, verso l'alto e verso il basso o verso sinistra e verso destra.

Nella parte inferiore dell'area ritagliata sono presenti le opzioni per raddrizzare la foto.

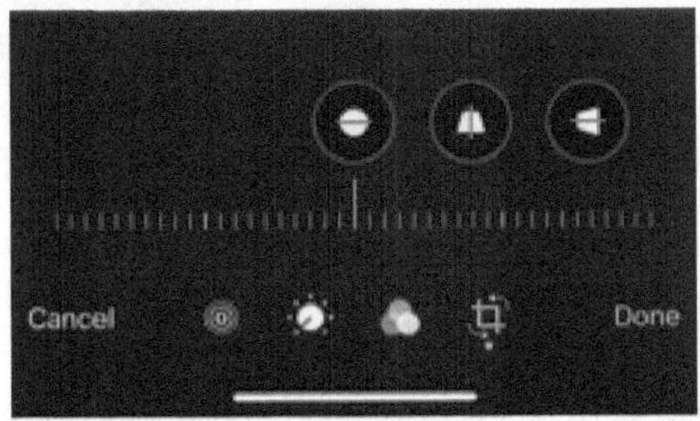

Nell'angolo in alto a sinistra si trovano le opzioni per ruotare o capovolgere la foto.

In alto a destra si trovano le opzioni per ritagliare a una dimensione predefinita.

Quando si seleziona il pulsante delle dimensioni predefinite, vengono visualizzate diverse nuove opzioni, utili se si sta creando per qualcosa di particolare, ad esempio una cornice.

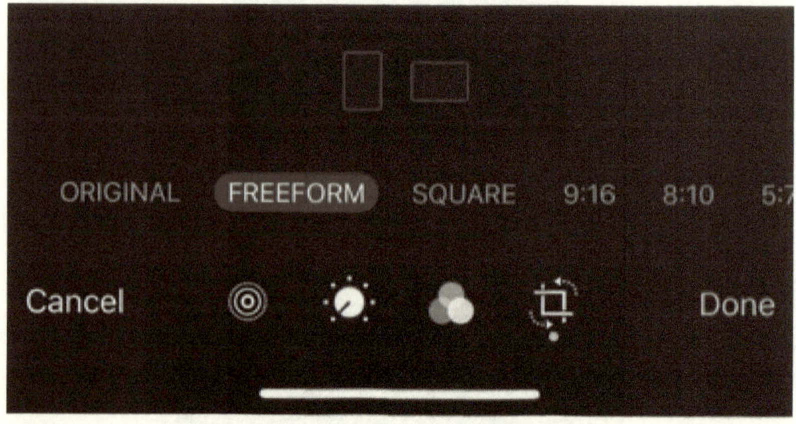

Una volta terminate tutte le modifiche, toccare il pulsante Fatto; inoltre, è possibile annullare tutto e mantenere la foto originale selezionando Annulla.

In qualsiasi momento, è possibile toccare i tre punti nell'angolo superiore destro dello schermo. In questo modo si apre il menu delle opzioni.

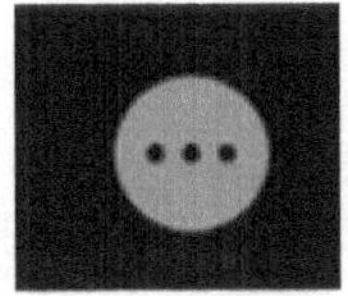

Se avete altre applicazioni fotografiche, potreste vederle qui; l'opzione che probabilmente la maggior parte delle persone utilizzerà, tuttavia, è l'opzione Markup.

Markup consente di disegnare e aggiungere forme alla foto, come se si trattasse di prendere appunti su una foto.

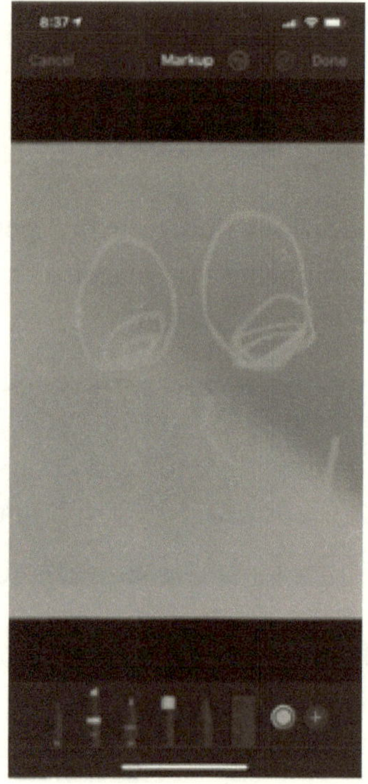

Nella parte inferiore è possibile scegliere il colore e lo strumento di scrittura. Potete anche usare il righello per aiutarvi a tracciare una linea retta con una qualsiasi di queste scelte.

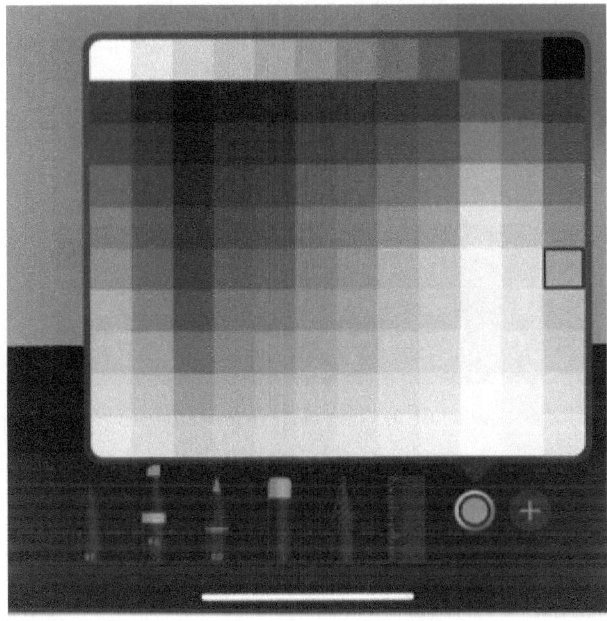

È inoltre possibile toccare il pulsante più per aggiungere forme, testo, una firma e altro ancora.

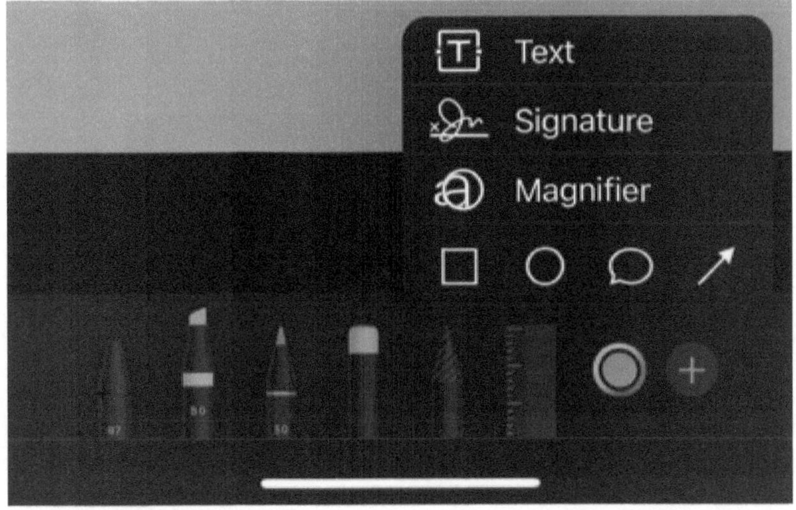

Una volta terminati i Markup, toccare Fatto per salvare la creazione o Annulla per cancellare tutto.

Ritratto Foto

La modifica di una foto di ritratto è esattamente la stessa, con alcune eccezioni trattate in questa sezione.

Si sa che è una foto Ritratto dall'indicazione in cima alla foto.

Una volta toccata la foto che si desidera modificare, selezionare il primo pulsante per visualizzare le modifiche di Ritratto disponibili. disponibili. Usare il dito per scorrere sulla modifica Ritratto che si desidera apportare alla foto. I filtri disponibili sono Luce naturale, Luce da studio, Luce di contorno, Luce da palcoscenico, Luce da palcoscenico mono e Luce ad alta tonalità mono. Una volta selezionato il filtro, sotto di esso appare un cursore per regolarne l'intensità.

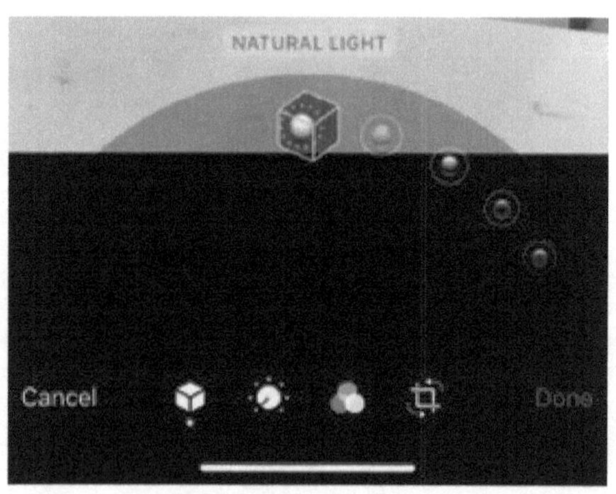

Nell'angolo superiore sinistro dello schermo è presente un pulsante con la dicitura f 4,5; questa opzione regola la profondità della foto (o la sfocatura dello sfondo).

Quando si tocca questa opzione, nella parte inferiore dello schermo appare un cursore che consente di regolare la profondità della foto.

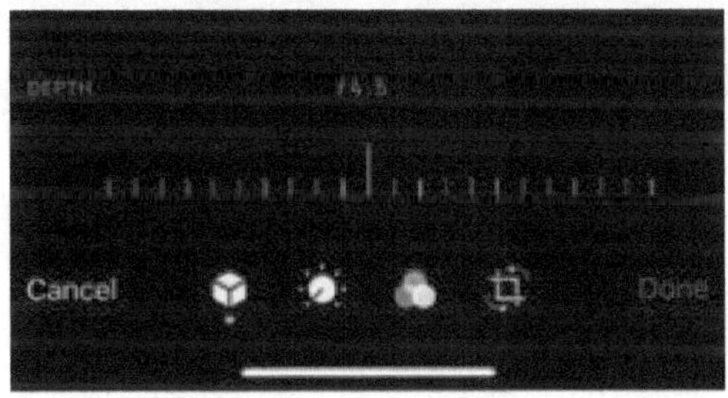

Fotocamera Impostazioni Da sapere

Se si va in Impostazioni, quindi in Fotocameraci sono diverse impostazioni che dovreste conoscere (anche se decidete di non usarle subito).

L'impostazione che ritengo più utile è Composizione. Attivando l'opzione Cattura foto al di fuori dell'inquadratura, quando si scatta una foto è possibile catturare più di quello che si vede sfogliando tutte le foto.

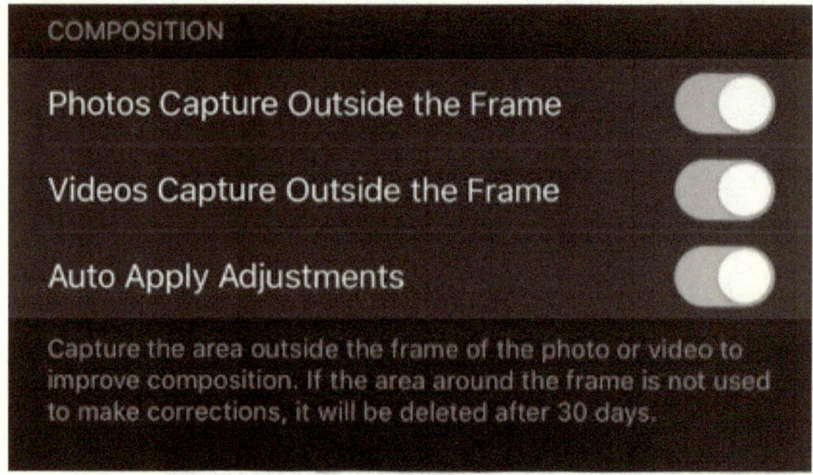

Che cosa significa? Guardate l'immagine qui sotto. L'immagine al centro è quella che vedo nella mia libreria, ma quando vado su Modifica e Ritaglia, noto che l'area è più grande?noto che l'area è più grande? Posso trascinarla per mostrare ancora di più la foto.

Se non si desidera che la fotocamera torni alle impostazioni predefinite ogni volta che la si apre, è possibile attivare le impostazioni di Preserva.

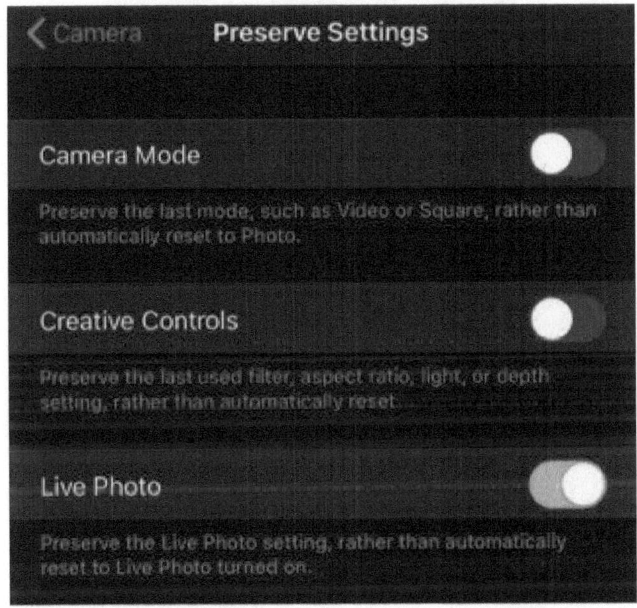

Quando si registra un video, è possibile riprendere fino a 4K. Tuttavia, in questo modo si creano video molto grandi. È possibile registrare con un'impostazione inferiore. Toccare Registra video per aggiornare le preferenze.

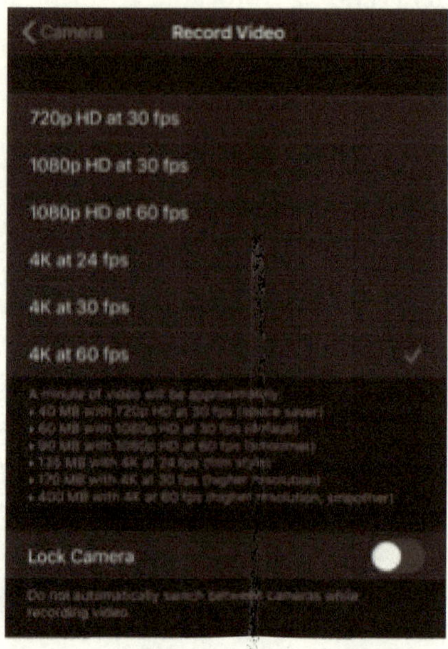

È inoltre possibile modificare le impostazioni della telecamera Slow-mo della fotocamera.

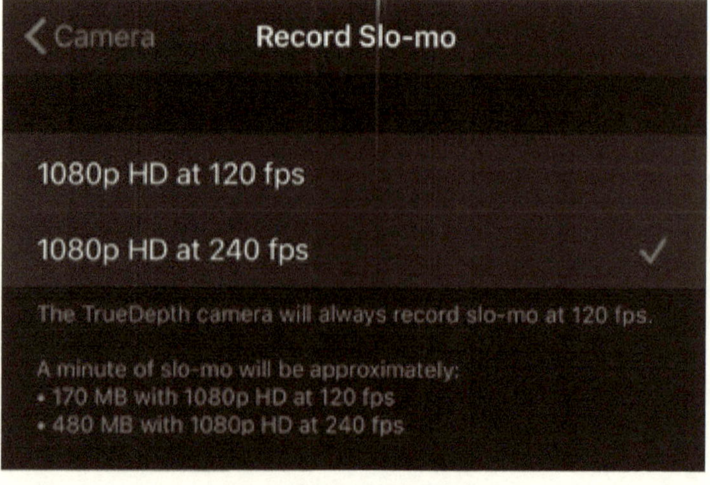

Infine, selezionando Griglia si ottiene una griglia sull'applicazione fotografica che aiuta a scattare foto e video in modo lineare.

Sollevare la foto dallo sfondo

Le immagini nei testi e nei documenti sono divertenti. Sapete cosa c'è di meglio? Rimuovere lo sfondo per far risaltare l'immagine!

Aprire una foto, quindi toccare la parte che si desidera estrarre dallo sfondo. Quindi, selezionare Copia.

Quindi, andare all'applicazione in cui si desidera incollare il testo. Io sto usando l'applicazione Note, ma potete usare un messaggio di testo, un'e-mail o molte altre applicazioni. Da qui, toccare e tenere premuto, quindi selezionare incolla.

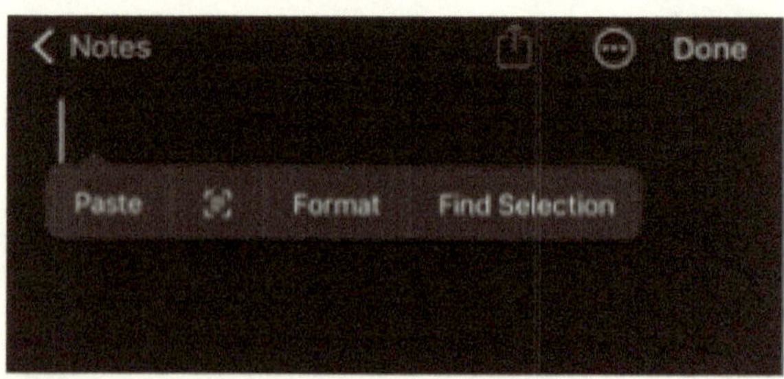

Guardate un po'! Una foto incollata con lo sfondo rimosso!

Visualizzazione, organizzazione, ricerca e condivisione delle foto

Ricordate i vecchi tempi, quando si riceveva un rullino con solo una dozzina o due scatti? Si stava attenti a quali foto scattare perché si aveva il limite di quanti momenti catturare. Gli smartphone hanno cambiato le cose. Oggi è possibile scattare decine di foto in pochi secondi. Ciò significa che la maggior parte delle persone ha migliaia di foto sul proprio telefono. Non ci è voluto molto ad Apple per capire che le persone avrebbero avuto un problema nell'organizzare e trovare tutte queste foto.

Dopo aver apportato le modifiche alle foto, come si fa a trovarle e organizzarle? Questa sezione si occuperà di questo.

Quando si apre l'app Foto, sono disponibili quattro schede: Foto (dove si vedono tutte le foto), Per te (raccolte curate di foto, come i ricordi di Questo giorno), Album (dove si trovano gli album privati condivisi), Cerca (dove si cercano le foto). (dove si trovano gli album privati condivisi), Cerca (dove si cercano le foto).

Visualizzazione delle foto

Quando si seleziona la prima scheda (Foto) si nota che in basso appare una nuova opzione: Anni, Mesi, Giorni, Tutte le foto. Se siete come la maggior parte delle persone, probabilmente avete migliaia e migliaia di foto sul vostro telefono. Questo rende più facile trovare ciò che si sta cercando.

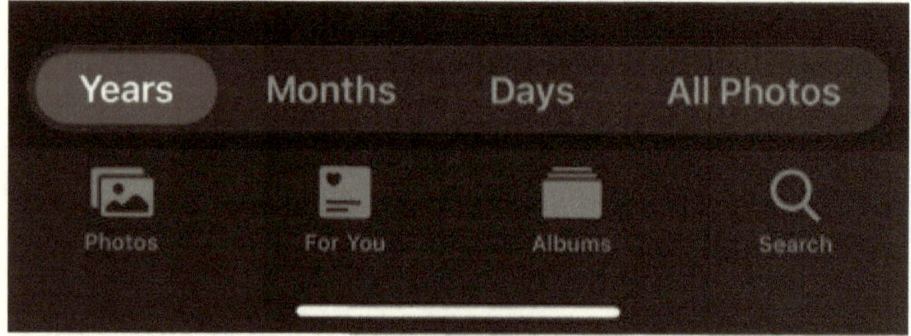

Inoltre, rende più facile la condivisione dei ricordi. Ad esempio, se voglio condividere con mia moglie tutte le foto che ho scattato il giorno di Capodanno. Basta andare su Anni e selezionare l'anno desiderato, quindi scorrere su Mesi e trovare Gennaio. Scorrere di nuovo su Giorni e trovare Primo gennaio e infine nell'angolo in alto a destra toccare i puntini dell'albero per visualizzare le opzioni per le foto. Questo raccoglie tutte le foto e mi dà alcune opzioni: Condividerle, inserirle in un filmato o mostrarle su una mappa.

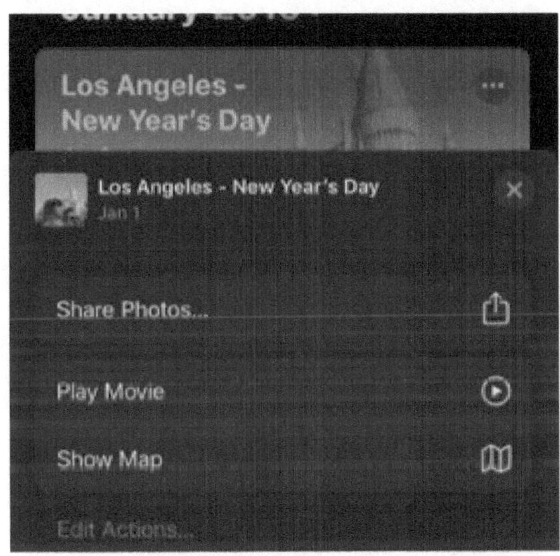

Quando seleziono condividi, mi chiede come voglio condividerle, e io scelgo semplicemente Messaggi per inviare le foto a mia moglie.

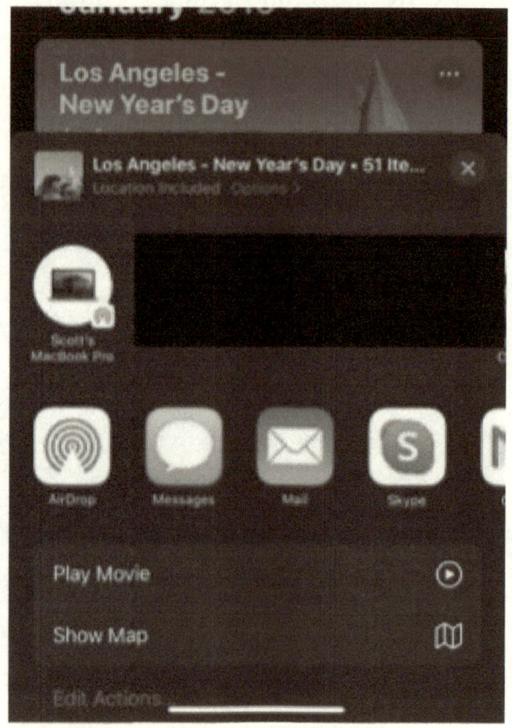

Da qui, a tutti viene assegnato un link iCloud, che viene inserito nel messaggio di testo. e il link viene inserito in un messaggio di testo. Quando mia moglie lo riceverà, non vedrà apparire cinquantuno foto, ma una foto con un link alla posizione di tutte. In questo modo può visualizzarle, scaricarle o selezionare solo alcune foto da scaricare.

Per voi

Probabilmente avrete già notato che il vostro telefono è piuttosto intelligente. Ha un sacco di cose che funzionano in background per capire chi siete e cosa vi piace; Per te è un'area che lo dimostra. Riconosce quando si scattano molte foto in una particolare area e le contrassegna come ricordi, quindi inizia ad assegnarle a questa sezione. Si possono fare tutte le cose che si fanno in Foto, come condividerle e trasformarle in filmati.

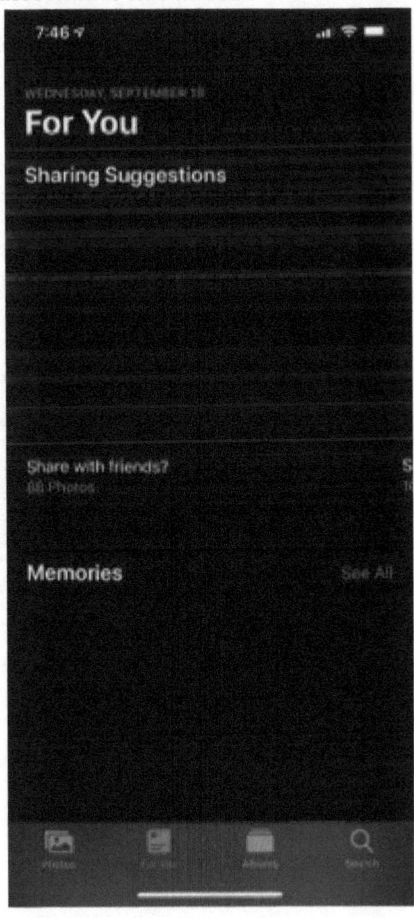

Non tutti i ricordi sono felici; quando si aprono i ricordi, è possibile toccare le opzioni nell'angolo in alto a destra per bloccare o eliminare un ricordo.

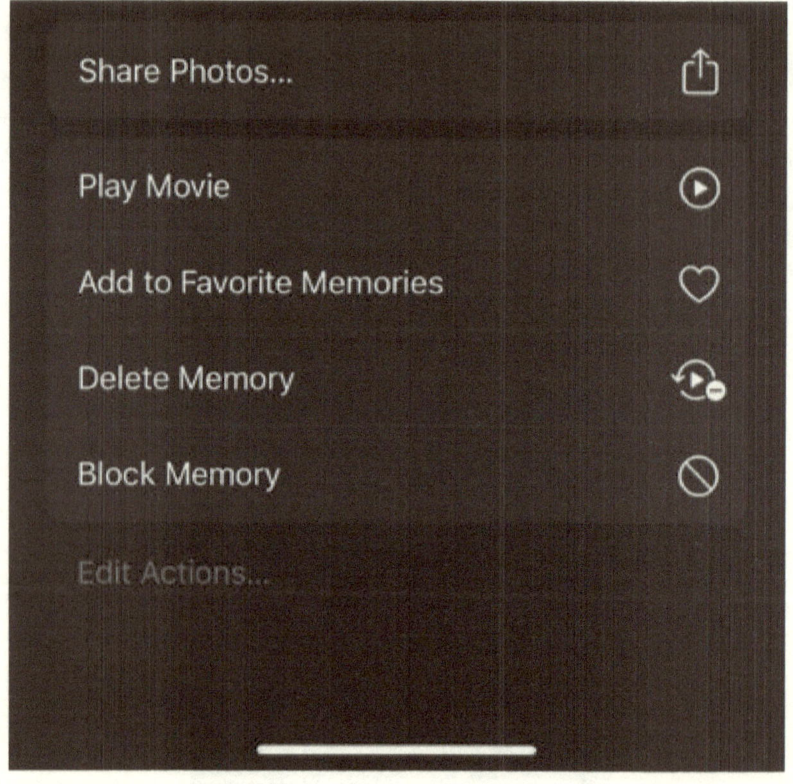

Se si decide di riprodurre un filmato con la memoria (e questo vale anche per qualsiasi album trasformato in filmato), è possibile modificare il modo in cui verrà visualizzato, un clip breve o medio, e il tipo di effetti (come la musica).

Album

Album È qui che si può iniziare a organizzare le cose. Ricordate quando ho detto sopra che quando si preme il pulsante "Mi piace" su una foto, questa va nella cartella Preferiti. È qui che si trova la cartella. Per aggiungere un album, toccare il pulsante +.

Verrà chiesto se si desidera creare un Nuovo album o un Nuovo album condiviso. o Nuovo album condiviso; la prima opzione è qualcosa che si vede e la seconda è qualcosa che si rende disponibile agli altri.

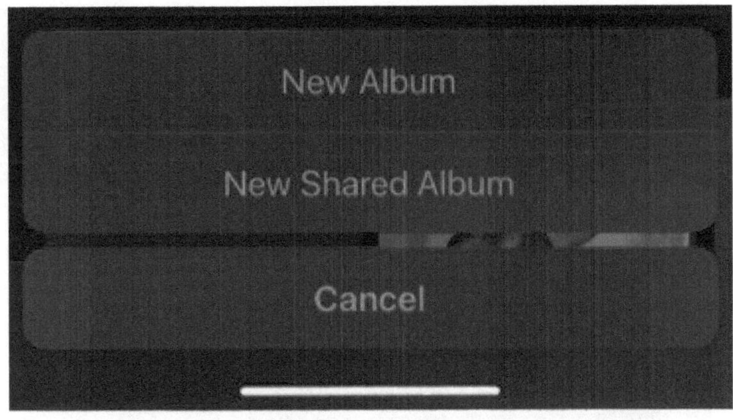

Quando si crea un album condivisoviene chiesto innanzitutto di assegnargli un nome.

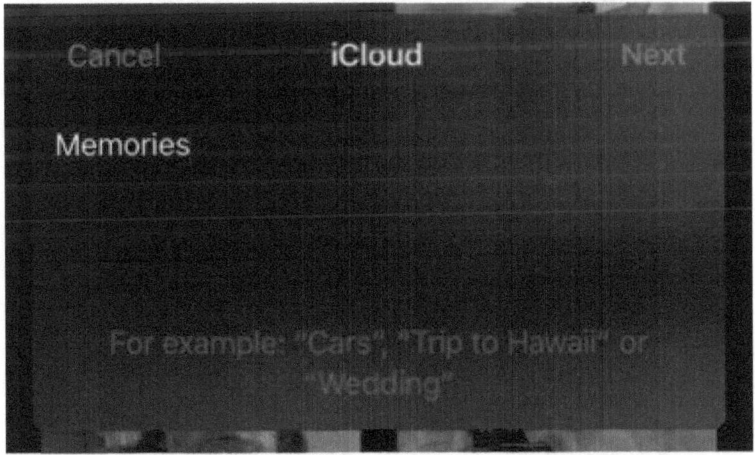

Successivamente, si seleziona la persona con cui si desidera condividerlo (per ora si può anche lasciare in bianco).

A questo punto si vedrà un album condiviso vuoto.

Una volta toccato l'album, è possibile iniziare ad aggiungere le foto.

Selezionando Persone in basso è possibile invitare le persone a visualizzarlo. Sotto la voce Persone si trovano anche le impostazioni per consentire alle persone di condividere le foto nell'album: ad esempio, se si è appena celebrato un matrimonio, si può condividere l'album con tutti i presenti e chiedere loro di aggiungere tutte le foto che hanno scattato. Si può anche andare su Persone per eliminare un album.

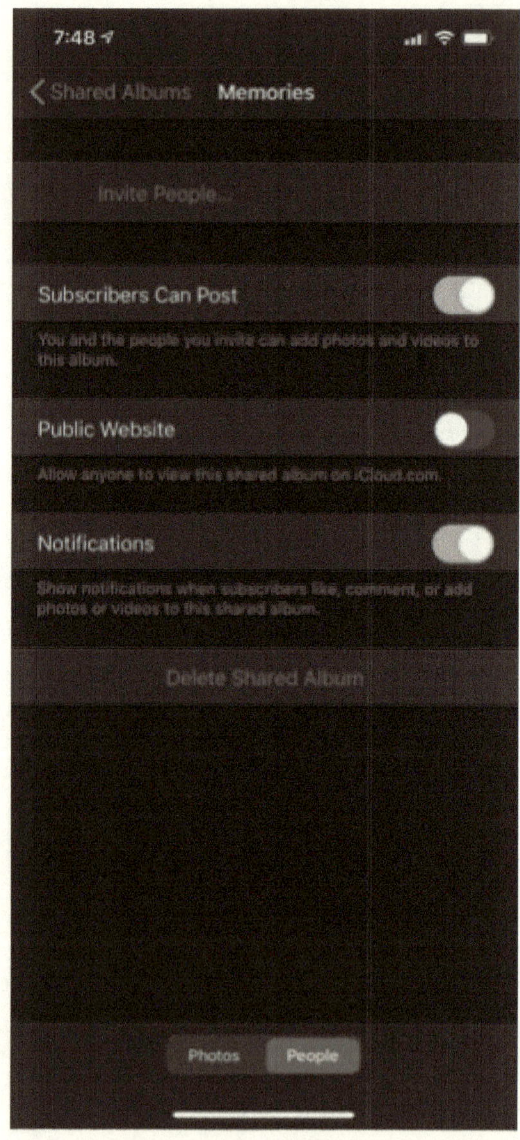

In qualsiasi momento, è anche possibile andare in Persone e toccare il nome di una persona che fa parte dell'album per rimuoverla.

Ricerca

La ricerca è piuttosto intelligente. Ci si può chiedere come si possano cercare le foto in assenza di testo. Ci sono diversi modi.

Quando si scatta una foto, il sistema geotagga la posizione (in altre parole, identifica il luogo in cui è stata scattata: la città o, in alcuni casi, il nome effettivo di un luogo; ad esempio, se ci si trovava in un museo, il sistema saprà il nome del museo in base al geotag).

Un altro modo è il riconoscimento facciale. Quando si scatta una foto, l'intelligenza artificiale all'interno del telefono la analizza per vedere se nota una persona o addirittura un animale.

Una delle prime cose che si vedono quando si tocca l'opzione di ricerca è Persone; nell'esempio qui sotto, posso toccare Papà e vedere tutte le foto che ho scattato in cui è presente mio padre; posso anche cercare nella casella qui sopra una località e Papà, per trovare tutte le foto di mio padre in quella località.

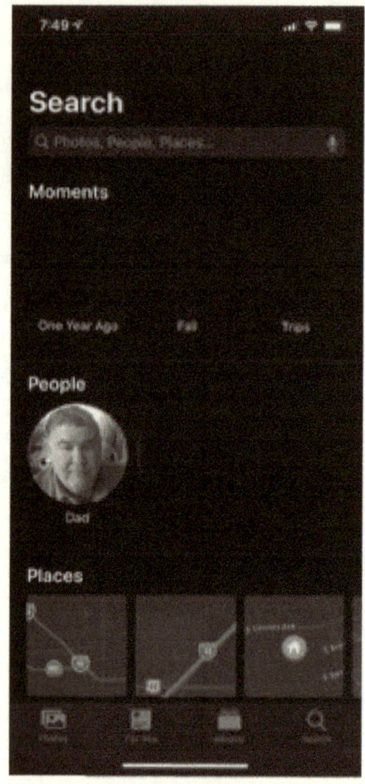

Per fare un esempio, vado spesso a Disneyland perché vivo nel sud della California e ho un figlio. Quando cerco Disneyland, mi mostra tutte le foto che ho scattato lì, oltre 6.000! Come ho detto, ci vado spesso.

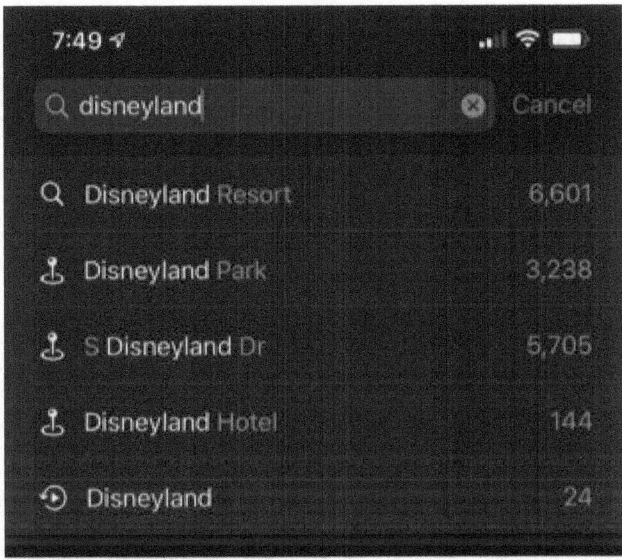

Poiché i risultati sono così numerosi, posso iniziare ad aggiungere altri elementi alla ricerca. Ad esempio, posso cercare Nashville e poi cercare solo foto con cibo o foto scattate in inverno.

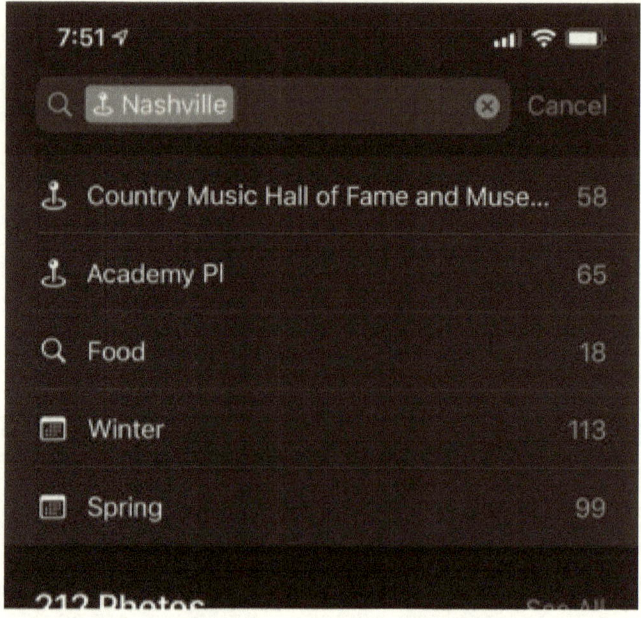

La ricerca non è altrettanto intelligente quando si tratta di altre cose, ma si sta evolvendo. È in grado di rilevare gli oggetti, ad esempio, ma non con la stessa precisione delle persone. Tuttavia, fa un buon lavoro con gli animali.

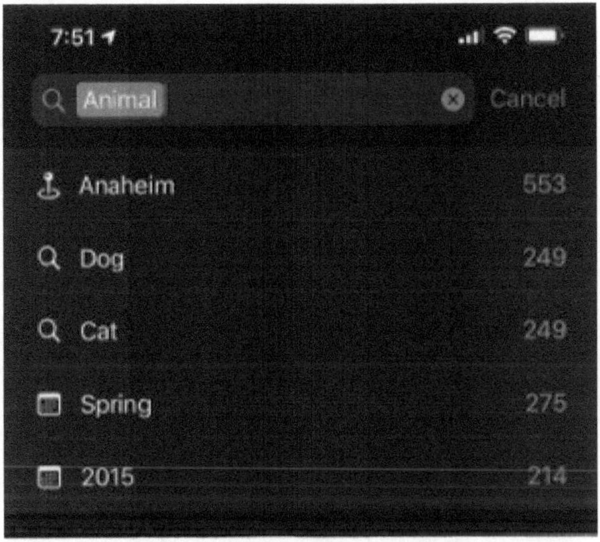

Quando una persona viene notata in molte foto, viene visualizzata come Persona senza nome; una volta dato un nome alla persona, inizierà a mostrare tutte le foto con quella persona con quel nome.

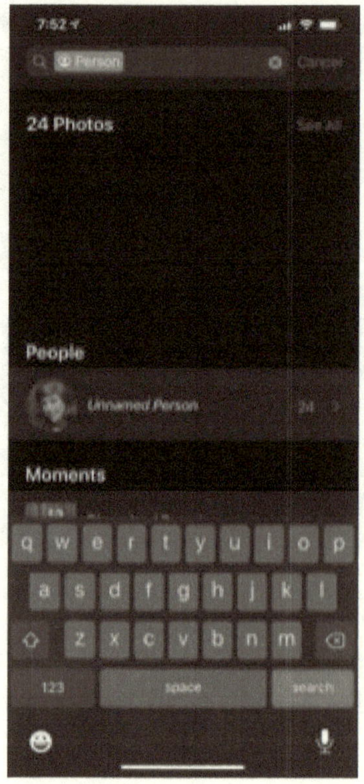

Quando si tocca una persona, è possibile selezionare le opzioni nell'angolo in alto a destra per visualizzare altre opzioni; è possibile condividere le foto, trasformarle in un filmato e altro ancora. C'è anche un'opzione per confermare le foto aggiuntive, che consente di vedere le foto di cui l'intelligenza artificiale potrebbe non essere troppo sicura.

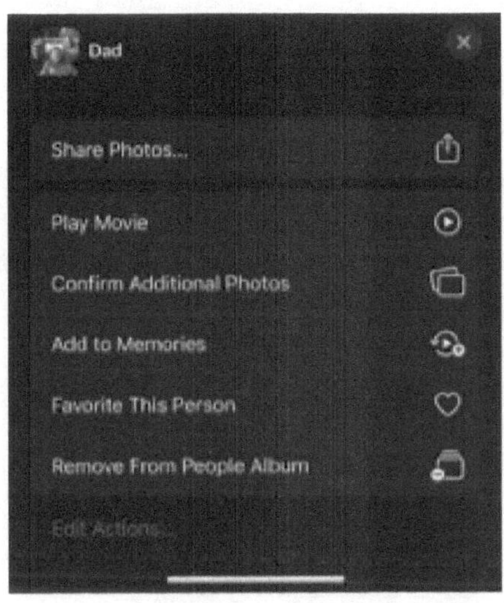

Nascondi foto

Tutti abbiamo delle foto imbarazzanti, come quelle in cui siete vestiti con un tutù mentre cavalcate un unicorno? O sono solo io?

Se si desidera nascondere "alcune" foto in modo che solo l'utente possa vederle, questa è un'opzione. In passato era possibile nasconderle, ma sarebbero state visualizzate negli album. Erano "in un certo senso" nascoste, ma credo che la maggior parte delle persone concorderebbe sul fatto che non erano tanto nascoste quanto più difficili da trovare.

In iOS 15 e successivi, è stata aggiunta la possibilità di nascondere completamente la cartella. Accedere all'app Impostazioni, quindi a Foto; scorrere fino a Album nascosto.. Se è attivata, l'album nascosto si trova nell'area Utilità degli album (come ho detto, è più difficile da trovare, ma non è veramente nascosto); se è disattivata, non c'è più. Non si trova da nessuna parte. Le immagini vengono salvate e archiviate nel cloud, anche se non è possibile vederle. Per vederle, riattivare la funzione, quindi andare su Album e scorrere fino a Utilità. Se conoscete una celebrità, trasmettetele questa informazione, così non sentiremo più parlare di condivisioni "accidentali" di foto che dovevano essere private.

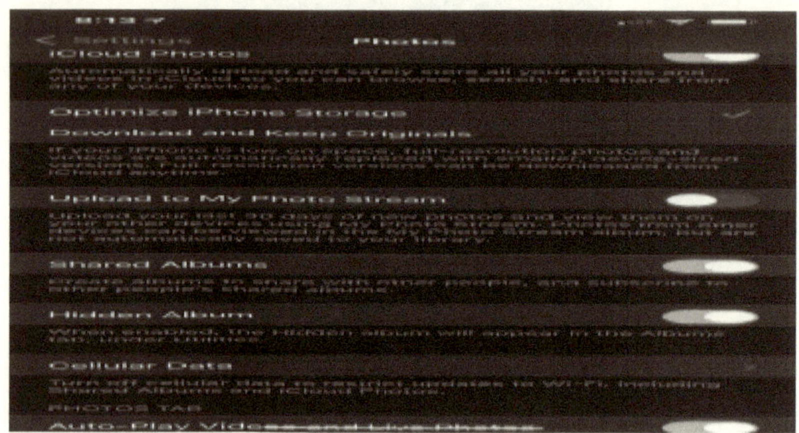

Per nascondere una foto, trovatela, quindi selezionatela e toccate l'icona Condividi; questo fa apparire il modo in cui volete condividerla (nome un po' fuorviante, vero? La state nascondendo perché non volete condividerla!); una delle opzioni è Nascondi - toccatela.

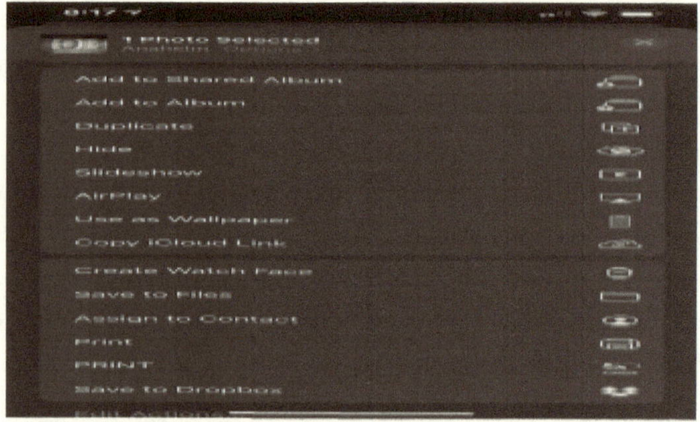

Questo confermerà che si vuole effettivamente nascondere l'album. Se in seguito si cambia idea, si accede all'album nascosto e lo si disattiva allo stesso modo. È anche possibile selezionare più immagini alla volta per nasconderle come gruppo.

Didascalia Foto

Scorrendo verso l'alto su una foto è possibile apportare modifiche e aggiungere filtri, nonché aggiungere una didascalia; le didascalie possono poi essere ricercate. È quindi possibile aggiungere qualcosa come "Vacanze nel Grand Canyon" e in seguito cercare quel termine.

Foto duplicate

Le foto e i video probabilmente occuperanno rapidamente la maggior parte dello spazio sul telefono. Inoltre, molte foto saranno duplicate. Ci sono molte ragioni per cui questo accade. Se guardate l'immagine qui sotto, vedrete che ho più di 1.000 duplicati! È possibile ripulire questa situazione aprendo l'app Foto, toccando Album, andando in fondo alle Utilità e selezionando Duplicati.

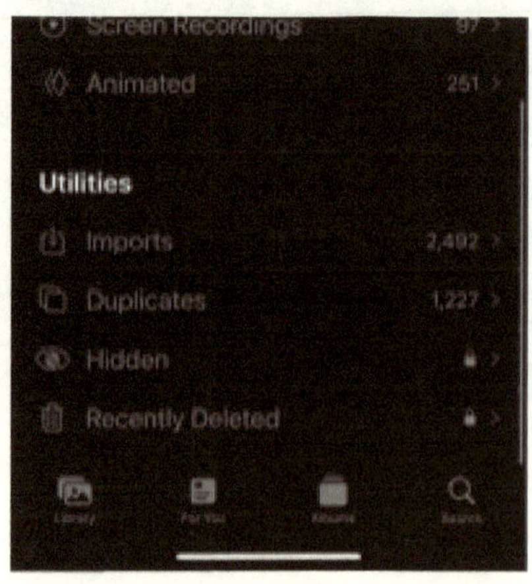

Questo mostra tutti i duplicati presenti sul telefono. Non avete bisogno di due copie? Basta toccare unisci. Le unirà. Se le due immagini sono di dimensioni diverse, viene mantenuta l'immagine di qualità più elevata.

Musica della schermata di blocco

Se si desidera che la copertina del brano musicale venga visualizzata nella schermata iniziale, toccare la miniatura dell'immagine per ingrandirla.

Toccare la copertina ingrandita per farla rimpicciolire.

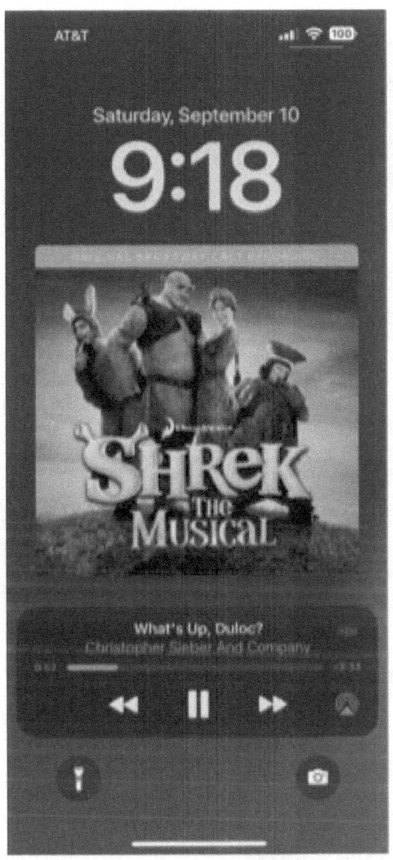

Ordinamento dell'elenco di riproduzione

Se vi stancate di mischiare la vostra playlist o di ascoltarla nell'ordine in cui l'avete creata, potete ordinare la playlist in base alla data di aggiunta del brano, all'artista e altro ancora.

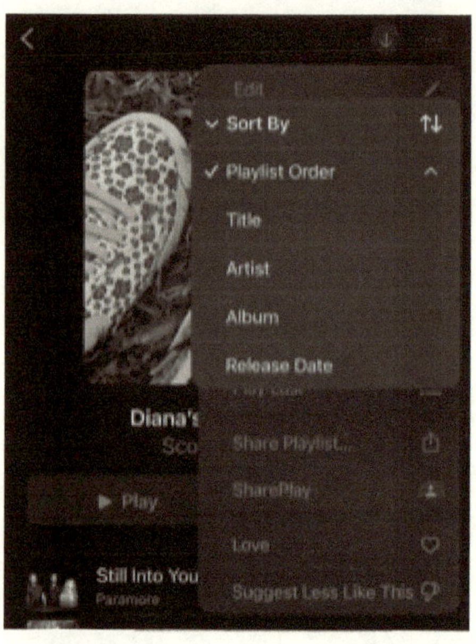

Biblioteca condivisa

Condividere un album non è una novità in iOS. Condividere una libreria è invece qualcosa di molto diverso. La condivisione di una libreria consente alle persone di accedere a tutte le vostre foto o alle foto che avete dato loro il permesso di vedere (ad esempio, un intervallo di date). Una delle caratteristiche più interessanti è che si può condividere direttamente la cartella quando si scatta una foto. Vediamo come impostarla e come funziona.

Per iniziare, è necessario accedere alle Impostazioni. Da Impostazioni, spostarsi su Foto, quindi fare clic sull'opzione Libreria condivisa.

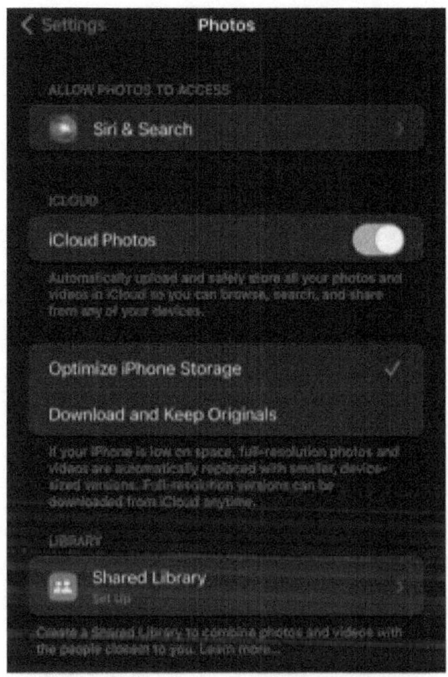

Si accede così a una serie di istruzioni molto semplici per la configurazione; basta toccare l'opzione blu Get Started per iniziare.

Successivamente, si aggiungeranno i contatti che si desidera aggiungere alla condivisione; attenzione: poiché si tratta di condividere tutte le foto, probabilmente si vorrà selezionare solo i parenti stretti.

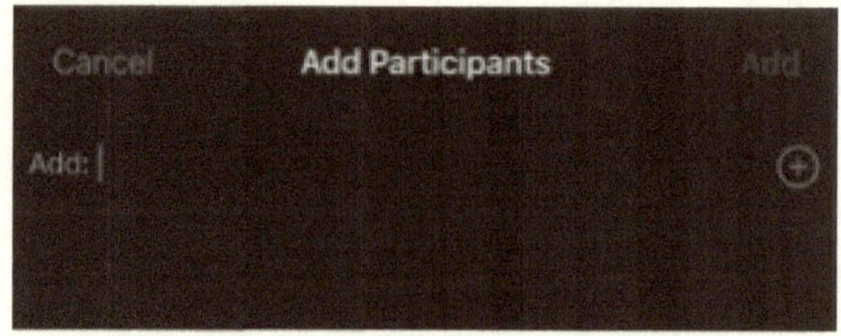

Quindi, selezionare ciò che si desidera condividere: tutte le foto, un intervallo di date di foto o una scelta manuale.

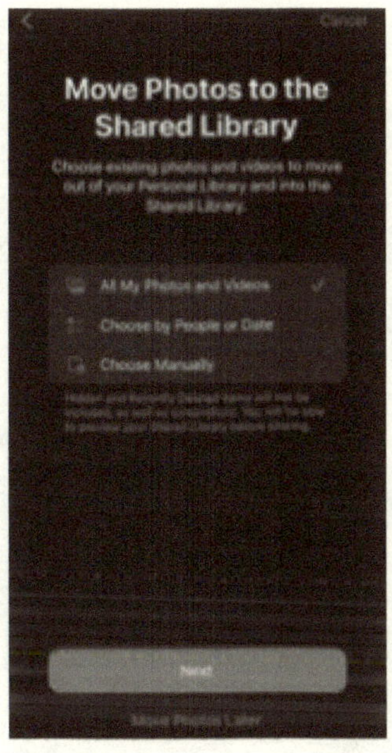

Successivamente, viene visualizzata un'anteprima di ciò che si sta condividendo. Se siete utenti dell'iPhone da un po' di tempo, potrebbe essere piuttosto grande: nel mio caso posso vedere che sto condividendo quasi 50.000 foto e 4.000 video. Se state condividendo qualcosa di simile, probabilmente vedrete una schermata di elaborazione per un periodo di tempo prolungato.

Da qui, deciderete come invitarli a vedere le foto.

Nel messaggio inviato verrà inserita una piccola miniatura con il link.

Vi chiederà anche se volete condividere direttamente dalla fotocamera, cioè se volete condividere ciò che avete fotografato.

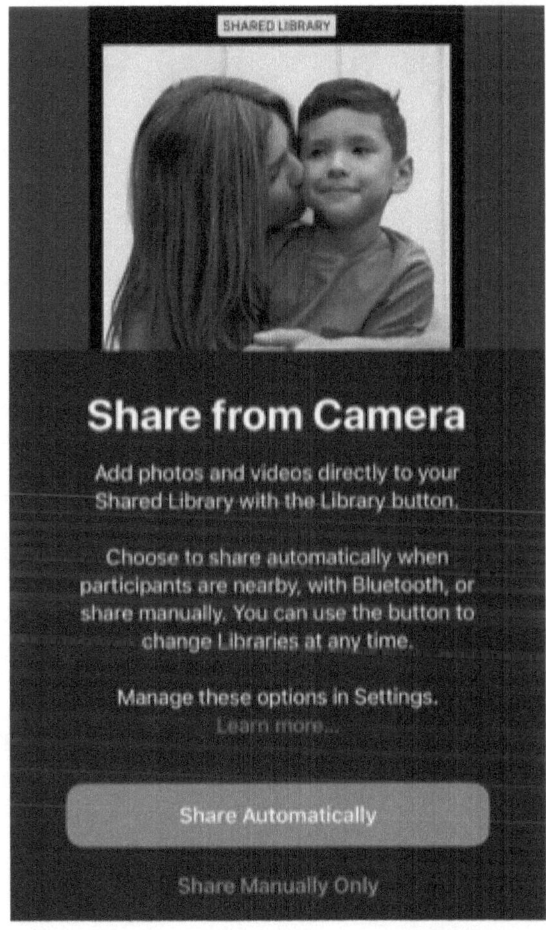

Una volta risposto alla domanda sulla fotocamera, si è pronti per iniziare a condividere.

Quando si accede alle foto, si noterà che, facendo clic sui tre puntini nell'angolo in alto a destra di tutte le foto, c'è un'opzione per visualizzare le diverse librerie.

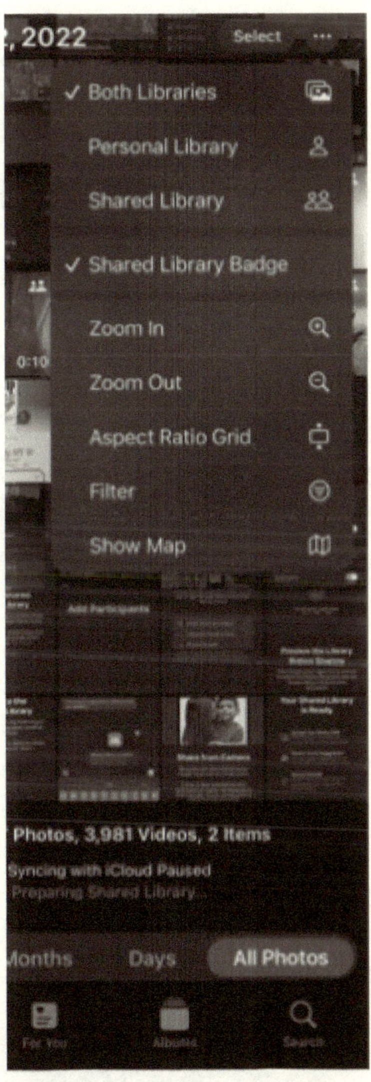

Se si accede all'app della fotocamera, si vedrà anche l'icona di una piccola persona attivata o disattivata.

Disattivato significa che non si condividono le foto scattate nella Libreria condivisa; attivato significa che lo si fa.

Foto (ricordi)

L'iPhone ha sempre brillato per il modo in cui rende le cose facili da fare; ricordate i vecchi tempi in cui condividere una presentazione delle vostre vacanze richiedeva abilità? Con l'iPhone? Bastano pochi secondi del vostro tempo! È possibile creare un filmato di memoria completo di transizioni e musica da condividere via e-mail o testo in pochi secondi! E sono bellissimi!

Per iniziare, accedere all'app Foto, toccare Album e selezionare l'icona + per creare un nuovo album o utilizzare un album esistente.

Quindi selezionare Nuovo album.

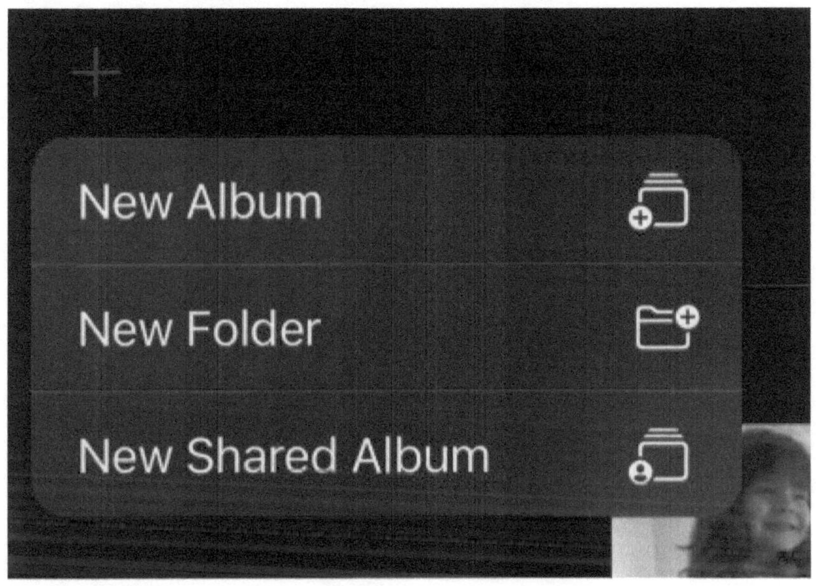

Infine, dare un nome all'album e selezionare le foto da inserire.

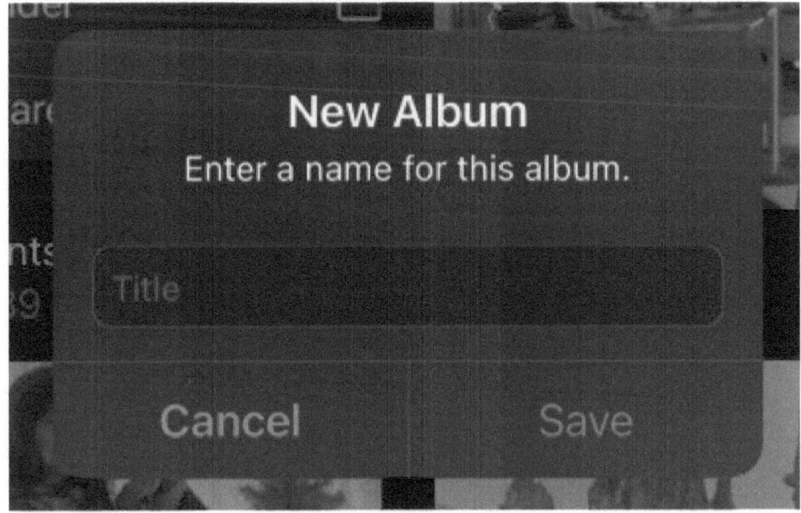

Nel corso degli anni ne ho creato uno chiamato Natale.

Per creare un video di questo album, toccare i tre punti nell'angolo superiore destro, quindi selezionare Riproduci filmato di memoria.

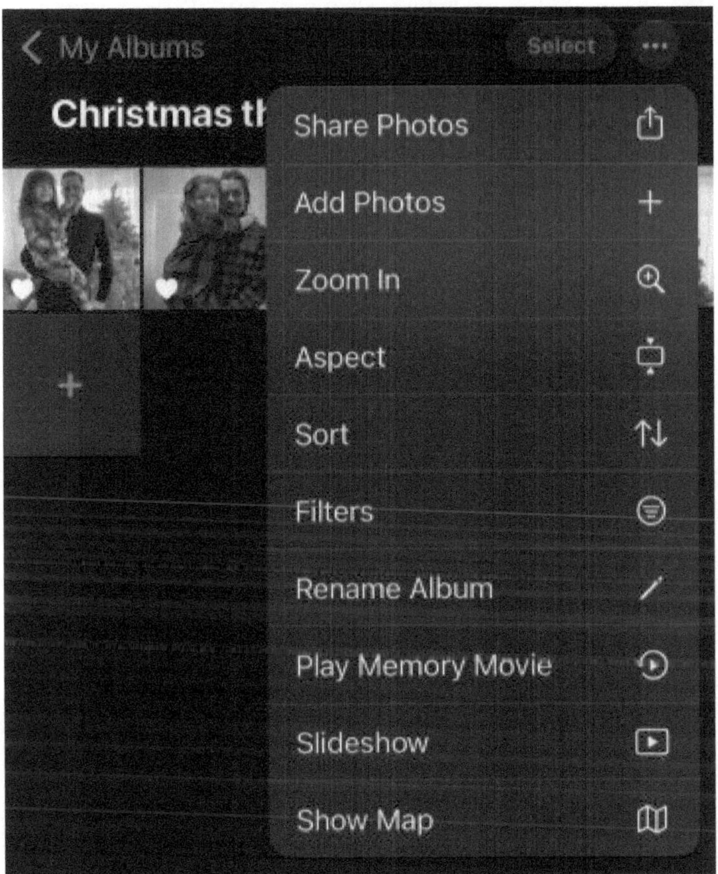

Il tutto viene generato automaticamente e trova anche la musica da abbinare: senza dire nulla ad Apple, riconosce che queste foto sono state scattate durante le feste e allega al video la musica natalizia. Se volete condividerlo con qualcuno, toccate il pulsante Condividi nell'angolo in alto a destra.

Quindi, selezionate come e con chi condividerlo e lasciate che l'iPhone faccia il resto!

Per cambiare la musica, selezionare l'icona Musica nell'angolo inferiore sinistro, quindi selezionare l'icona Aggiungi musica.

Apple ne suggerirà alcuni che ritiene adatti alle foto. Se si desidera cercare una canzone, toccare la lente di ingrandimento.

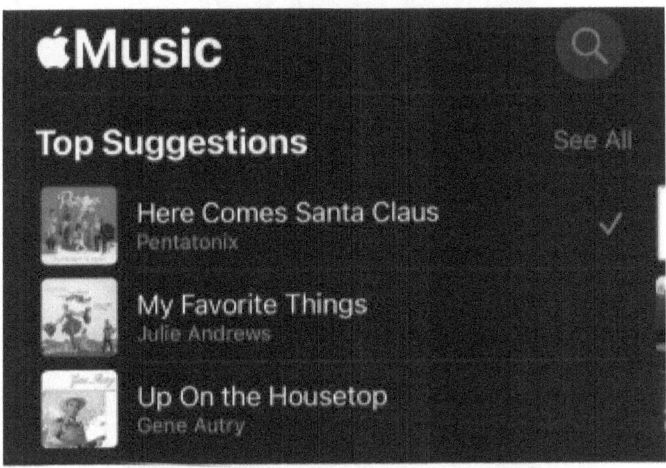

Quando si tocca l'icona della musica, ci sono anche tre cerchi a destra dell'icona Aggiungi musica. È possibile utilizzarli per regolare l'aspetto del filmato.

È possibile scegliere tra diversi look. Toccate quello che desiderate e cambierà all'istante.

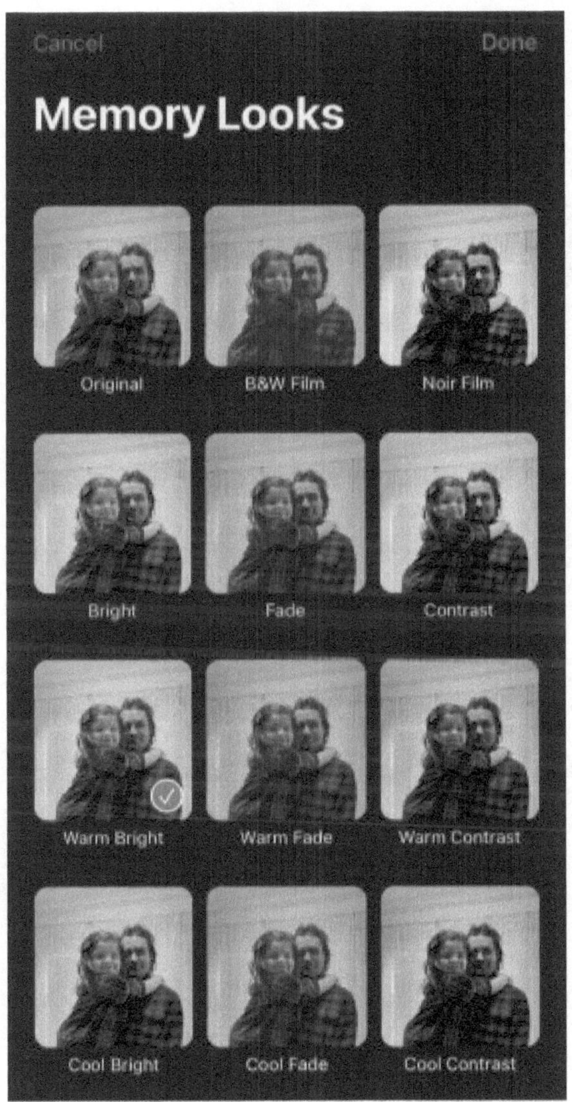

Guardare in alto

Le foto sull'iPhone sono intelligenti, davvero intelligenti! Guardate la foto qui sotto. Sapete che si tratta di un cane, ma se voleste sapere che tipo di cane (cioè la razza)?

4:05
Home
March 13 9:20 AM
Edit
PORTRAIT

Quando si passa il dito verso l'alto, se Apple riconosce qualcosa di significativo nella foto (non sempre funziona), allora dice "Guarda su" e, accanto, indica di cosa si tratta. Nella foto qui sotto è un cane, ma potrebbe essere cibo, altri tipi di animali, un sacco di cose!

Toccate il pulsante Cerca e vi dirà cosa vede nella foto e vi darà una pagina per vederne altre.

Results
Siri Knowledge
Jack Russell Terrier
The Jack Russell Terrier is a small terrier
that has its origins in fox hunting in
England. It is principally white-bodied...
Wikipedia
Parson Russell Terrier
The Parson Russell Terrier is a breed of
small white terrier that was the original
Fox Terrier of the 18th century. The br...
Wikipedia

Testo intelligente

L'iPhone non riconosce solo i luoghi importanti. Vede il testo. Toccando e tenendo premuto il dito sul testo, è possibile copiarlo, consultarlo o persino tradurlo. Se si tratta di un numero di telefono, è possibile chiamare la persona toccando la foto!

4:20
October 26, 2011
12:34 PM
Edit
ROMEO
AND
Copy   Select All   Look Up   Translate   Share...
JULIET

Animoji

Questo capitolo tratta di:

- Che cos'è Animoji?
- Come usare le Animoji

Come aggiungere le proprie Animoji

Sarò sincero, penso che le Animoji sia un po' inquietante, ma anche divertente! Che cos'è? Bisogna quasi provarlo per capirlo. In poche parole, Animoji vi trasforma in un emoji. Volete inviare a qualcuno l'emoji di una scimmia? È divertente. Ma sapete cos'altro è divertente? Far sì che quella scimmia abbia la vostra stessa espressione!

Quando si usano le Animojisi posiziona la fotocamera davanti a sé. Se si tira fuori la lingua, l'emoji tira fuori la lingua. Se si fa l'occhiolino, l'emoji fa l'occhiolino. Quindi, è un modo per inviare a una persona un'emoji che esprima esattamente ciò che si prova.

Per utilizzarla, aprire l'app iMessage e di iMessage. Iniziare un testo come di consueto. Toccare il pulsante App seguito dal pulsante Animoji. e poi il pulsante Animoji. Scegliere un Animoji e toccare per vederlo a schermo intero. Guardare direttamente nella fotocamera e posizionare il viso nella fama. Toccare il pulsante Registra e parlare per un massimo di 10 secondi. Toccare il pulsante Anteprima per guardare l'Animoji. Toccare il pulsante Freccia verso l'alto per inviare o il Cestino per eliminare.

Potete anche creare un'emoji che vi assomigli. Fate clic sul grande pulsante "+" accanto alle altre Animoji.

Questo vi guiderà attraverso tutti i passaggi per inviare le vostre Animoji personalizzate.-dal colore dei capelli al tipo di naso.

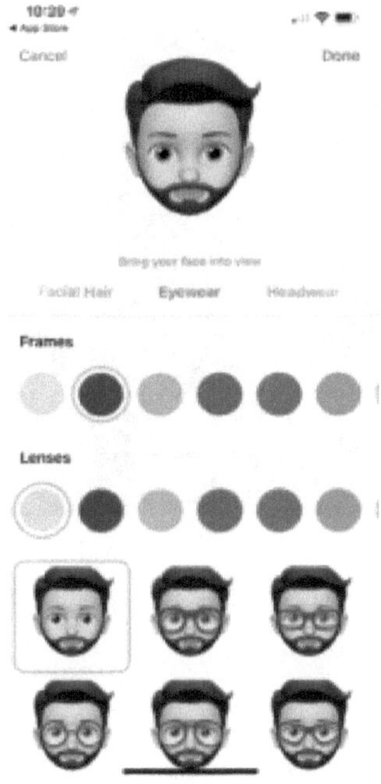

Una volta terminato, si è pronti per l'invio.

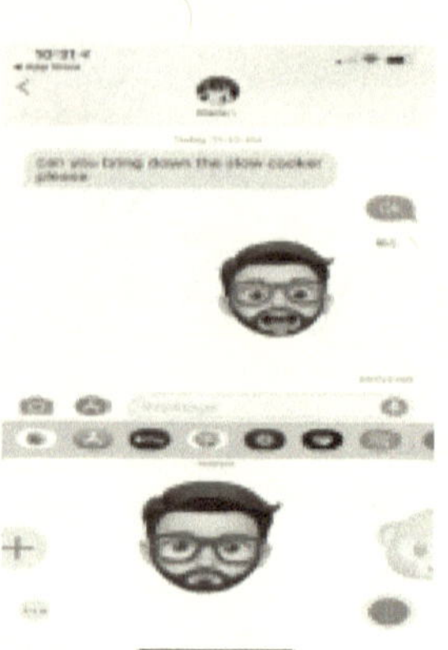

Ora è possibile utilizzare le Animojis come foto del profilo in Messaggi..

Andare su Impostazioni > Messaggiquindi selezionare Condividi nome e foto.

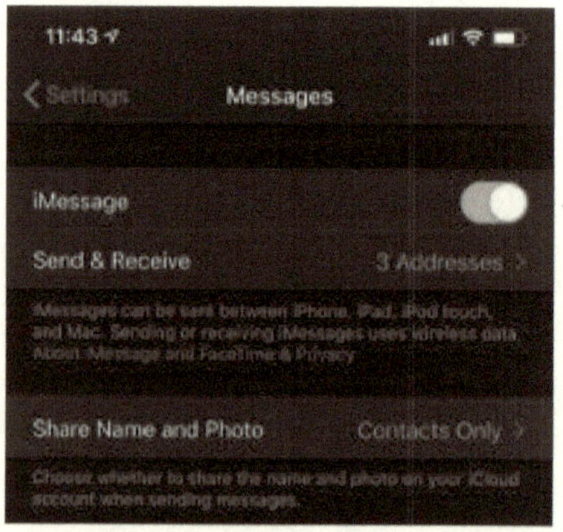

Da qui, selezionare Modifica sotto il proprio avatar, selezionare la foto e consentirne l'utilizzo.

Ehi, Siri

Questo capitolo tratta di:

- Siri

A questo punto, probabilmente sapete tutto di Siri e di come può ricordarvi le cose. In caso contrario, tenere premuto il pulsante laterale.

Siri funziona come sempre, ma ha ricevuto alcuni aggiornamenti sotto il cofano per renderla più veloce.

Il più grande cambiamento di Siri è l'aspetto. Il tema di molte delle modifiche apportate a iOS è come minimizzare ciò che già funziona. Con Siri questo significa avere un aspetto più piccolo. Ora si avvia in modo non intrusivo.

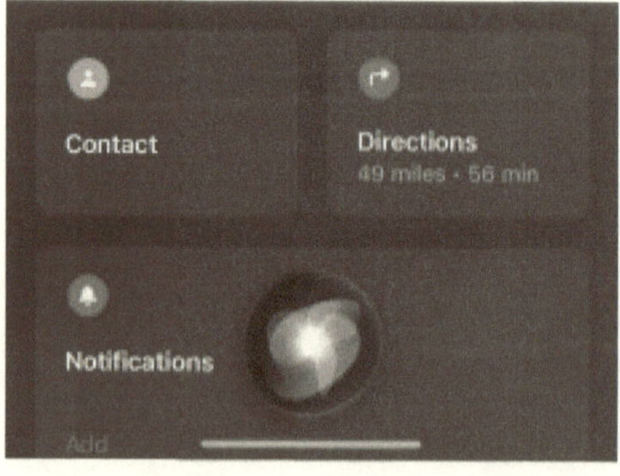

Anche le sue risposte comportano meno distrazioni. Prima lanciava risposte a schermo intero che ti portavano via da quello che stavi facendo per vedere la risposta. Ora richiede solo un po' di spazio.

Quindi, cosa fare esattamente con esso? La prima cosa da fare è presentare Siri alla vostra famiglia. Siri è molto intelligente e vuole conoscere la vostra famiglia. Per presentarla alla vostra famiglia, attivate Siri tenendo premuto il tasto Home e dite: "Brian è mio fratello" o "Susan è il mio capo". Una volta confermata la relazione, potrete dire cose come: "Chiama mio fratello" o "Invia un'e-mail il mio capo".

Siri è anche basato sulla localizzazione. Che cosa significa? Significa che invece di dire "Ricordami di chiamare mia moglie alle 8 del mattino" potete dire "Ricordami di chiamare mia moglie quando esco dal lavoro" e non appena uscite dall'ufficio riceverete un promemoria. Siri può essere un po' frustrante all'inizio, ma è una delle applicazioni più potenti del telefono, quindi datele una possibilità!

Tutti odiano dover aspettare. Non c'è niente di peggio che avere fame e dover aspettare un'ora per un tavolo. Siri fa del suo meglio per rendervi la vita più facile prenotando per voi. Affinché questo funzioni, è necessaria un'applicazione gratuita chiamata "OpenTable" (è necessario anche un account gratuito), che si trova nell'App Store di Apple. L'app è finanziata dai ristoranti che la pagano, quindi non preoccupatevi di dover pagare per usarla. Una volta installata, dovrete semplicemente attivare Siri (premendo il tasto Home finché non si accende) e dire: "Siri, fammi una prenotazione all'Olive

Garden" (o dove volete mangiare). Si noti che non tutti i ristoranti partecipano a OpenTable, ma centinaia (se non migliaia) lo fanno e il numero di ristoranti cresce mensilmente, quindi se non è ancora presente, probabilmente lo sarà presto.

Siri è in continua evoluzione. E con l'ultimo aggiornamento, Apple le ha insegnato tutto ciò che deve sapere sullo sport. Provate! Tenete premuto il tasto "Home" per attivare Siri, quindi dite qualcosa come: "Qual è il punteggio della partita dei Kings" o "Chi è in testa alla classifica dei fuoricampo?".

Siri è diventata un po' più saggia anche per quanto riguarda i film. Basta dire "Film diretti da Peter Jackson" per ottenere un elenco e vedere la sinossi, la valutazione delle recensioni su Rotten Tomatoes e, in alcuni casi, anche un trailer o un'opzione per acquistare il film. Si può anche dire "Orari dei film" e appariranno i film in programmazione nelle vicinanze. Al momento non è possibile acquistare i biglietti per il film, anche se si può immaginare che questa opzione sarà disponibile molto presto.

Infine, Siripuò aprire le app per voi. Se si desidera aprire un'applicazione, è sufficiente pronunciare "Apri" e il nome dell'applicazione.

Il nuovo iOS consente di aggiungere scorciatoie a Siri; si può vedere in Impostazioni > Siri e Ricerca > Scorciatoie.

Siri Scorciatoie

Siri Scorciatoie è una delle applicazioni più potenti del vostro telefono. E probabilmente quella che la maggior parte delle persone non usa mai. Che cos'è?

Le scorciatoie potrebbero non essere il modo migliore per descriverle. Automazione rende più giustizia, a mio parere. È un modo per insegnare a Siri come automatizzare le cose che si fanno spesso nella vita.

Faccio un esempio:

Supponiamo di avere una playlist quando si collega il telefono a CarPlay. La riproducete sempre in modalità shuffle. La interrompete quando arrivate alla vostra posizione.

Il vecchio metodo consisteva nel farlo manualmente. Il nuovo metodo consiste nel collegare il telefono e lasciare che il telefono faccia il resto.

Non c'è assolutamente nulla da fare per voi.

Siri scorciatoie diventa più facile in iOS perché è tutto integrato nel telefono con un'app nativa preinstallata.

Scorciatoie e automazione

Quando si apre l'app per la prima volta, si vedono tre menu in basso: scorciatoie, automazione e galleria. Qual è la differenza?

Le scorciatoie sono elementi che si possono aggiungere al telefono, un po' come le applicazioni, per cui si può avere un'icona che rappresenta la scorciatoia direttamente sulla schermata iniziale. "Automazione" sono le azioni che il telefono compie quando accade qualcosa: ad esempio, se lo si collega a CarPlay, il telefono fa X. ad esempio, il telefono fa X. "Galleria" sono le automazioni predefinite che si possono aggiungere.

Utilizzo delle scorciatoie

Per creare un collegamento, accedere al menu dei collegamenti e toccare "Crea collegamento".

Quindi, selezionare: "Aggiungi azione".

Da qui si definisce la scelta rapida. Si desidera avere un collegamento ogni volta che si desidera riprodurre la playlist di allenamento, ad esempio? Toccare "Media". Creerò una scorciatoia per chiamare mia moglie, in modo da non dover andare nell'app del telefono per farlo. Sotto i suggerimenti, seleziono "Chiama" e "Moglie".

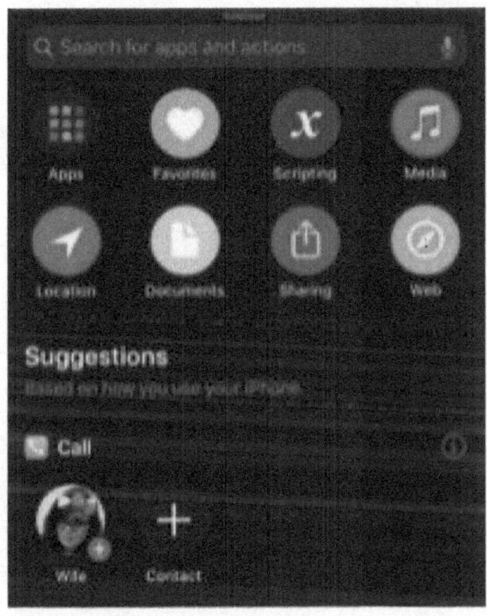

La scorciatoia viene creata. Da qui posso toccare il pulsante '+' per creare un'azione aggiuntiva. Ad esempio, ogni volta che la chiamo, ottenere l'ora di guida corrente in modo da poterle dire quanto sono lontano da casa.

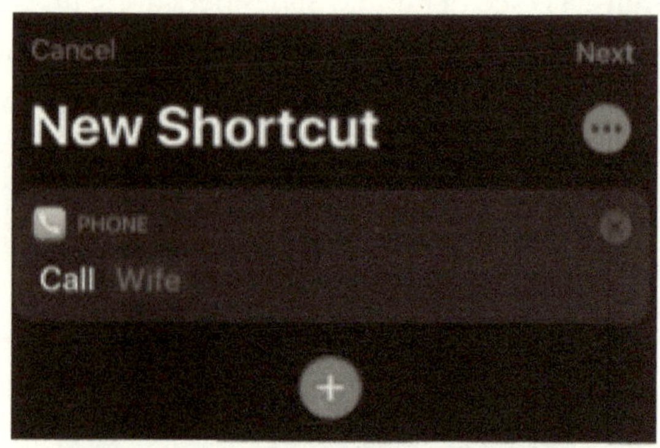

Se tocco i tre punti, posso personalizzare la scelta rapida.

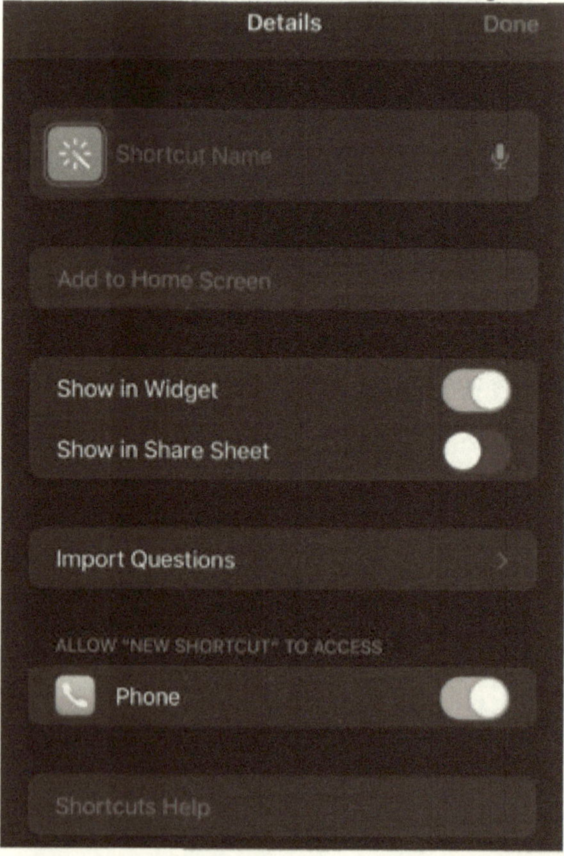

Una volta assegnato un nome, posso aggiungerlo alla schermata iniziale con "Aggiungi alla schermata iniziale". Da qui, se tocco la piccola icona, posso scegliere una foto personalizzata da assegnarle.

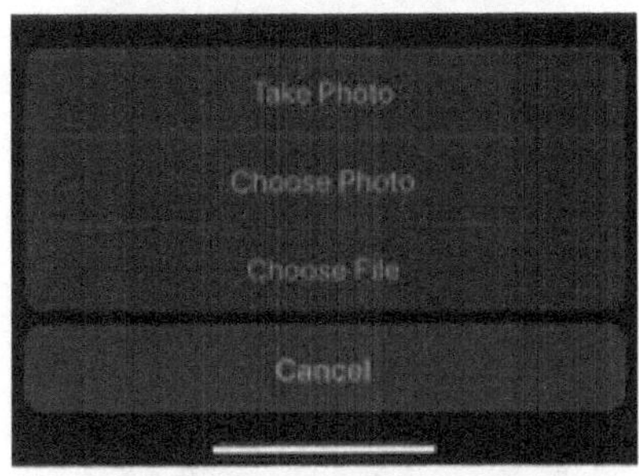

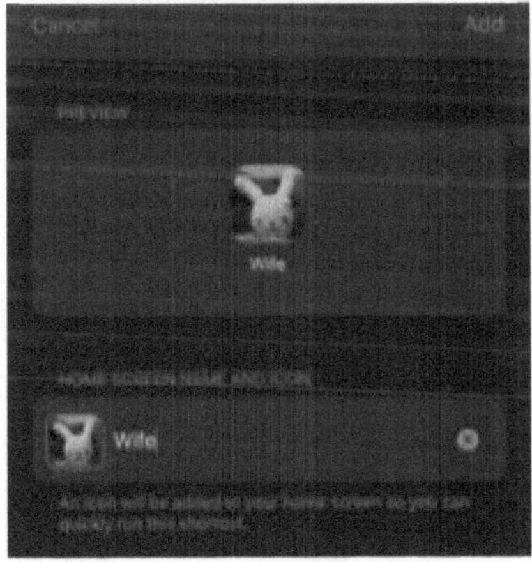

Una volta aggiunto, apparirà nella schermata iniziale.

Il collegamento appare anche nell'app Siri scorciatoia.

Per rimuoverlo, premere a lungo. Quindi toccare "Elimina".

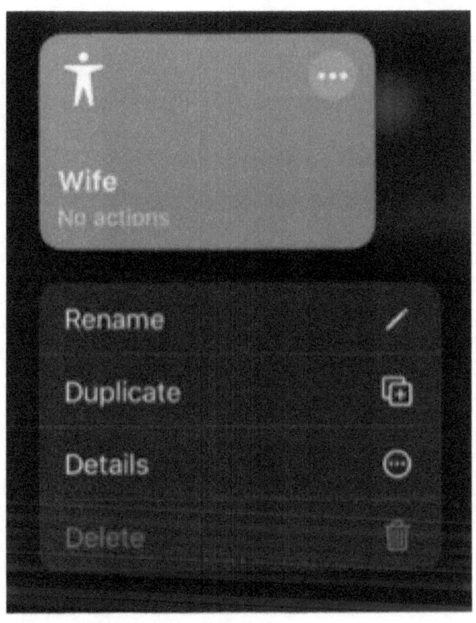

Utilizzo dell'automazione

L'aggiunta di un'automazione è simile al metodo utilizzato per le scorciatoie. Selezionate "Automazione" dal menu Siri Siri. Sono disponibili due opzioni. Automazione personale e Automazione domestica. Quella personale è un'automazione che si trova sul vostro dispositivo iOS e che potete utilizzare. L'automazione domestica è accessibile a chiunque in casa ed è ideale per un dispositivo come Homepod.

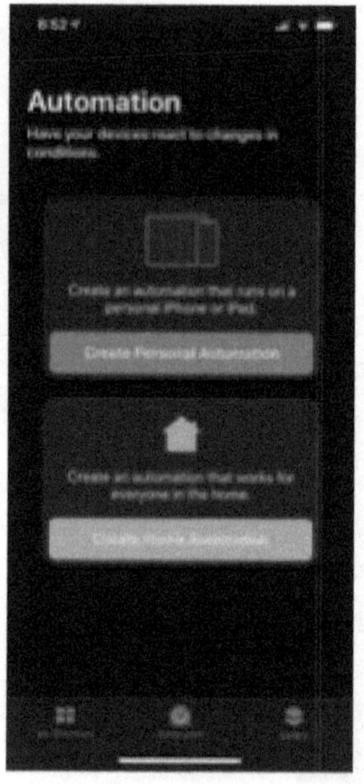

Una volta selezionato "Crea", apparirà una serie di suggerimenti. Selezionate quelli desiderati e seguite i passaggi.

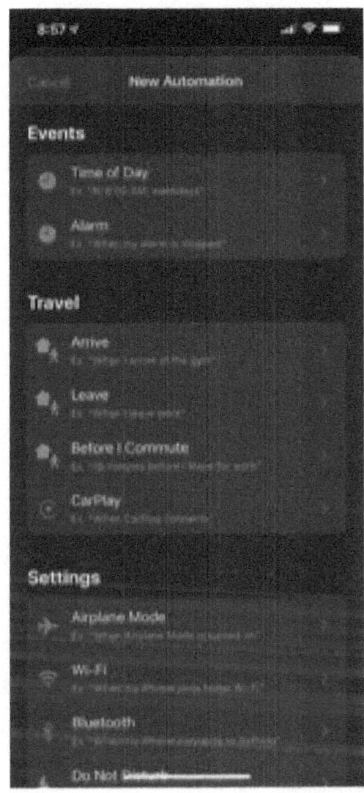

Per rimuovere l'automazione, passare il dito su di essa e selezionare "Elimina".

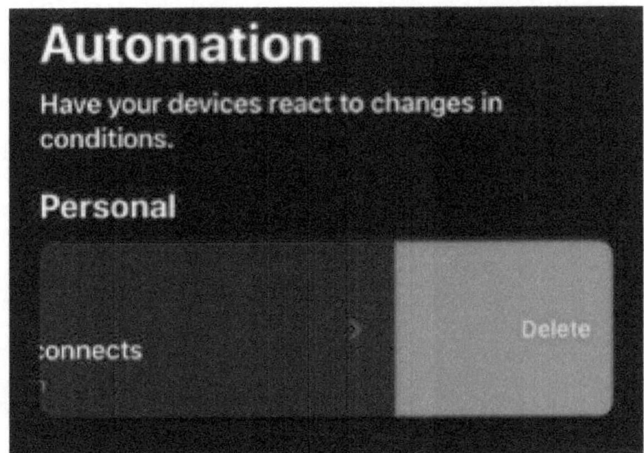

Servizi Apple

Questo capitolo tratta di:

- iCloud
- Sala giochi Apple
- Apple Music
- Applte TV+
- Notizie Apple
- Carta Apple

Un tempo, poche volte all'anno, Apple saliva sul palco e annunciava qualcosa che faceva esplodere la testa di tutti! L'iPhone! L'iPad! L'Apple Watch! L'iPod!

Questo accade ancora oggi, ma Apple è ben consapevole della realtà: la maggior parte delle persone non passa a un nuovo hardware ogni anno. Come fa un'azienda a guadagnare quando questo accade? In una parola: con i servizi.

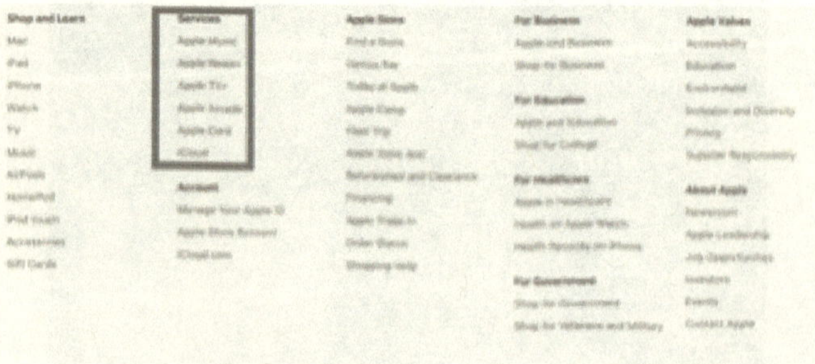

Negli ultimi anni (in particolare nel 2019) Apple ha annunciato diversi servizi, che le persone avrebbero scelto di pagare mensilmente. Era un modo per continuare a fare soldi anche quando le persone non acquistavano hardware.

Perché funzionasse, Apple sapeva che doveva essere buono. Non potevano offrire un servizio di qualità inferiore e aspettarsi che la gente pagasse perché c'era scritto Apple. Doveva essere buono. E così è!

Questo libro vi illustrerà questi servizi e vi mostrerà come sfruttarli al meglio.

iCloud

iCloud è un servizio di cui Apple non parla molto, ma è forse il suo servizio più importante. Si stima che quasi 850 milioni di persone lo utilizzino. Il problema, tuttavia, è che molte persone non sanno nemmeno di usarlo.

Che cos'è esattamente? Se conoscete Google Drive, probabilmente avete già capito il concetto. Si tratta di un archivio online. Ma è molto di più. È un luogo in cui è possibile archiviare file e sincronizzare tutto: se si invia un messaggio sull'iPhone, questo viene visualizzato sul MacBook e sull'iPad. Se si lavora a una presentazione Keynote dall'iPad, si può continuare da dove si è interrotto sull'iPhone.

La cosa migliore di iCloud è che è conveniente. I nuovi telefoni hanno 5 GB gratuiti. La gamma di prezzi è la seguente (si noti che questi prezzi possono cambiare dopo la stampa):

- 50GB: $0,99
- 200GB: $2,99
- 2TB: $9,99

Questi prezzi si riferiscono a tutti i membri della famiglia. Quindi, se avete cinque persone nel vostro piano, ogni persona non ha bisogno di un proprio piano di archiviazione. Questo significa anche che gli acquisti vengono salvati: se un membro della famiglia acquista un libro o un film, tutti possono accedervi.

iCloud è diventato ancora più potente con la crescita della nostra libreria fotografica. Un tempo le foto erano relativamente piccole, ma con il progresso delle fotocamere le dimensioni sono aumentate. La maggior parte delle foto sul telefono ha una dimensione di diversi MB. iCloud consente di tenere le foto più recenti sul telefono e di mettere quelle più vecchie nel cloud. Inoltre, non dovete preoccuparvi di pagare il telefono con il disco rigido più grande: anche se avete il disco rigido più grande, è possibile che non riesca a contenere tutte le vostre foto.

Dove si trova iCloud?

Se guardate il vostro telefono, non vedrete alcuna applicazione iCloud. perché non c'è un'applicazione iCloud. Questo perché non esiste un'app iCloud. C'è un'applicazione "File"che funziona come un archivio.

Per vedere iCloudpuntare il browser del computer su iCloud.com.

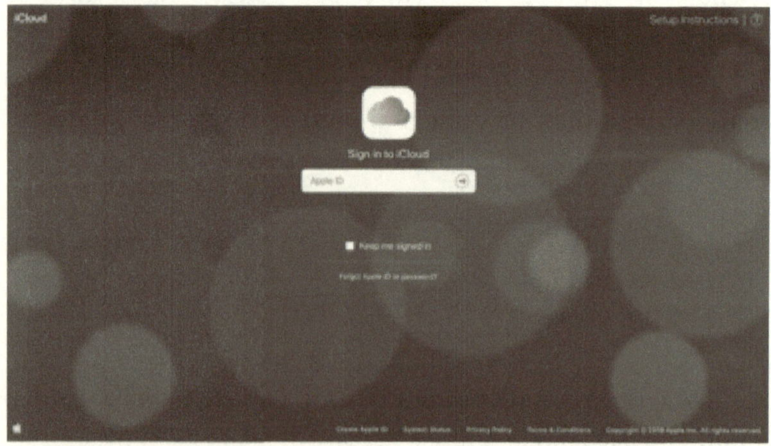

Una volta effettuato l'accesso, vedrete tutte le cose archiviate nel vostro cloud: foto, contatti, note, file; sono tutte cose a cui potete accedere su tutti i vostri dispositivi.

Inoltre, è possibile utilizzare iCloud da qualsiasi computer (anche da PC); questo è particolarmente utile se dovete usare Trova iPhone, che localizza non solo il vostro iPhone, ma anche tutti i vostri dispositivi Apple: telefoni, orologi, persino gli AirPods..

Backup del telefono con iCloud

La prima cosa da sapere su iCloud è come eseguire il backup del telefono con esso. Questo è ciò che dovrete fare se state passando da un telefono a un altro.

Se non c'è un'applicazione iCloud sul telefono, come si fa? Sebbene non ci sia un'app nativa nel senso tradizionale del termine, ci sono diverse impostazioni di iCloud nell'app Impostazioni.

Aprite l'app Impostazioni; in alto vedrete il vostro nome e l'immagine del profilo; toccatela.

Si aprono così le impostazioni del mio ID, dove è possibile aggiornare elementi come i numeri di telefono e l'e-mail. Una delle opzioni è iCloud. Toccare.

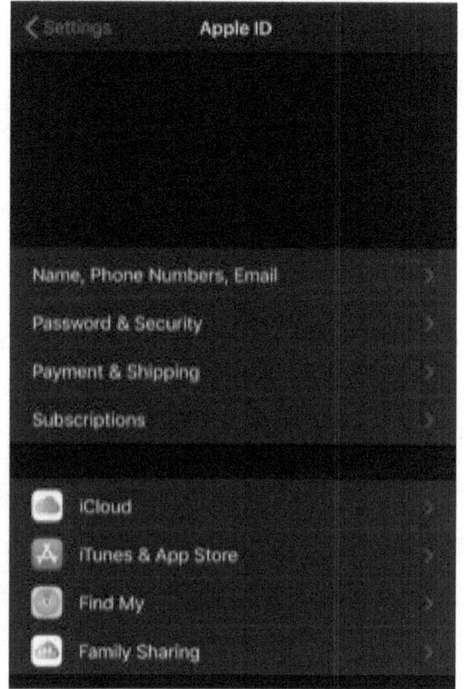

Scorrete un po' verso il basso fino a raggiungere l'impostazione che dice iCloud Backup e toccatela.

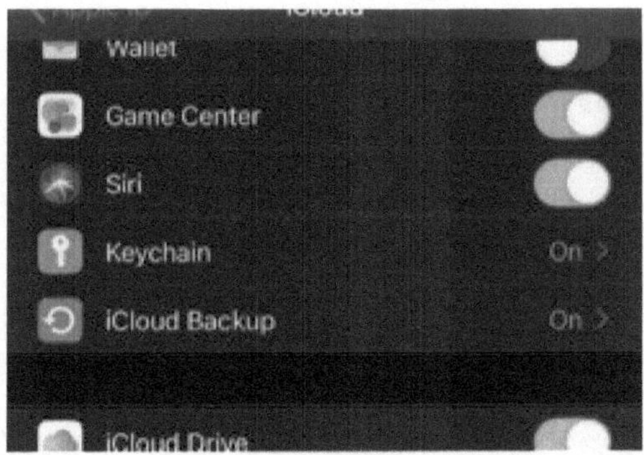

Probabilmente sarà acceso (l'interruttore a levetta sarà verde); se si preferisce fare le cose manualmente, è possibile disattivarlo e poi fare Esegui backup ora. Se si disattiva, si dovrà eseguire un backup manuale ogni volta.

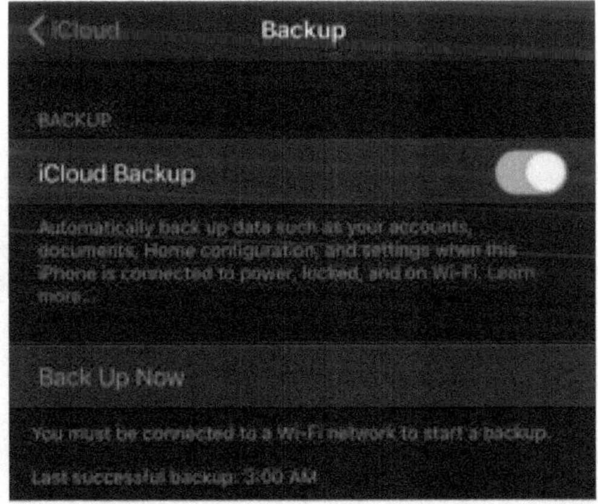

Da iCloudè anche possibile modificare le app che utilizzano iCloud e vedere quanto spazio è rimasto. Nel mio caso, ho un piano da 2 TB e ne abbiamo utilizzato circa la metà.

Se si tocca Gestione dello spazio di archiviazione, è possibile vedere dove viene utilizzato lo spazio di archiviazione. È anche possibile aggiornare o ridurre il proprio account da questa pagina, toccando Cambia piano di archiviazione.

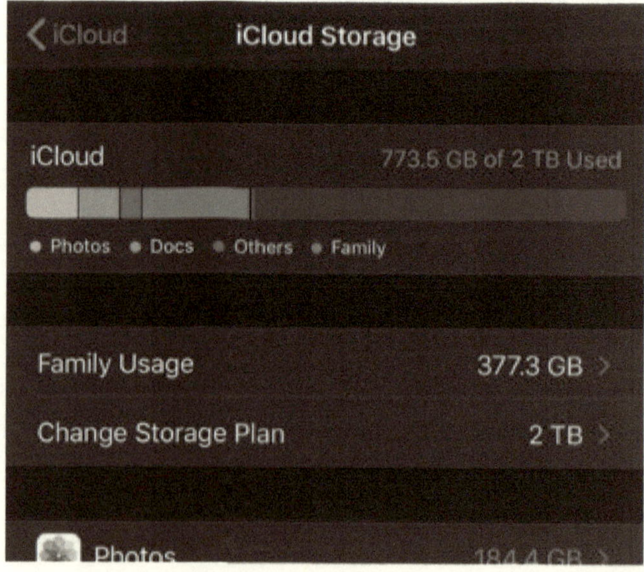

Toccando la voce Uso della famiglia è possibile vedere in modo più specifico quali membri della famiglia utilizzano cosa. Da questa pagina è anche possibile interrompere la condivisione.

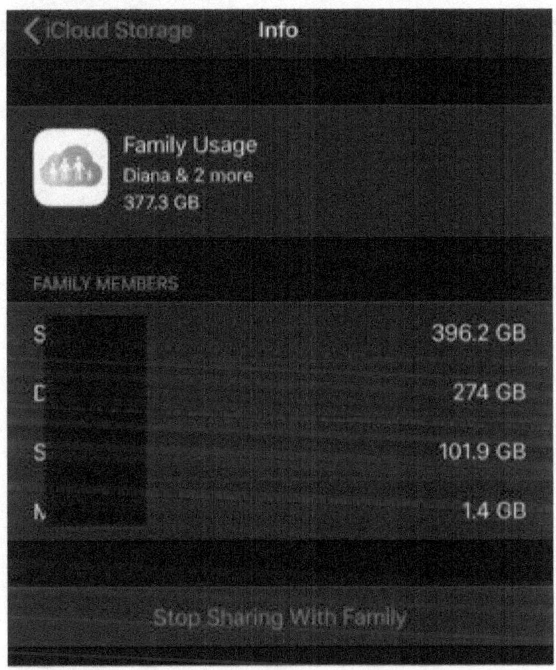

Passaggio a un nuovo dispositivo

Quando si acquista un nuovo dispositivo, durante la configurazione viene chiesto di accedere con l'ID Apple associato al dispositivo precedente e di scegliere l'opzione di ripristino da un dispositivo precedente.

Condividere le foto con iCloud

Per condividere e fare il backup delle foto con iCloudandare in Impostazioni > Foto e assicurarsi che l'opzione Foto di iCloud sia selezionata in verde. Se si è a corto di spazio di archiviazione, è possibile selezionare l'opzione sottostante per ottimizzare l'archiviazione.

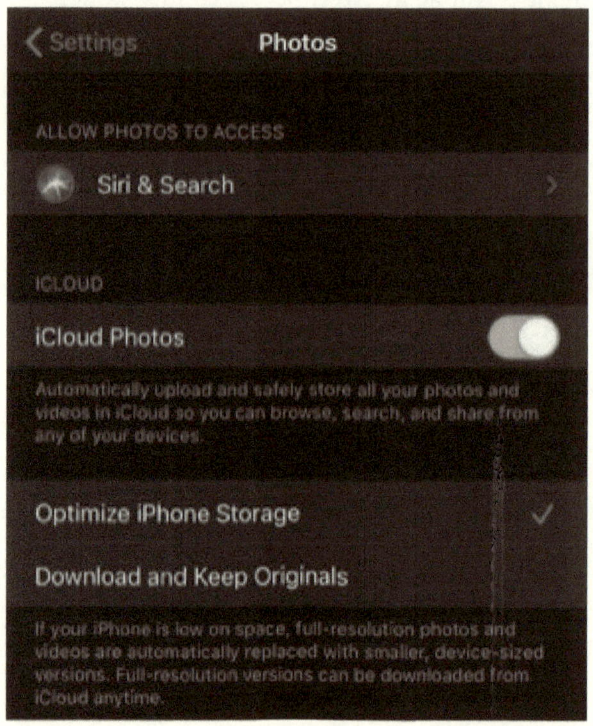

File App

Per vedere i file del cloud, aprire l'applicazione File .

La prima cosa che vedrete sono tutti i vostri file recenti.

Se non trovate quello che cercate, andate nelle schede in basso e passate da Recenti a Sfoglia.

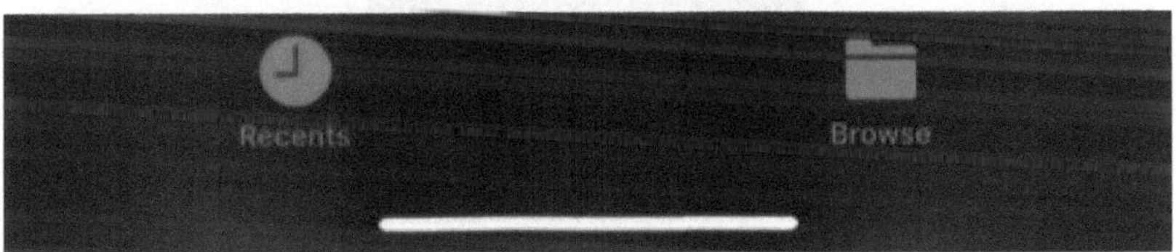

Si apre un'esplorazione dei file dall'aspetto più tradizionale.

Se si desidera creare una nuova cartella, collegarsi a un server o scansionare un documento, toccare i tre punti nell'angolo in alto a sinistra per aprire le opzioni dell'applicazione.

Scansione documenti consente di utilizzare la fotocamera come un tradizionale scanner piano per acquisire e stampare documenti.

È possibile toccare Ordina per nome per modificare l'ordinamento dei file.

iCloud Impostazioni

Un'altra importante serie di impostazioni di iCloud si trova in Impostazioni > Generali > Archiviazione iPhone.

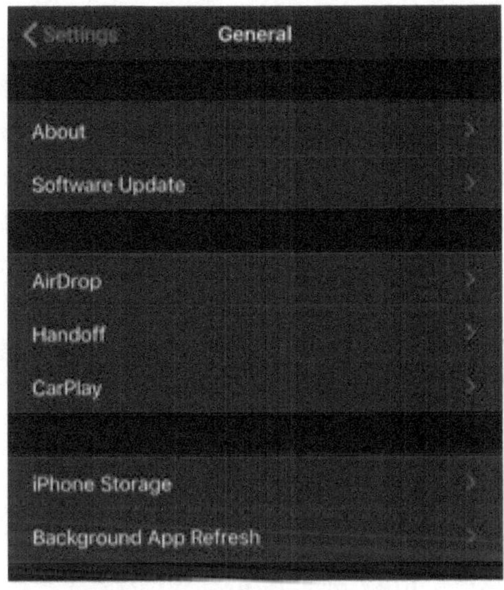

Toccando questa opzione, viene mostrata la quantità di spazio di archiviazione utilizzato dalle applicazioni e vengono forniti suggerimenti.

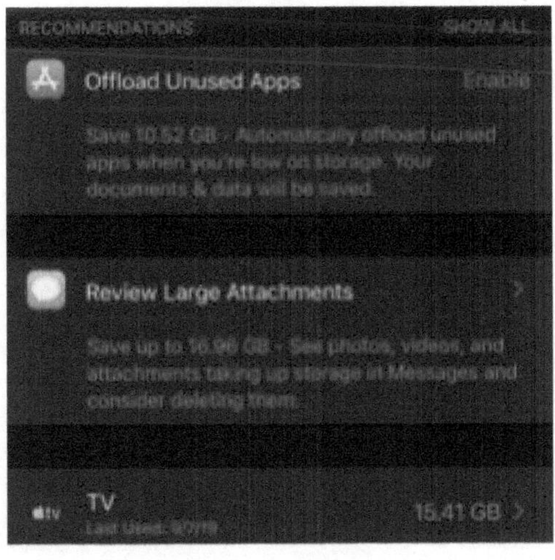

Sala giochi Apple

Apple Arcade è una sorta di Netflix per i giochi. Il costo è di 4,99 dollari al mese (niente di aggiuntivo per gli altri membri della famiglia: si può condividere con un massimo di cinque membri).

Il prezzo consente di accedere a oltre 100 giochi. A differenza di alcuni servizi di streaming in cui è necessario giocare online, Apple Arcade consente di scaricare i giochi per giocarli offline. È possibile giocare su tutti i dispositivi Apple compatibili: iPhone, iPad e Apple TV.. Quando si smette di giocare sul telefono, si può ricominciare a giocare dal punto in cui si era interrotto sul televisore o sull'iPad.

Non ci sono annunci e si può usare con il controllo parentale.

Come iscriversi

Apple Arcade non è un'applicazione. È un servizio. Si scarica solo ciò che si desidera. Ci si iscrive visitando l'App Store e toccando Arcade. Si accede così al menu principale di Arcade, dove è sufficiente toccare Iscriviti.

Una volta effettuata l'iscrizione, verrà visualizzato un menu di benvenuto.

Il menu Arcade è ora sostituito dai giochi che si possono scaricare. Toccare "Ottieni" per ogni gioco desiderato. 4,99 dollari sono per tutto, non per ogni app.

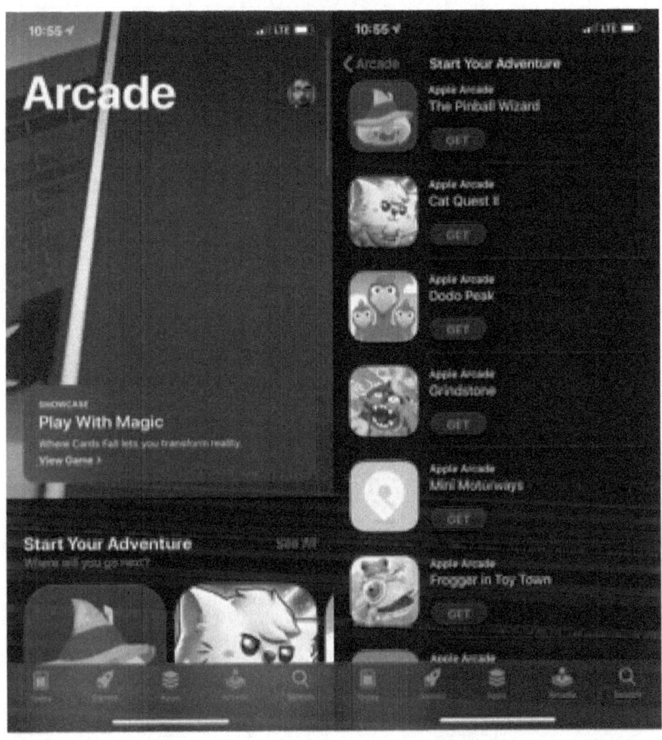

Quando leggete il gioco, fate attenzione alle dimensioni dell'app; se avete limitazioni di dati, assicuratevi di scaricarla tramite Wi-Fi..

L'app si presenta come tutte le altre app presenti sul telefono. L'unica differenza è la schermata iniziale, che dice "Arcade".."

Cancellazione di Arcade Abbonamento

Tutti gli abbonamenti vengono annullati allo stesso modo. Accedere all'app store e toccare il proprio account. Quindi, toccare Abbonamenti.

Questo mostra tutti gli abbonamenti attivi, compreso Apple Arcade..

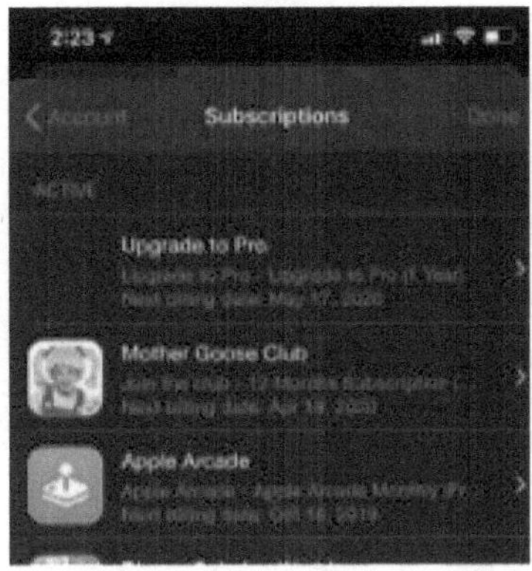

Una volta fatto clic su di esso, in basso è presente un'opzione di annullamento.

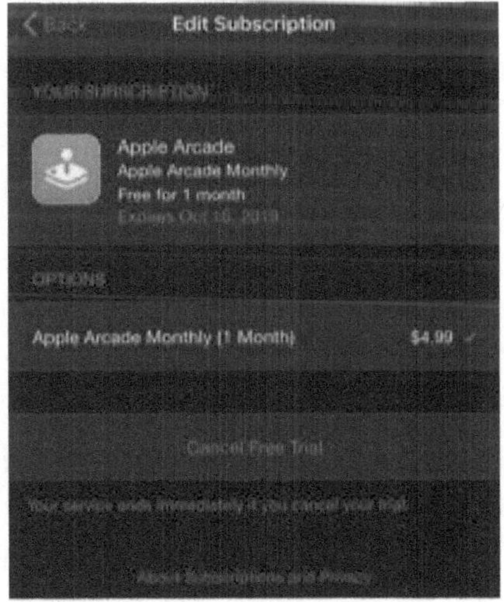

Riceverete una notifica che vi informa che tutti i vostri giochi saranno cancellati dopo la scadenza dell'abbonamento (nota: scade alla data di scadenza originale, non alla data di cancellazione).

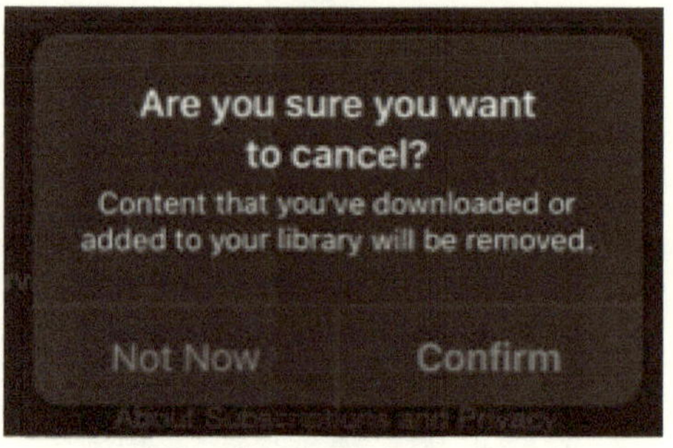

I dettagli dell'abbonamento ora indicano quando è stato annullato.

Apple TV+

Apple sta lavorando silenziosamente a un servizio TV per un bel po' di tempo. Nel 2019 ha finalmente rivelato i dettagli. Il prezzo è di 4,99 dollari al mese (gratuito per un anno se si acquista un iPhone, un iPad, un Apple Watch, una Apple TV o un Mac - si noti che questo potrebbe cambiare in futuro) e il lancio è previsto per il 1° novembre.

Per guardare uno di questi programmi, accedere all'applicazione TV è disponibile su Apple TV, iPad e iPhone. È disponibile su Apple TV, iPad e iPhone; ricorda la posizione dell'utente, quindi se si mette in pausa su un dispositivo, si può riprendere da dove si era interrotto su un altro.

Gli spettacoli e i film vengono aggiunti mensilmente e gli spettacoli attuali vengono riproposti per le stagioni future, quindi aspettatevi che quest'area cambi rapidamente.

Apple Music

Apple Music è il servizio di streaming musicale di Apple.

La domanda che molti si pongono è quale sia il migliore: Spotify o Apple Music? Sulla carta è difficile dirlo. Entrambi hanno lo stesso numero di canzoni e costano lo stesso (9,99 dollari al mese, 5 dollari per gli studenti, 14,99 dollari per le famiglie).

Non c'è un chiaro vincitore. Tutto si riduce alle preferenze. Spotify ha alcune buone caratteristiche, come un piano gratuito supportato da pubblicità.

Una delle caratteristiche principali di Apple Music è iTunes Abbinamento. Se siete come me e avete una grande collezione di file audio sul vostro computer, allora amerete iTunes Match. Apple mette questi file nel cloud e voi potete ascoltarli in streaming su tutti i vostri dispositivi. Questa funzione è disponibile anche se non avete Apple Music per 25 dollari all'anno.

Apple Music funziona bene anche con i dispositivi Apple; quindi, se siete una casa Apple (cioè tutto ciò che possedete, dagli altoparlanti intelligenti alle TV televisori, ha il logo Apple), allora Apple Music è probabilmente la soluzione migliore per voi.

Apple è compatibile con altri altoparlanti intelligenti, ma è costruita per brillare sui propri dispositivi.

Non parlerò di Spotify in questa sede, ma il mio consiglio è di provarli entrambi (entrambi hanno una prova gratuita) e vedere quale interfaccia preferite.

Apple Music Corso intensivo

Prima di esaminare la situazione di Apple Musicvale la pena di notare che ora è possibile accedere ad Apple Music dal browser web (in forma beta): http://beta.music.apple.com.

Vale anche la pena di notare che ho una bambina piccola e non ho la possibilità di ascoltare molta musica "per adulti", quindi gli esempi qui mostreranno molta musica per bambini!

La navigazione principale su Apple Music si trova in basso. Ci sono cinque menu di base tra cui scegliere:

- Biblioteca
- Per voi
- Sfogliare
- Radio
- Ricerca

Biblioteca

Quando si creano playlist o si scaricano brani o album, è qui che li si trova.

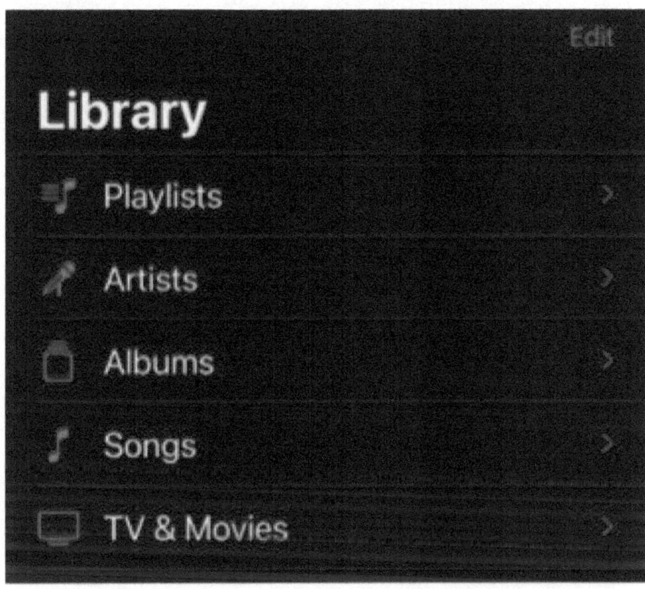

È possibile modificare le categorie visualizzate in questo primo elenco toccando Modifica e selezionando le categorie desiderate. Assicurarsi di premere Fine per salvare le modifiche.

Quando si tocca la playlist che si desidera riprodurre, è anche possibile condividerla con gli amici toccando i tre punti che mostrano il menu delle opzioni e poi toccando Condividi playlist.

Ascolta ora

Man mano che si ascolta musica, Apple Music inizia a conoscervi sempre di più e a consigliarvi in base a ciò che state ascoltando. In Ascolta ora è possibile ottenere un mix di tutti questi brani e vedere altre raccomandazioni.

Oltre a diversi stili di musica, offre anche le raccomandazioni degli amici, in modo da poter scoprire nuova musica in base a ciò che i vostri amici stanno ascoltando.

Sfogliare

Non vi piacciono queste raccomandazioni? È anche possibile sfogliare i generi nel menu Sfoglia. Oltre alle diverse categorie di generi, è possibile vedere quali sono le novità musicali e i brani più popolari.

Radio

La radio è la versione Apple di AM/FM; la stazione radio principale è Beats One. Ci sono DJ in onda e tutto ciò che ci si aspetta da una stazione radio.

Beats One è la stazione di punta di Apple, ma non è l'unica. È possibile scorrere verso il basso e toccare Radio Stations sotto More per esplorare e vedere diverse altre stazioni basate su stili musicali (ad esempio, country, alternative, rock, ecc.). Sotto questo menu, troverete anche una manciata di stazioni radiofoniche che coprono notizie e sport. Non aspettatevi di trovare la stessa talk radio ricca di opinioni che potreste ascoltare alla radio normale: è piuttosto priva di polemiche.

Ricerca

L'ultima opzione è il menu di ricerca, che si spiega da sé. Digitare ciò che si desidera trovare (ad esempio, artista, album, genere, ecc.).

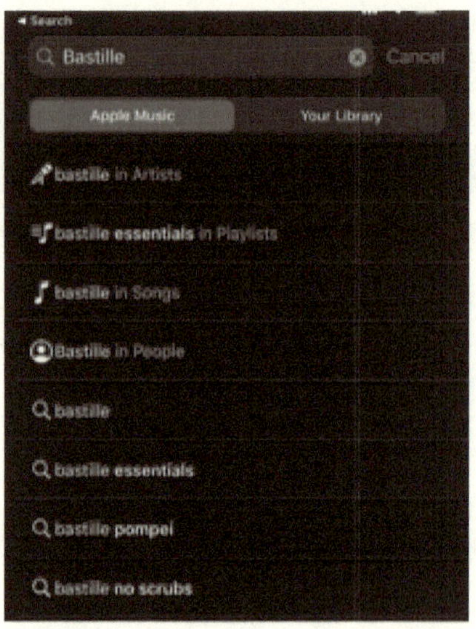

Ascoltare la musica e creare una playlist

È possibile accedere alla musica che si sta ascoltando nella parte inferiore dello schermo.

Viene visualizzata una schermata completa di ciò che si sta ascoltando con diverse opzioni.

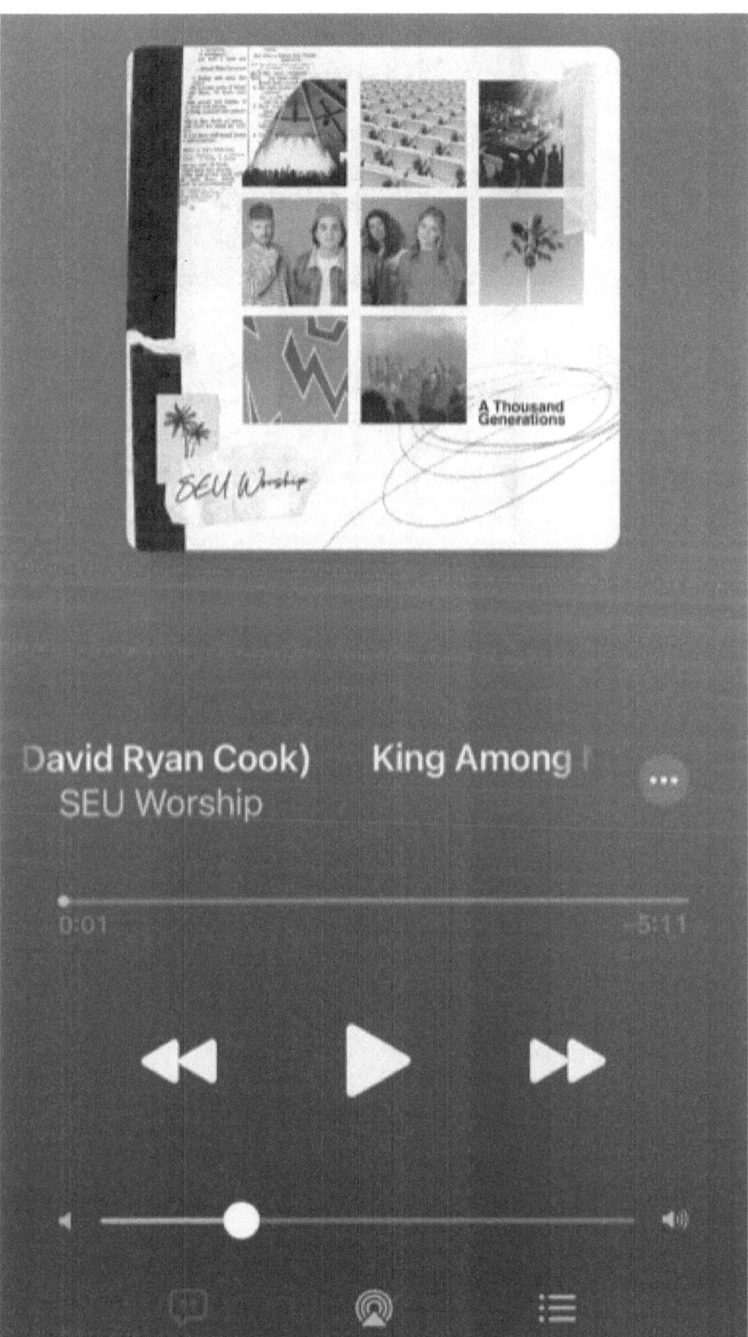
A Thousand
Generations
SEU Worship
David Ryan Cook)   King Among
SEU Worship
0:01
5:11

I pulsanti play, avanti/indietro e volume sono piuttosto semplici. I pulsanti sottostanti potrebbero sembrare nuovi.

La prima opzione riguarda i testi. Se la canzone è in pausa, è possibile leggere il testo; se la canzone è in riproduzione, il testo della canzone in corso viene messo in grassetto. Se vi siete mai chiesti se il cantante stia dicendo "dense" o "dance", questa funzione vi cambierà le carte in tavola.

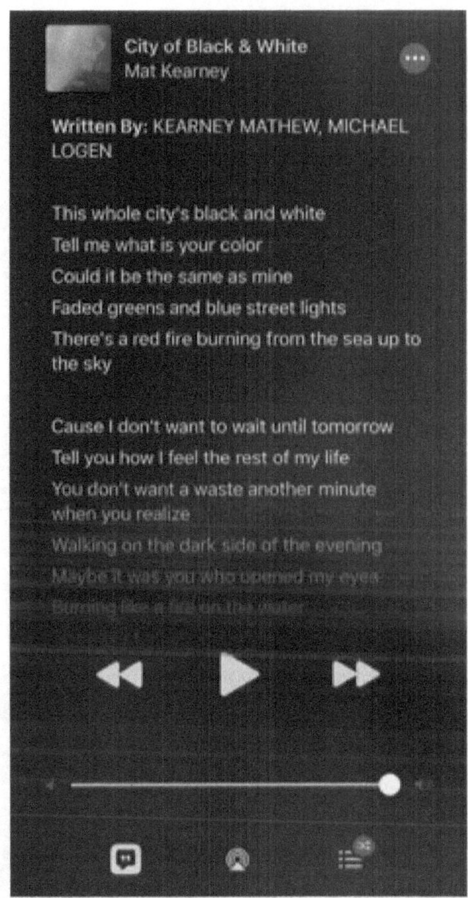

L'opzione centrale consente di scegliere dove riprodurre la musica. Ad esempio, se si possiede un HomePod e si desidera ascoltare la musica in modalità wireless da quel dispositivo, si può cambiare qui.

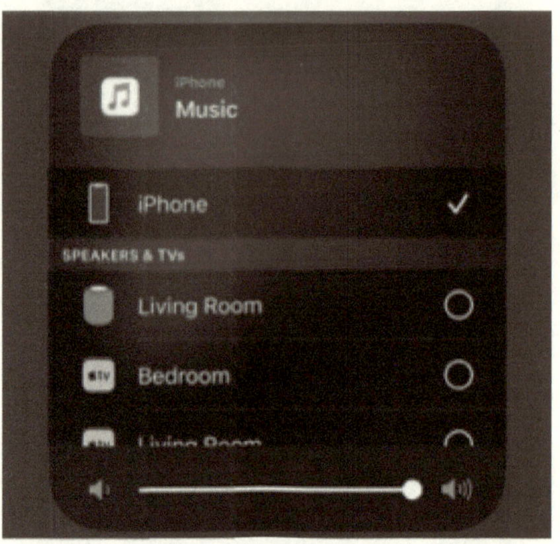

L'ultima opzione mostra i brani successivi della playlist.

Se si desidera aggiungere un brano a una playlist, fare clic sui tre punti accanto al nome dell'album/artista. Si aprirà un elenco di opzioni (si può anche andare qui per amare o odiare un brano, il che aiuta Apple Music a capire cosa piace); l'opzione desiderata è Aggiungi a una playlist. a capire cosa vi piace); l'opzione desiderata è Aggiungi a una playlist. Se non avete una playlist o volete aggiungerla a una nuova, potete anche crearne una qui.

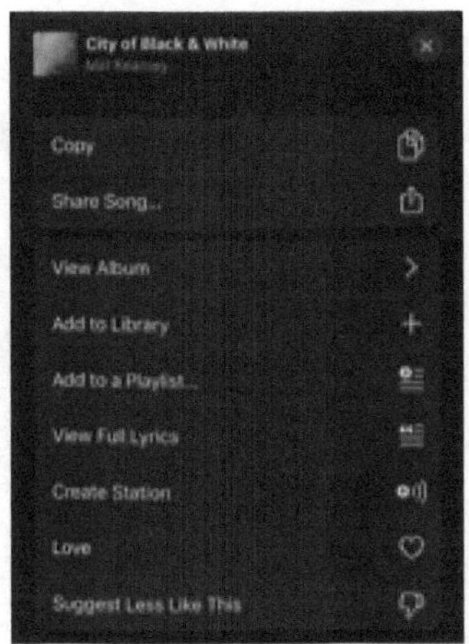

In qualsiasi momento, è possibile toccare il nome dell'artista per vedere tutta la sua musica.

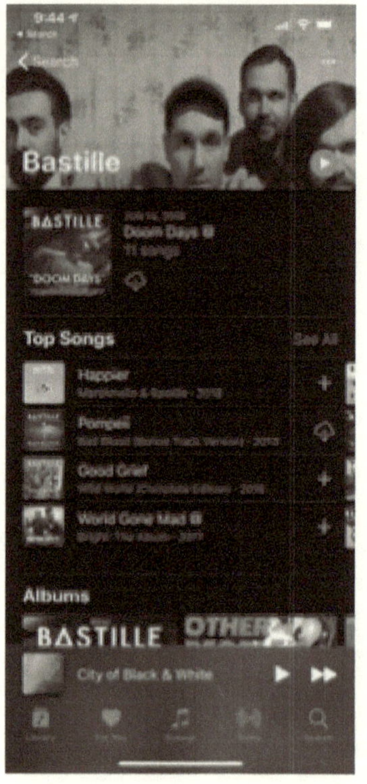

Oltre a vedere le informazioni sul gruppo, le sue canzoni più popolari e i suoi album, è possibile ottenere una playlist dei suoi brani essenziali o una playlist di gruppi che hanno influenzato.

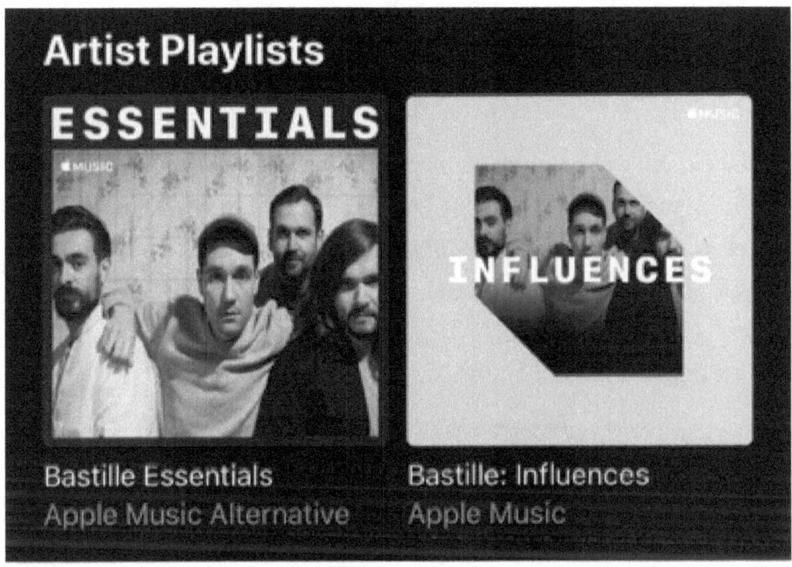

Se si scorre in fondo, si possono vedere anche gli Artisti simili, un ottimo modo per scoprire nuovi gruppi musicali simili a quelli che si stanno ascoltando.

Consigli per ottenere il massimo da Apple Music

Cuore

Vi piace quello che sentite? Lo apprezzate! Lo odiate? Non mi piace. Apple impara a conoscervi in base a ciò che ascoltate, ma migliora l'accuratezza quando gli dite cosa pensate di una canzone che vi piace davvero... o che odiate davvero.

Impostazioni di utilizzo

Alcune delle funzioni più utili di Apple Music non si trovano in Apple Music, ma nelle impostazioni.

Aprire l'applicazione Impostazioni e scorrere verso il basso fino a Musica..

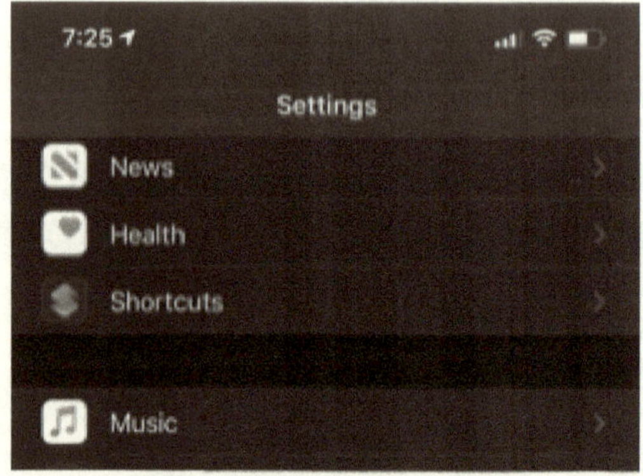

Ci sono alcune cose da notare.

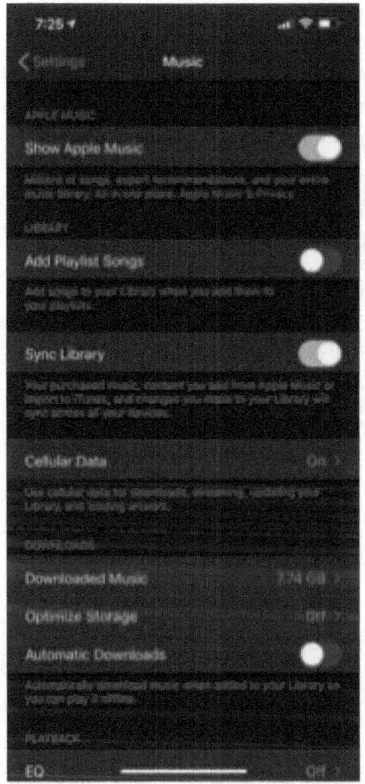

Il primo è sotto la voce Dati. Toccando questa voce, si vedrà un'opzione per attivare o disattivare lo streaming ad alta qualità. Se volete ottenere la migliore qualità anche quando utilizzate i dati, attivatela.

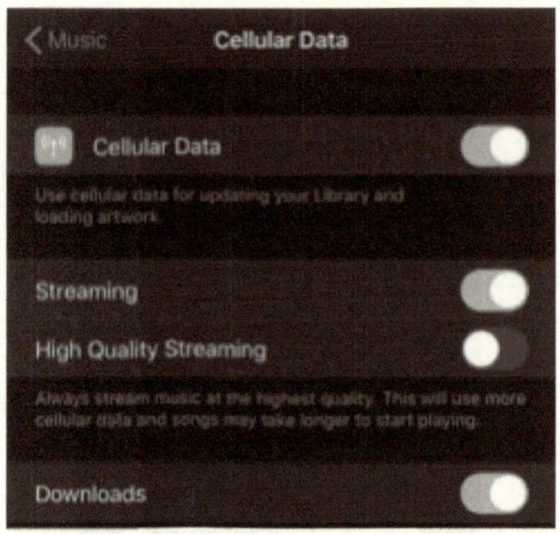

Quindi, andare su Ottimizza memoria. Se lo spazio a disposizione è insufficiente, toccare per disattivarlo.

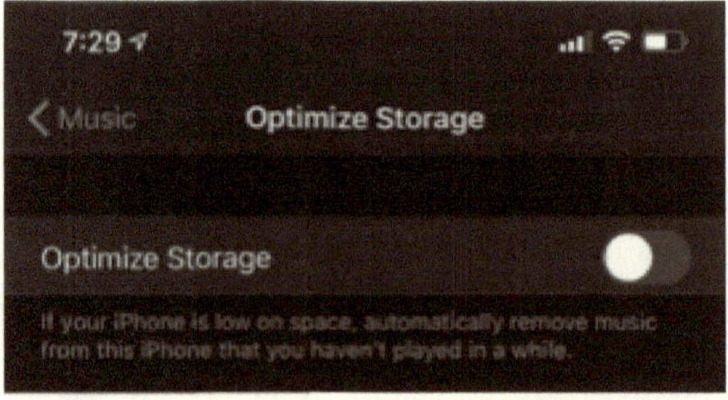

Se si desidera modificare il suono della musica, ad esempio aumentando o diminuendo i bassi, si può andare su EQ nelle impostazioni.

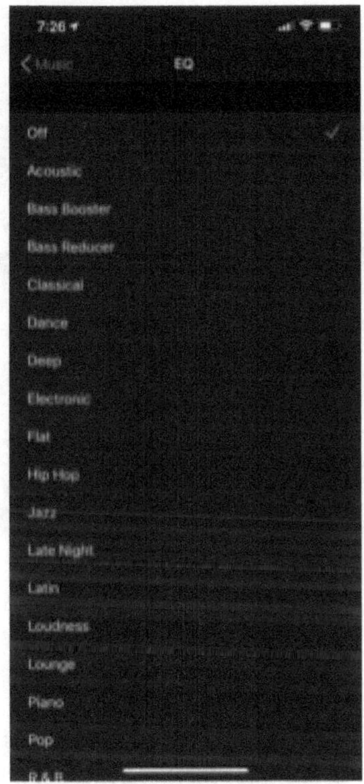

Scarica la musica

Se non si vuole fare affidamento sui dati quando si è in viaggio, assicurarsi di toccare la nuvola sulla musica per scaricarla localmente sul telefono. Se non vedete una nuvola, aggiungetela alla vostra libreria toccando il più, che dovrebbe trasformarla in una nuvola.

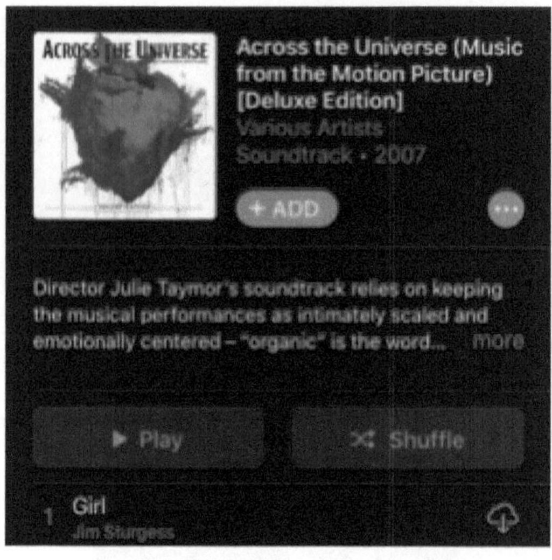

Ciao Siri

Siri conosce la musica! Dite "Ehi Siri" e dite cosa volete ascoltare, e l'intelligenza artificiale si metterà al lavoro.

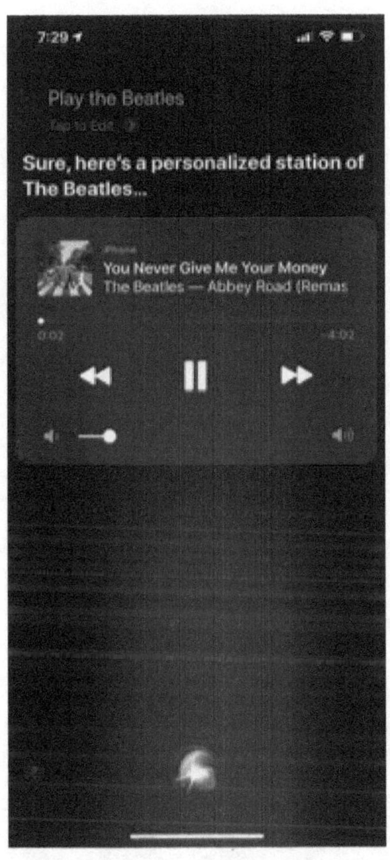

Svegliarsi con la musica

Se si desidera svegliarsi con una canzone invece che con un ronzio,
aprire la sveglia. Quindi, toccare "Suono."

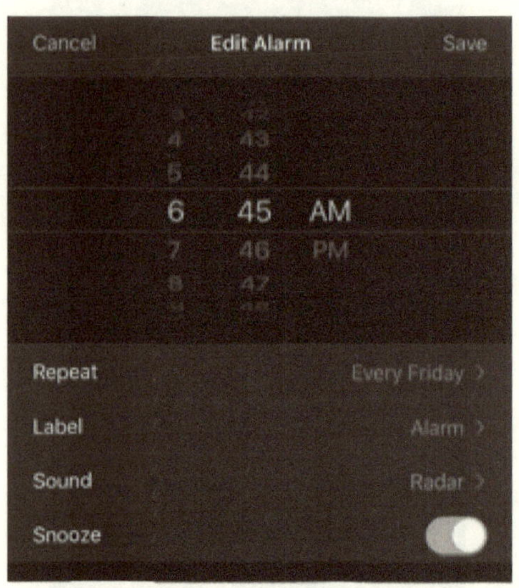

Da qui, selezionare "Scegli una canzone".

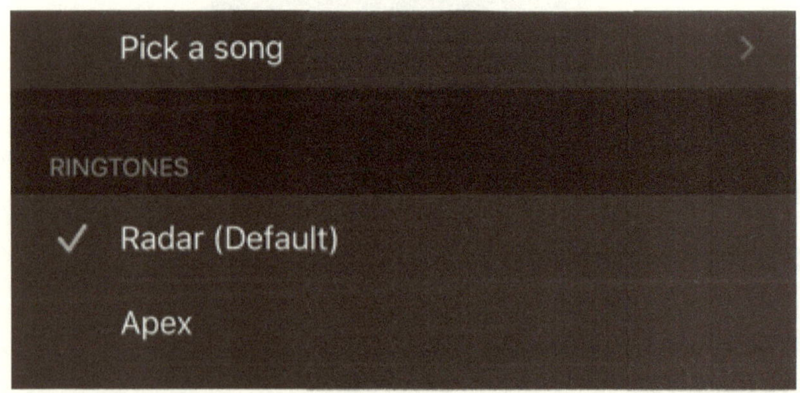

Infine, scegliete la vostra musica.

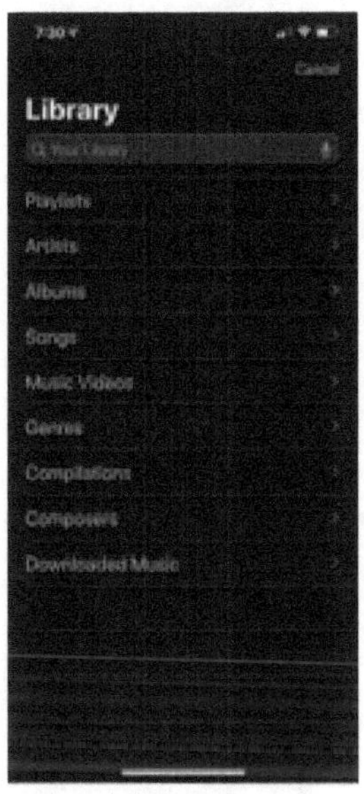

Notizie Apple+

Nel 2012, una piccola app con grandi ambizioni chiamata Next (poi cambiata in Texture) ha sconvolto il settore delle riviste creando il Netflix delle riviste. A un prezzo contenuto, si potevano leggere centinaia di riviste (e anche i loro numeri arretrati). Non si trattava di piccole riviste indipendenti, ma di grandi riviste: People, Time, Wired e altre ancora.

Apple ne ha preso atto e, nel 2018, ha acquisito l'azienda. La scritta era sul muro: Apple voleva entrare nei servizi di stampa.

Nel 2019 è stato annunciato che Texture avrebbe chiuso perché Apple avrebbe rilasciato un nuovo servizio chiamato News+. News+ fa tutto quello che faceva Texture, ma combina anche i giornali (Los Angeles Times e Wall Street Journal).

Esiste una versione gratuita del servizio che raccoglie le notizie per voi; la versione a pagamento che prevede l'abbonamento alle riviste costa 9,99 dollari. (È possibile avere cinque membri della famiglia nel proprio piano).

Ciò che rende Apple News è che è curata per voi e per i vostri gusti. Se avete altri membri della famiglia sul vostro piano, le notizie saranno curate anche per loro: si basano sui gusti dell'utente, quindi se un membro della famiglia è appassionato di notizie di intrattenimento e voi di giochi, non vedrete i loro interessi, ma solo i vostri.

Notizie su Apple Corso intensivo

Per iniziare, aprire l'applicazione News dal vostro telefono (se non è presente sul vostro telefono, è possibile scaricarla gratuitamente dall'app store).

L'interfaccia utente dell'app è piuttosto semplice. Nella parte inferiore sono presenti tre opzioni di menu:

Oggi: è qui che troverete le vostre notizie curate

Notizie+-Dove si trovano le riviste

Following: qui è possibile modificare i propri interessi e non seguire determinate notizie.

Oggi

Il menu Oggi offre tutte le notizie (a partire da quelle più importanti/attuali) in un formato scorrevole.

L'app si basa molto sui gesti. Passando il dito a sinistra su un titolo/una storia, si ottengono le opzioni per suggerire altre storie simili, condividere la storia o salvarla per un secondo momento.

Passando il dito a destra su una storia, è possibile non apprezzarla (in modo da non mostrare più storie simili) o segnalarla. In genere, "segnalare" in un'app di notizie significa ritenere che la notizia sia in qualche modo inappropriata; è così anche in questo caso, ma ci sono altri motivi per segnalarla: ad esempio, è datata male, è nella categoria sbagliata, è un link rotto o altro.

Scorrendo verso il basso, si iniziano a vedere diverse categorie (Storie di tendenza nell'esempio qui sotto); quando si toccano i tre punti con un cerchio, si ottiene un'opzione per bloccarla in modo che non venga più visualizzata nel feed.

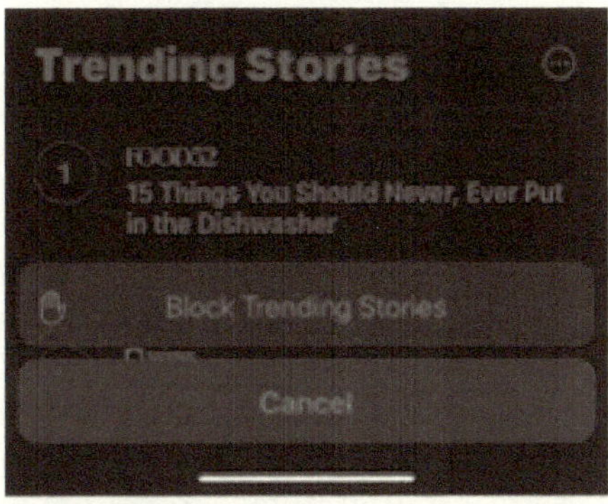

Quando si tocca per leggere una storia, ci sono solo poche opzioni. In alto, c'è l'opzione per ingrandire o rimpicciolire il testo; accanto a questa c'è l'opzione per condividere la storia con gli amici (a patto che abbiano Apple News). Per passare alla storia successiva, c'è un'opzione nell'angolo in basso a destra (o passare il dito a sinistra dall'angolo destro dello schermo); per tornare alla pagina precedente, toccare la freccia indietro nell'angolo in alto a sinistra o passare il dito a destra dal lato sinistro dello schermo.

Una critica mossa ad Apple News da parte di alcuni è stata la sua interfaccia utente; quando Apple ha annunciato il servizio insieme alla partnership con il *Los Angeles Times* e il *Wall Street Journal*, molti si aspettavano un formato simile a quello della sezione riviste: un layout da giornale completo.

Peggio ancora, molti non sapevano nemmeno come trovare il giornale. E se lo trovavano, non potevano cercare le storie. Sebbene l'app sia piuttosto ricca di risorse, si tratta ancora di un prodotto iniziale e alcune delle funzioni desiderate potrebbero non essere ancora disponibili.

Detto questo, è possibile leggere "più o meno" il Los Angeles Times (o qualsiasi giornale in Apple News) in modo più tradizionale. Per prima cosa, trovate nel vostro feed un articolo della testata che volete approfondire, quindi fate clic sul nome della testata nella parte superiore dell'articolo.

In questo modo viene visualizzata la pubblicazione e tutti gli argomenti di quella pubblicazione.

Se volete cercare una storia o una pubblicazione in particolare, andate su Following nella scheda in fondo allo schermo e cercate ciò che volete trovare.

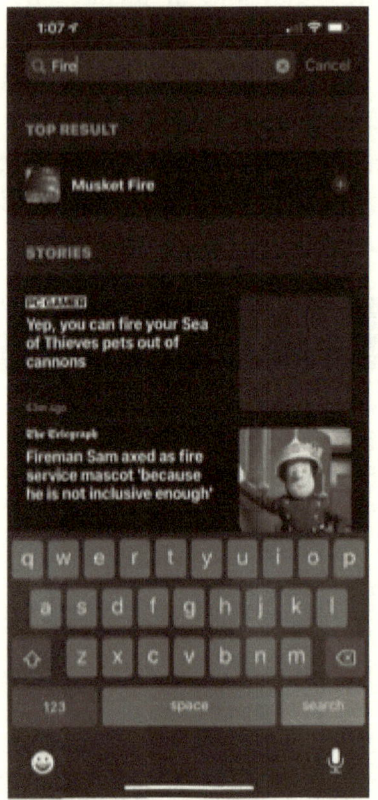

Di seguito

Dato che ci troviamo nella scheda Following, parliamone per un minuto e poi torniamo alla scheda centrale (News+).

Qui è possibile consultare la propria cronologia, leggere le storie salvate (come indicato sopra), cercare storie e pubblicazioni e seguire o non seguire gli argomenti.

Per non seguire una categoria, passare il dito a sinistra su di essa e selezionare non seguire.

Per aggiungere una nuova categoria, scorrere un po' in basso. Verranno visualizzati gli argomenti suggeriti. Toccare il + per ogni argomento che si desidera seguire.

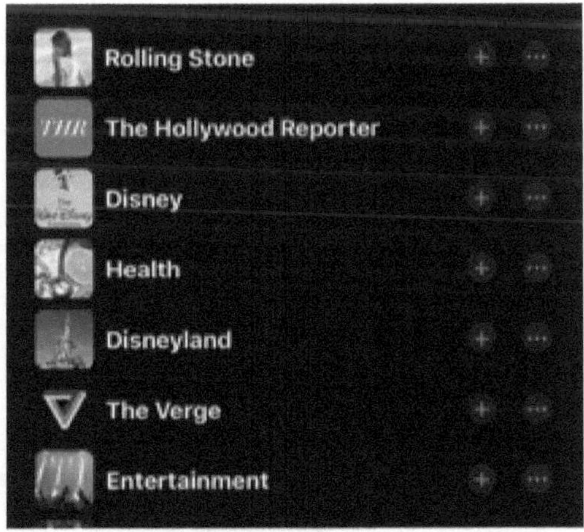

È possibile spostare le categorie toccando il pulsante Modifica in alto a destra.

Notizie+

L'ultima sezione da coprire è News+; qui troverete tutte le riviste che amate.

Il formato è simile a quello della schermata Today: le riviste che leggete sono in alto, mentre al di sotto ci sono storie estratte da diverse riviste che l'app ritiene possano interessarvi. C'è anche una sezione personalizzata "Per te".

Quando si leggono gli articoli dell'elenco, si apre la rivista vera e propria e l'aspetto è leggermente diverso da quello degli articoli dell'area Oggi.

Per saperne di più su una rivista (o per vedere i numeri arretrati) basta cliccare sul logo dell'articolo che si sta leggendo.

Questo porta a un elenco di tutti i numeri che si possono leggere e ad alcune delle storie più recenti della rivista.

Toccando il pulsante + nell'angolo in alto a destra è possibile seguire la pubblicazione.

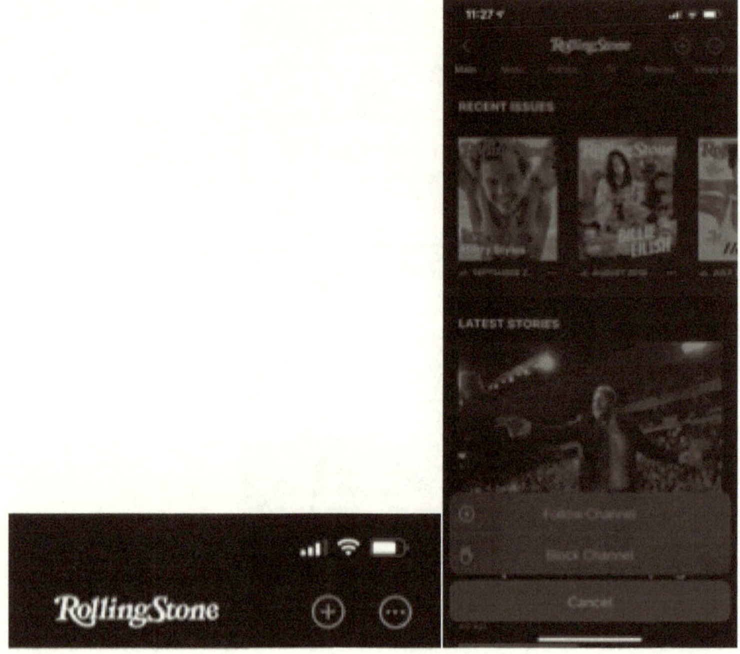

Se si preme a lungo (tenendo premuto) sulla copertina della rivista nella sezione Le mie riviste, è anche possibile non seguire, cancellare o vedere i numeri arretrati della pubblicazione.

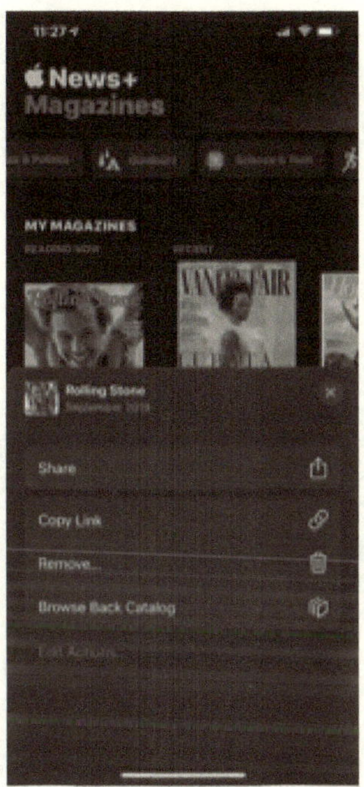

Per sfogliare tutte le riviste disponibili, selezionare Sfoglia il catalogo dalla schermata principale (o sfogliare la categoria di interesse).

Viene visualizzato un elenco di tutte le riviste che si possono leggere (in questo momento ce ne sono circa 300).

Premendo a lungo su uno di essi è possibile scaricare la rivista, seguirla, bloccarla o sfogliare la libreria degli arretrati.

Carta Apple

Uno dei nuovi prodotti Apple più discussi è la Apple Card.. Apple Card è una carta di credito che, a prima vista, non si distingue dalla maggior parte delle carte di credito. Forse non ha i migliori premi (dall'1% al 3% di cash back a seconda degli acquisti) o il miglior tasso di interesse, ma questo non significa che non stia rivoluzionando il settore; è sicuramente qualcosa che dovreste prendere in considerazione.

In apparenza, il vantaggio di Apple Card è ricevere i premi il giorno successivo, senza doverli aspettare. È una bella cosa. Ma il suo punto di forza è la sicurezza e il modo in cui aiuta a tenere traccia degli acquisti.

Ottenere la tessera

Ottenere una Carta Apple sarà probabilmente la sottoscrizione di una carta di credito più semplice che abbiate mai sperimentato in vita vostra. Per iniziare, accedete all'app Wallet sul vostro iPhone.

Quando l'app si apre, fate clic sul pulsante + e seguite la domanda. Vi porrà una serie di domande e vi dirà se siete stati approvati.

Se viene approvata, la carta apparirà nell'app Wallet insieme ad altre carte.

Starbucks Card

Quando non c'è Apple Pay

Una volta approvata la carta, potete iniziare a usarla! Non c'è bisogno di aspettare la carta, anzi i premi sono migliori se non la si usa!

Ma a volte è necessaria una carta. Non tutti accettano Apple Paydopo tutto. Fortunatamente, è possibile richiedere una carta.

Probabilmente rimarrete sorpresi dalla carta. È spessa. Molto spessa. Probabilmente è la carta più spessa del vostro portafoglio! Non si può nemmeno piegare. Non sembra una carta di plastica. Sembra di metallo. Questo perché è fatta di metallo. Fortunatamente non è affatto pesante.

Ci vuole circa una settimana prima che arrivi e l'attivazione probabilmente vi impressionerà. Non c'è un numero da chiamare. Nessun numero da inserire in un sito web. Niente di tutto questo.

È contenuta in un'elegante busta; quando si solleva il lembo della busta e la si accosta alla parte inferiore dell'iPhone, quest'ultimo riconosce la scheda e avvia il processo di attivazione. L'aspetto è simile a quello della schermata qui sotto: la scheda nell'illustrazione era già stata attivata, quindi i passaggi non sono più presenti. L'intero processo è rapido, elegante e senza intoppi: tutto ciò che ci si aspetta da Apple.

Molte persone pensano di dover aspettare la carta per poterla utilizzare online dove Apple Pay non è accettato. Non è vero. È sufficiente il numero della carta di credito. Lo so, lo so: non c'è nessun numero di carta di credito! È qui che vi sbagliate. Non c'è un numero visibile, ma c'è un numero.

Per visualizzarla, toccare la carta nell'app Wallet, quindi toccare i tre puntini vicino alla parte superiore.

In questo modo si aprono le informazioni sul conto, dove è possibile vedere il limite di credito, il tasso di interesse, effettuare pagamenti e contattare l'assistenza. Una delle opzioni è "Informazioni sulla carta".

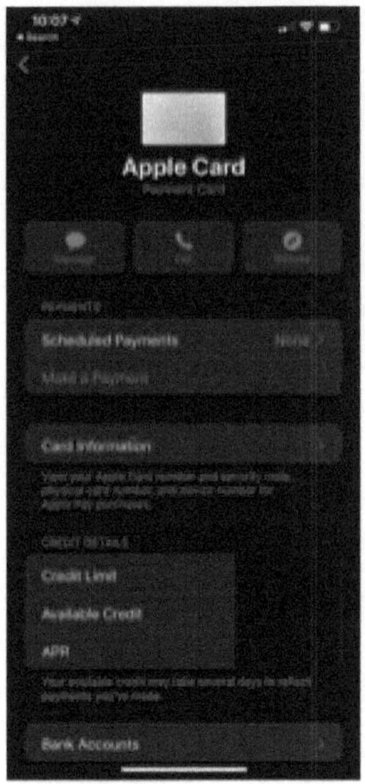

Qui potrete vedere il numero della vostra carta, la scadenza e la carta di sicurezza. Siete preoccupati che qualcuno abbia il vostro numero? Basta richiedere un nuovo numero.

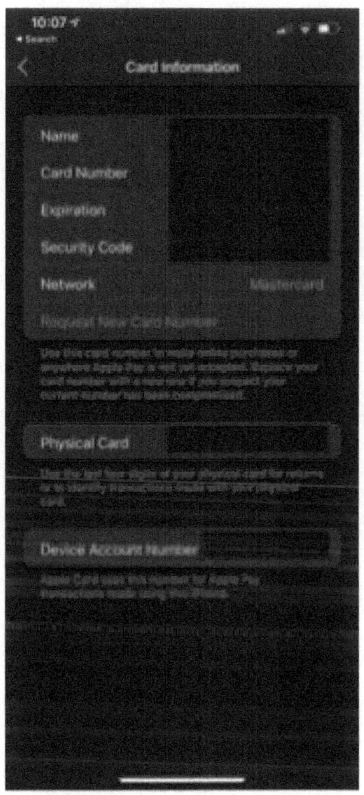

La richiesta di un nuovo numero non influisce sulla carta fisica. Se qualcuno ruba la carta fisica, assicuratevi di disattivarla e di richiedere una nuova carta. Come fare? Premete la freccia indietro per tornare al menu del vostro conto. Scorrete fino a "Richiedi una carta sostitutiva". In questo modo si sospenderà il conto per bloccare qualsiasi transazione futura e verrà inviata una nuova carta.

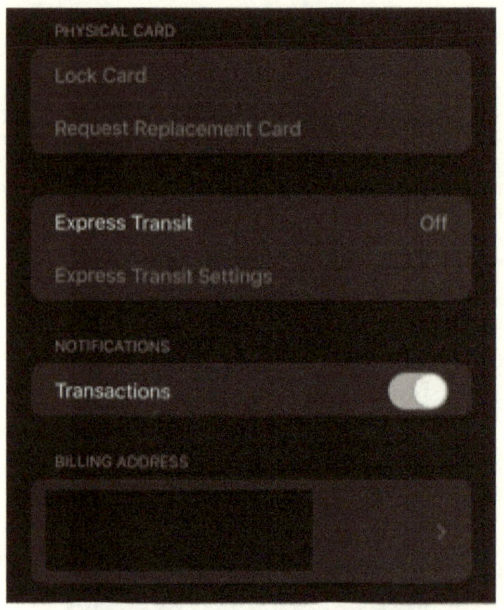

E se si desidera rimuovere la carta? Tornate indietro di una schermata, quindi andate in fondo alla schermata e toccate Rimuovi questa carta (ricordate, tuttavia, che questa operazione non chiuderà il vostro conto).

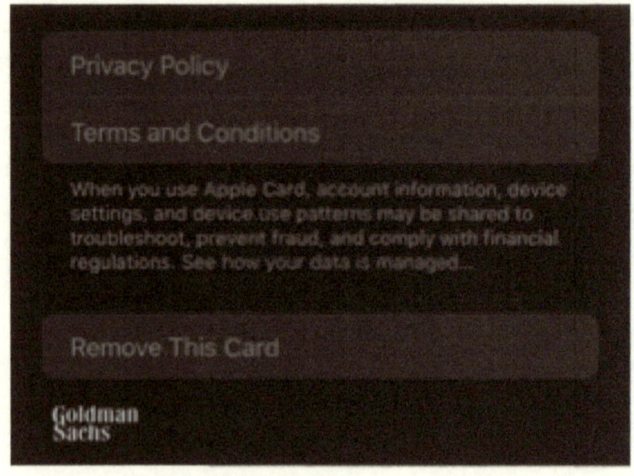

Attività con le carte da visita

Quando si tocca la carta dall'app Wallet, si possono vedere tutte le attività, come il saldo, la data di scadenza del pagamento e le transazioni recenti.

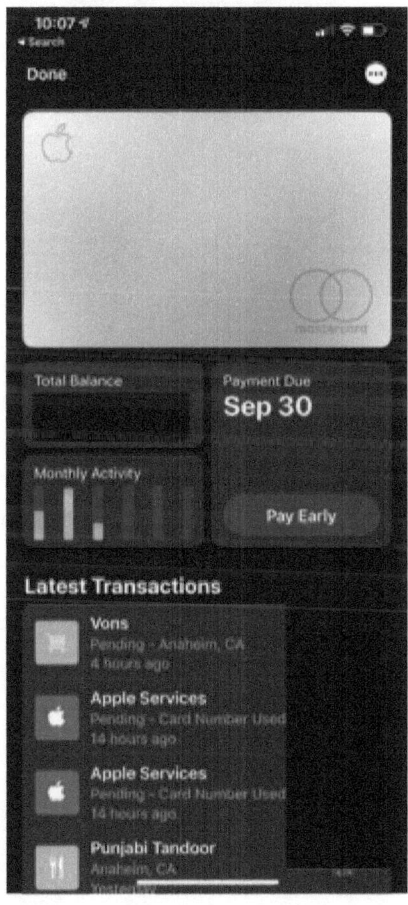

Non siete sicuri di cosa sia una transazione? Toccandola si ottengono maggiori informazioni sul negozio e, in molti casi, una mappa del luogo in cui è stato effettuato l'acquisto. Questo è utile per rintracciare i pagamenti misteriosi, che appaiono su altre carte di credito con nomi strani che non hanno alcun senso e sembrano più codici che aziende.

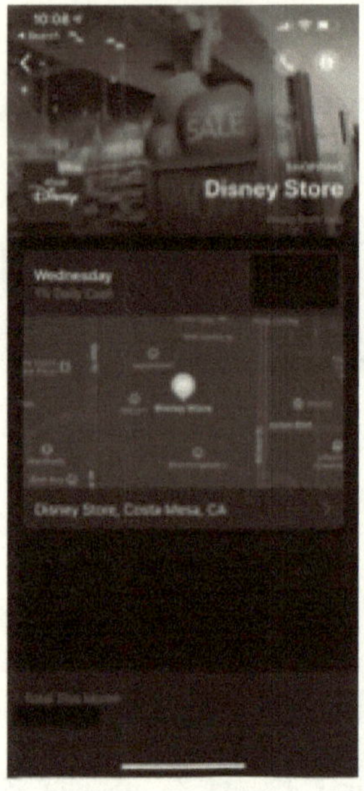

Se si tocca Attività mensile dalla schermata precedente, si possono vedere le categorie in cui si spende denaro. Si possono anche vedere i premi ottenuti.

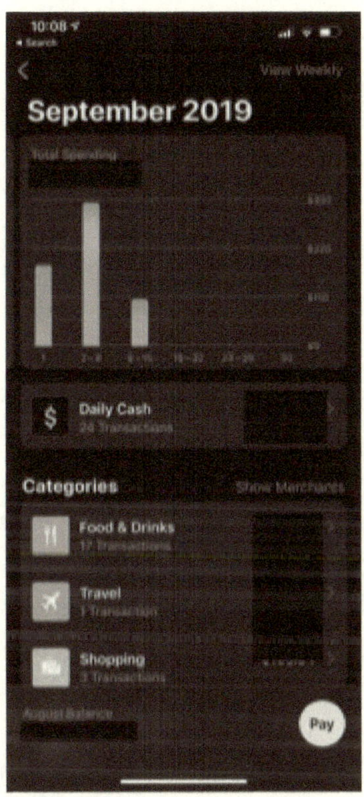

La domanda principale che vi ponete è come spendere i premi. Il denaro dei premi si trova su una carta separata, chiamata Cash Card, a cui si può accedere dall'app Wallet. È possibile spendere il denaro utilizzandolo in tutti i punti vendita che accettano Apple Payoppure potete trasferire il denaro direttamente sul vostro conto corrente. È anche possibile utilizzare la Cash Card per inviare denaro agli amici tramite SMS.

Effettuare i pagamenti e visualizzare gli estratti conto

Per effettuare un pagamento sulla carta, accedere alla pagina principale della carta e toccare la casella Pagamento dovuto. In questo modo vengono visualizzate le informazioni sul pagamento. Gli interessi sono molto trasparenti su Apple Card. Vedete i punti sul cerchio? Toccate il segno di spunta e trascinatelo su uno di questi punti; questo vi dice a quanto ammonterebbero gli interessi se si effettuasse solo una parte del pagamento. Trascinare sull'area che si desidera pagare e selezionare Paga ora (o Paga più tardi per programmare il pagamento). Se non avete ancora configurato il vostro conto bancario, dovrete farlo a questo punto: vi serviranno il numero di conto corrente e le informazioni di routing.

Per visualizzare l'estratto conto della carta di credito, toccare Saldo totale nel menu principale. Andare in fondo e selezionare l'estratto conto che si desidera visualizzare.

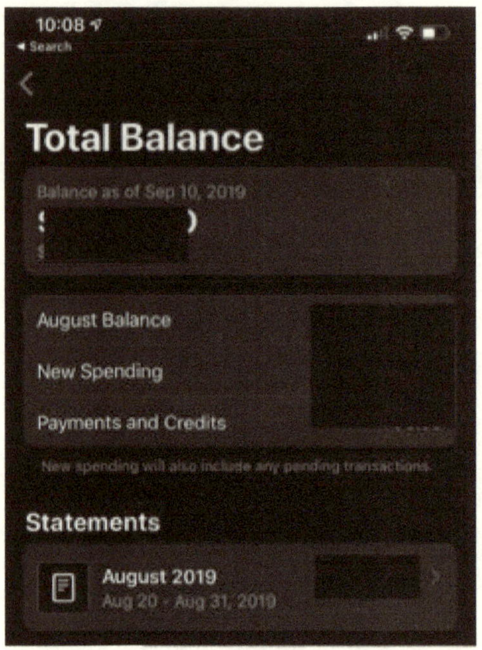

Questo porta a una breve dichiarazione digitale di alto livello.

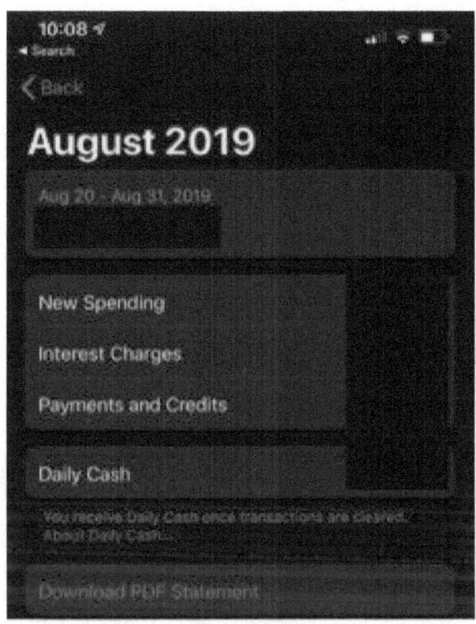

Se si desidera visualizzare l'estratto conto completo, quello lungo e cartaceo che si riceve solitamente per posta da altre carte di credito, toccare Scarica estratto conto PDF.

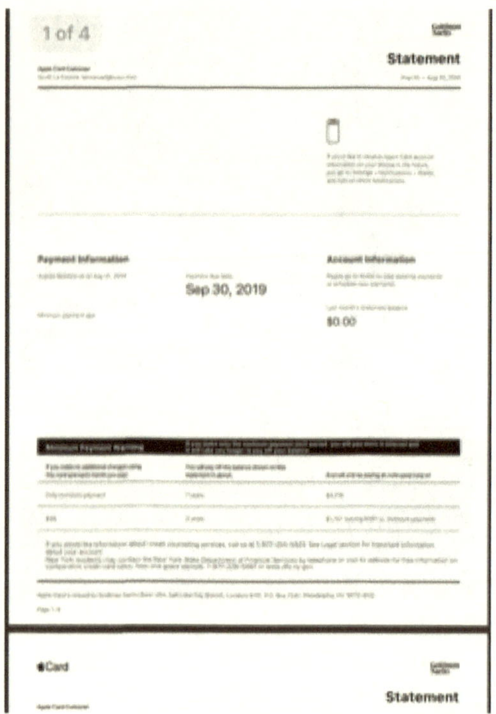

Fitness+

Uno dei maggiori miglioramenti in arrivo sui dispositivi Apple è Fitness+. Tuesto sarà un nuovo servizio Apple destinato a sconvolgere il settore del fitness.

Apple ha fornito una panoramica di alto livello del servizio a settembre, ma al momento della pubblicazione di questo libro non lo aveva ancora lanciato.

Il costo sarà di 9,99 dollari al mese o di 79,99 dollari all'anno (con tre mesi gratuiti se si acquista un nuovo Apple Watch); Fitness+ sarà inoltre integrato nel nuovo servizio Apple One Premier (29,99 dollari al mese), che consente a voi e alla vostra famiglia di accedere a tutti i servizi Apple. sarà anche integrato nel nuovo servizio Apple One Premier (29,99 dollari al mese), che consente a voi e a tutta la vostra famiglia di accedere a tutti i servizi Apple.

Il funzionamento dei servizi prevede che si scelga il tipo di allenamento che si desidera eseguire utilizzando la Apple TV, l'iPad o l'iPhone.iPad o iPhone; questo si sincronizzerà istantaneamente con l'orologio. Così, mentre l'allenamento video è in corso, si vedranno sul video elementi come la frequenza cardiaca.

Gli allenamenti cambiano ogni settimana e si possono utilizzare con o senza attrezzi. Ci sono allenamenti per principianti e per utenti esperti, e l'intelligenza artificiale di Apple consiglierà allenamenti e allenatori diversi in base al regime di allenamento.

È anche possibile filtrare gli allenamenti in base al tempo (da 5 minuti a 45 minuti); in questo modo, se avete solo pochi minuti a disposizione, potete trovare una routine di allenamento che si adatti a quel programma.

Se avete usato (o conoscete) Peloton, il concetto è molto simile. La differenza più grande è che può funzionare con più dispositivi (o con nessun dispositivo), il che lo rende ideale per i viaggi.

Potrete anche scegliere il tipo di musica da riprodurre durante l'allenamento.

Mantenere e proteggere

MagSafe

MagSafe è stato introdotto per la prima volta negli iPhone del 2020. Che cos'è? In una parola: un magnete. È un magnete. Ma è molto di più. Se avete mai provato a caricare il vostro telefono in modalità wireless, probabilmente vi sarà capitato di non allinearlo correttamente e di conseguenza di non caricarlo. Può essere frustrante. Quando si utilizza un caricabatterie MagSafe (venduto separatamente), si può essere certi di ottenere la carica migliore perché è attaccato magneticamente al telefono.

Esistono molti accessori per il MagSafe, tra cui il portafoglio MagSafe e il pacchetto di ricarica MagSafe.

Caricatore MagSafe

Il caricatore MagSafe è il modo più semplice per ricaricare il telefono in modalità wireless; è prodotto da Apple, ma sono disponibili anche soluzioni di terze parti; personalmente, consiglio sempre di utilizzare gli adattatori ufficiali di Apple per la ricarica, per essere sicuri di non sovraccaricarlo. Costa un po' di più, ma ne vale la pena per la tranquillità.

La fine del caricatore MagSafe è l'USB-C. Questo sta diventando lo standard USB, ma se non si dispone di un adattatore USB-C, è necessario acquistarlo: non è incluso nel caricatore.

Portafoglio MagSafe

Il MagSafe Wallet di Apple ha la qualità che ci si aspetta da Apple. Ha una connessione forte e, a seconda di come lo si usa, dovrebbe rimanere attaccato quando si infila il telefono in tasca. Uno dei maggiori svantaggi del portafoglio è la dimensione. Può contenere solo due o tre carte. L'idea è quella di utilizzare Apple Wallet per la maggior parte degli acquisti. Se lo fate, questo portafoglio potrebbe fare al caso vostro.

Pacchetto batteria MagSafe

Il pacco batteria MagSafe ufficiale è sottile ed elegante. Sull'iPhone Mini arriva fino al bordo del telefono, il che potrebbe renderlo leggermente più maneggevole. Inoltre, è dotato di animazioni sullo schermo che indicano lo stato di salute della batteria. Se non si riesce a caricare il telefono, probabilmente è perché la batteria è ancora sufficiente e non è stata avviata.

L'animazione è piuttosto semplice e si limita a segnalare lo stato di salute della batteria.

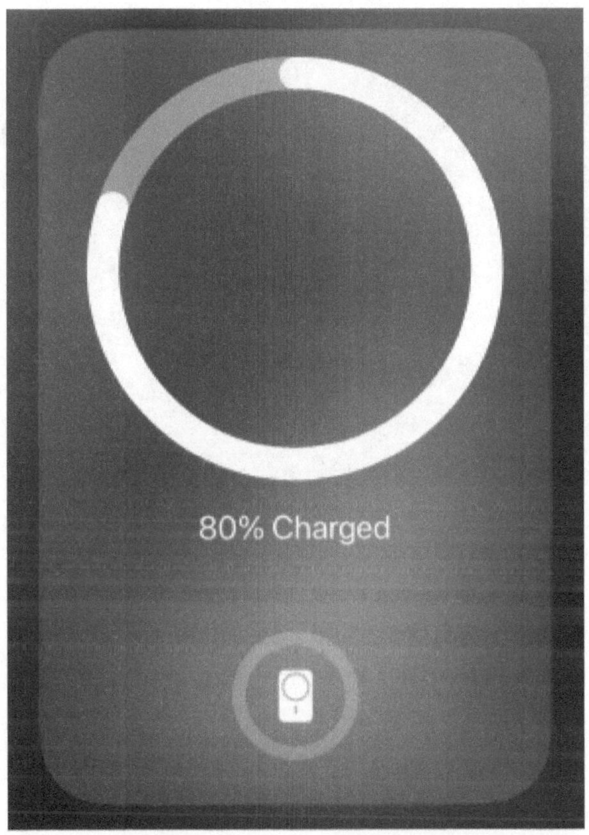

Un vantaggio di MagSafe Battery rispetto ad altre batterie è la possibilità di utilizzarla anche come caricatore: basta collegarla a una porta USB-C e funziona come il normale caricatore MagSafe.

Non fatevi ingannare dal fatto che dovete acquistare portafogli e caricabatterie MagSafe solo da Apple; ci sono centinaia di accessori compatibili.

Di seguito è riportato un esempio di batteria posteriore economica che ricarica magneticamente il dispositivo. Personalmente, se acquistate un pacchetto di ricarica di terze parti, vi consiglio di acquistarne uno di un'azienda più grande che abbia una partnership con Apple.

L'unica avvertenza di cui dovete essere consapevoli: se avete una custodia per il vostro telefono, assicuratevi che sia una custodia MagSafe. Una custodia MagSafe è dotata di magneti che si allineano ai magneti del telefono per garantire una connessione forte.

Indice

D

E

F

Sull'autore

Scott La Counte è bibliotecario e scrittore. Il suo primo libro, *Quiet, Please: Dispatches from a Public Librarian* (Da Capo 2008) è stato scelto dall'editore del Chicago Tribune e titolo Discovery del Los Angeles Times; nel 2011 ha pubblicato il libro YA The N00b Warriors, che è diventato un bestseller Amazon numero 1; il suo libro più recente è *#OrganicJesus: Finding Your Way to an Unprocessed, GMO-Free Christianity* (Kregel 2016).

Ha scritto decine di guide best-seller sui prodotti tecnologici. Attualmente insegna UX Design alla UC Berkeley e scrittura al Gotham Writers Workshop.

È possibile contattarlo all'indirizzo ScottDouglas.org.